管理创新

（第二版）

杨加陆　方青云　张颖华　编著

复旦大学出版社

内 容 提 要

本书在综合反映现代管理发展总体趋势的基础上,系统地介绍了管理理论的新发展和管理实践的新突破。全书共六章,包括:绪论、管理变革与创新、管理理论新发展、管理方式创新、经营方式创新和市场营销创新。各章开篇以名人名言作为知识点睛;章中适时穿插"实践运用""小资料"等环节,以巩固和补充相应的知识原理;在章末,运用了视频案例的形式,通过对情景问题的设计,引导读者对创新问题进行进一步的思考。

本书适合大专院校经管类师生作为教材使用,也适合相关领域研究者及实践工作者参考使用。

目　录

第一章　绪论 …………………………………………………………………… 1
　第一节　管理创新的一般问题 ……………………………………………… 2
　　一、管理创新的含义和特点 ……………………………………………… 2
　　二、管理创新的内容和条件 ……………………………………………… 4
　　三、创新精神与创新思维 ………………………………………………… 7
　第二节　管理创新的时代背景 …………………………………………… 18
　　一、信息化 ………………………………………………………………… 18
　　二、全球化 ………………………………………………………………… 25
　　三、多元化 ………………………………………………………………… 32
　【创新视频】　马云谈创新，李开复谈创新 ……………………………… 34

第二章　管理变革与创新 …………………………………………………… 35
　第一节　管理变革的相关问题 …………………………………………… 36
　　一、管理变革与维持 ……………………………………………………… 36
　　二、管理变革与创新 ……………………………………………………… 39
　　三、变革的辩证思维 ……………………………………………………… 43
　　四、变革的阻力 …………………………………………………………… 44
　第二节　管理变革的内容 ………………………………………………… 51
　　一、管理方法的变革 ……………………………………………………… 51
　　二、管理组织的变革 ……………………………………………………… 66
　第三节　变革的模式、程序和措施 ……………………………………… 73
　　一、主要的变革模式 ……………………………………………………… 73

二、变革的程序 ··· 76
三、变革的措施 ··· 77
【创新视频】 老板谢霆锋 ··· 79

第三章　管理理论新发展 ·· 80
第一节　企业文化 ··· 81
一、企业文化理论的发展演变 ·· 81
二、企业文化的要素和层次结构 ··· 84
三、企业文化的类型 ·· 91
四、企业文化的建设 ·· 93
五、跨文化管理 ·· 98
第二节　知识管理 ··· 106
一、知识与知识经济 ·· 106
二、知识管理 ··· 110
三、知识管理的实施 ·· 115
第三节　组织学习 ··· 118
一、组织学习与学习型组织 ·· 119
二、组织学习的类型 ·· 121
三、组织学习的环节和方法 ·· 124
四、学习型组织的创建 ··· 127
【创新视频】 微软的组织学习 ··· 133

第四章　管理方式创新 ·· 134
第一节　企业再造 ··· 135
一、企业再造理论产生的背景 ·· 135
二、企业再造的核心思想 ·· 136
三、企业再造的实施 ·· 137
四、企业再造实践的突破 ·· 142
第二节　标杆管理 ··· 145
一、标杆管理方法的形成和演变 ··· 146
二、标杆管理的阶段 ·· 149

三、标杆管理的局限性及其实施偏差 ……………………………… 152
　　四、标杆管理的实施要求 …………………………………………… 153
第三节　联盟管理 …………………………………………………………… 155
　　一、联盟管理的产生 ………………………………………………… 156
　　二、战略联盟的形式 ………………………………………………… 159
　　三、战略联盟的特征 ………………………………………………… 163
　　四、战略联盟的运作误区 …………………………………………… 164
　　五、联盟合作应该注意的问题 ……………………………………… 167
第四节　供应链管理 ………………………………………………………… 169
　　一、供应链与供应链管理 …………………………………………… 170
　　二、供应链管理的特征和原则 ……………………………………… 174
　　三、供应链管理的方法 ……………………………………………… 177
　　四、供应链管理的几个关键问题 …………………………………… 184
【创新视频】供应模式的转型与创新 ……………………………………… 186

第五章　经营方式创新 …………………………………………………… 187

第一节　精益生产 …………………………………………………………… 188
　　一、精益生产的背景 ………………………………………………… 188
　　二、精益生产的特点 ………………………………………………… 189
　　三、精益生产的基本原理 …………………………………………… 191
　　四、精益生产的保障措施 …………………………………………… 196
第二节　业务外包 …………………………………………………………… 204
　　一、业务外包的含义和特征 ………………………………………… 204
　　二、业务外包的主要类型 …………………………………………… 208
　　三、影响企业业务外包的因素 ……………………………………… 213
　　四、实施业务外包需要注意的问题 ………………………………… 214
第三节　电子商务 …………………………………………………………… 217
　　一、电子商务概述 …………………………………………………… 217
　　二、电子商务的交易流程 …………………………………………… 221
　　三、电子商务的主要应用模式 ……………………………………… 222
　　四、电子商务模式的选择原则 ……………………………………… 232

【创新视频】 乐视的生态系统 ······ 233

第六章 市场营销创新 ······ 234
第一节 关系营销 ······ 235
一、关系营销概述 ······ 235
二、关系营销的基本模式 ······ 237
三、实施关系营销的策略 ······ 242
第二节 网络营销 ······ 245
一、网络营销概述 ······ 245
二、网络营销的分类 ······ 247
三、网络营销组合策略 ······ 248
第三节 体验营销 ······ 261
一、体验营销产生的背景 ······ 261
二、体验营销的特点 ······ 261
三、体验式营销的策略 ······ 264
四、体验营销的实施 ······ 270
第四节 数据库营销 ······ 271
一、数据库营销概述 ······ 271
二、数据库营销管理过程 ······ 276
三、数据库营销的基本工具 ······ 282

【创新视频】 淘宝"双十一"的营销创新 ······ 285

第二版后记 ······ 286
主要参考文献 ······ 288

第一章 绪 论

每个组织,不仅仅是企业,都需要一种核心能力:创新。

——彼得·德鲁克

要充分了解管理原则的威力,你必须摆脱过去的惯性对想象力的束缚。

——加里·哈默尔

管理活动伴随人类社会的产生而出现,又随着社会的向前发展而不断进步,其理论、方法、手段不断推陈出新,可以说,管理本身就是创新的产物。在信息化、全球化和多元化的时代背景下,管理的复杂性和不确定性是企业所面临的主要问题。原有的管理理念和管理模式随着经济与技术的发展已经难以满足企业的需求。企业要想在激烈的动态竞争环境中取得成功,必须依靠自身的素质和竞争能力的持续提升,而企业可持续发展的动力源泉就是管理创新。管理创新是全球化经济时代的标志,为信息化背景下企业的持续发展提供了保证。管理创新不仅需要创新精神,而且需要运用创新思维。

第一节 管理创新的一般问题

在知识经济快速发展的今天,企业要进行有效而成功的管理,最重要、最关键的就是创新,只有不断调整或重新组合系统活动的目标要素和方法,才能提高企业竞争能力,也才能获得更高的价值与效益。

一、管理创新的含义和特点

(一)管理创新的含义

经济学大师熊彼特首创了创新的概念,他认为创新是一个经济范畴,不仅是指科技上的发明创造,更是指把已发明的科技引入企业之中,形成新的生产力。因此,创新就是建立一种新的生产函数,将生产要素和生产条件的新组合引入生产体系,从而获取潜在的利润。这种新组合包括了创造一种新的产品、采用一种新的生产方法、开辟一个新的市场、取得或控制原材料或半成品的一种新的来源、实现任何一种新的产业组织方式或企业重组。熊彼特的创新理论有许多追随者,他们继续和完善了创新理论。管理学大师彼得·德鲁克就认为,创新是赋予资源创造财富的新能力,使资源变成真正的资源。

> **基本概念　管理创新**
>
> 管理创新是在传统管理基础上创造的更有效地整合企业有限资源,实现对传统管理模式及相应的管理方式和方法进行改造和改革,并重新选择和构建新的管理方法和制度的系统工程。

(二)管理创新的特点

管理创新不同于一般的"创新",其特点来自创新和管理两个方面。管理创新具有以下几个特点:

1. 创造性

管理创新不管是整体创新还是局部创新,都是以原有的管理思想、方法和理论为基础,充分结合实际工作环境与特点,积极地汲取外界的各种思想、知识和观念,在汲取合理内涵的同时,创造出新的管理思想、方法和理论,推陈出新。因此,管理创新的重点在于突破原有的思维定式和框架,创造具有新属性的、增值的东西。也可以说,创新是一种创造性构思付诸实践的结果。

2. 动态性

企业是一个不断与外界环境进行物质、能量和信息交换的动态开放系统,而企业活动的内外环境又具有很多的不确定性因素,再加上信息本身的不完全性,因此,企业管理创新活动的逻辑和轨迹不会是一种简单的重复,而是根植于内外环境变化的一种能动性的动态创造过程。正如彼得·德鲁克所指出的:企业管理不是一种官僚性的行政工作,它必须是创新性的,而不是适应性的工作。因此,创新活动具有长期性、动态性和持续性。

3. 风险性

创新作为一种创造性的过程,包含着许多可变因素、不可知因素和不可控因素,这种不确定性使得创新必然存在着许多风险,管理创新并不总能获得成功,这也是创新的代价所在。因此,要理性地看待风险,要充分认识不确定因素,尽可能地规避风险,提高管理创新的成功率。

4. 效益性

创新是为了更好地实现企业目标,取得更好的效益和效率,以促进企业发展。因此尽管创新的成功率较低,但成功后却可获得丰厚的利润,创新活动的高收益和高风险并存。通过技术创新提高产品技术含量,使其具有技术竞争优势,获取更高利润。通过管理创新,建立新的管理制度,形成新的组织模式,实现新的资源整合,从而建立起企业效益增长的长效机制。

5. 系统性

企业是一个复杂的系统,企业生产经营活动是由许多环节构成的,创新活动涵盖企业生产经营活动的整个过程,它是一个完整的链条,而不是其中的某一项活动或某一个环节,这其中的任何一个环节出现失误,都会对创新的整体结果产生负面影响。因此,这就决定了管理创新是许多参与者之间的一系列复杂的、综合的、相互联系和相互作用的结果,是一个复杂的系统工程。

二、管理创新的内容和条件

(一) 管理创新的主要内容

根据管理创新的一般规律和特点,管理创新总是首先起源于管理理念的变革,然后才引起一系列的管理内容的创新。在管理创新内容上,尽管每个管理环节都存在创新的机会,但一般说来,比较重要且易于取得创新成效的管理创新领域主要有以下4个方面。

1. 理念创新

管理理念是指管理者或管理组织在一定的哲学思想支配下,由现实条件决定的经营管理的感性知识和理性知识构成的综合体。理念创新是企业管理创新的灵魂。一定的管理理念总是指向一定的经营管理问题,它既可以作为企业战略目标的指向,也可以作为企业一定的价值原则,但它同时必定受到一定社会的政治、经济、文化的影响,而且,总是在一定的哲学思想的指导下产生和发展。因此,理念创新要求企业改变传统的思维模式,擅于打破陈规陋习,克服老旧思想,为取得更好的经济效益,构建适合企业自身条件、具有创新性的管理理念。

2. 组织创新

组织创新就是企业通过打破或调整原有的组织结构,并对组织内成员的责、权、利关系加以重新构建,使组织的功能得到发展,从而获得更多的效益。组织创新是企业管理创新的关键。组织创新的目的就是依据企业的实际需要,建立一套高效、有序的现代企业制度。组织创新要受到企业活动的内容、特点、规模和环境等因素的影响。企业的组织创新不但要适应企业当前的经营管理的需要,更要着眼于企业的后续发展,要对企业未来的发展方向、经营目标以及活动范围进行系统筹划。

3. 管理方式方法创新

管理方式方法既是进行管理创新的重要手段,也是管理创新的直接成果。它直接影响着资源配置的效率和效益,是企业实现资源有效配置的必要条件。第二次世界大战以来,许多管理学家、企业家把科学技术成果广泛引入企业管理之中,创造了许多旨在提高资源配置效率和效益的现代管理方法,这些管理方式方法的创新有两个主要方面:一是单一性的管理方式方法的创新,如库存管理法、设备目视管理法等;二是综合性的管理方式方法创新,如 MRP(物料需求计划)、MRP Ⅱ(制造资源计划)、ERP(企业资源计划)、TQC(全面质量管理)、JIT(准时制生产方式)等。管理方式方法创新概括起来主要有以下几种情况:采用一种新的管理手段、实行一种新的管理方式、提出一种新的资源利用措施、采用一种更有效的业务流程、创设一种新的工作方式等。

4. 管理模式创新

管理模式是指基于整体的一整套相互联系的观念、制度和管理方式方法的总称。管理模式是一个非常宽泛的概念,既有宏观管理模式,也有微观管理模式;既有整体管理模式,也有局部管理模式。在企业层次上产生的一整套相互联系的观念、制度和管理方式方法形成了企业管理模式,如集成管理、危机管理、企业再造等;同样,在企业内的某个领域所产生的一整套相互联系的观念、制度和管理方式方法就形成了领域管理模式,如生产管理模式、财务管理模式、人事管理模式等。不管哪一种管理模式,相互联系的管理方式方法都是构成管理模式的基础,离开具有可操作性的一系列管理方式方法,管理模式就不能称之为模式,只能是一种管理理念和思路。但是管理模式与管理方式方法也是有区别的,管理模式具有综合性,着重于内容的落实与贯彻,是围绕一定的管理内容而建立的一系列规则、范式和操作规程;管理方式方法则相对地具有单一性,它是企业资源整合过程中所使用的工具和具体方法。管理模式既是管理创新的条件,也是管理创新的结果。

(二)管理创新的基本条件

为使管理创新能有效地进行,还必须创造以下的基本条件:

1. 创新主体应具有良好的心智模式

创新主体主要包括企业家、管理者和企业员工。心智模式是指由于过去的经历、习惯、知识素养、价值观等形成的基本固定的思维认识方式和行为习惯。创新主体具有的良好心智模式对创新活动成功与否起着主导作用。良好的心智模式包括:一是远见卓识,即创新主体对某个问题能有超越一般人的看法,能够敏锐地判断企业与管理发展的大趋势,能够在显示的问题中找到关键的东西并能够看到其背后的深层原因，能够结合本企业的特点提出一些有价值的创意。二是应具有较好的文化素质和价值观，创新意识的产生是与创新主体的文化素质及其对业务的精通有关的，也与创新主体的价值观导向有关，一个好高骛远的人可能不把某个小问题放在眼里，然而创新主体却能从中发现其潜在的价值。三是具有较好的能力结构，主要体现在核心能力、必要能力和增效能力。核心能力突出地表现为创新能力；必要能力包括将创新转化为实际操作方案的能力，以及从事日常管理工作的各项能力；增效能力则是控制协调、加快进展的各项能力。

2. 创新企业应具备较好的基础管理条件

现代企业中的基础管理主要指一般的最基本的管理工作，如基础数据、技术档案、统计记录、信息收集归档、工作规则、岗位职责标准等。一个企业基础管理工作好，表明这个企业管理水平较高。事实上，管理创新往往是在基础管理较好的基础上才有可能产生。

3. 创新企业应营造一个良好的创新氛围

创新主体能够有创新意识，能有效发挥其创新能力与拥有一个良好的创新氛围有关。在良好的工作氛围下，人们思想活跃，新点子产生得多且快，而不好的氛围则可能导致人们思想僵化、思路堵塞、头脑空白。因此，不仅企业家要有创新意识，更要激发全体员工的创新热情，并在困难的时候同舟共济、互相鼓励，努力建设和谐融洽、积极向上的创新氛围。

4. 管理创新应结合企业的特点

现代企业之所以要进行管理上的创新，是为了更有效地整合企业的资源以完成企业的任务和目标。因此，这样的创新就不可能脱离企业的特点。例如，斯隆在创造事业部制时，就是以通用汽车公司规模巨大、产品众多、管理复杂这一特点为基础的。

5. 管理创新应有创新目标

创新目标具体地说就是一项创新活动意欲达到的状态。管理创新目标比一般目标更难确定，因为创新活动及创新目标具有更大的不确定性。尽管确定创新目标是一件困难的事情，但是如果没有一个恰当的目标则会浪费企业的资源，因而创新目标就成为创新的基本条件之一。

三、创新精神与创新思维

(一) 创新精神

1. 创新精神的内涵

> **基本概念** 　创新精神
>
> 创新精神是指人在处理与外部世界的关系中,不甘守成与重复,不怕风险与失败,不尚空谈与陈规,勇于开拓新的世界,敢于走前人没走过的路,勤于发现、发明与创造,擅于把新的思想变为新的事物,表现出永不自满、不受束缚、不断探索、奋发有为的气质。

创新精神是人的创新本质的精神表现,是人在创新活动中反映出的精神素质。

(1) 创新精神是一种人类精神。创新是人特有的能力,创新精神是人特有的精神。人从不满足于大自然的赐予,要改造世界、创造出新的环境来满足自己的需要。人类发展史就是一部人类创新史,创新精神就是在这种创新的历史中,内化为人的精神素质,积淀为人类的文化遗传。

(2) 创新精神是一种主体精神。当人还处于被外部世界所奴役的状态、只能消极地顺从自然与社会的命运安排时,他还不能成为完全意义上的主体,也就不具备成熟的创新精神。只有当人不仅在理论的意义上,而且在实践的意义上把握与改变对象世界,人运用自身的主体力量,形成了对客体的主体势能,才成为真正的主体,才能显示出典型的创新精神。因此创新是主体的功能,创新精神是主体精神的显著特征。

(3) 创新精神是一种实践精神。创新是"实践的事情",思想的创新也要转化为实践的创新。实践的本质在于创新,创新体现了实践的精髓。创新精神存在于实践之中,实践真实地显示和实现了创新精神。创新精神表明了主体活动的价值取向是求实务实、讲求实效,并且追求创造性的成就,创造新的价值。

(4) 创新精神是一种时代精神。社会经济形态经历了不同的历史时代,创新精神也表现出不同的性质、水平与能量。在自然经济的生产方式中,创新精神是受到工具性因素与制度性因素压制的,创新精神还不能成为时代精神。只有当社会的经济关系、政治关系完成了现代化转型,创新精神成为生产力的内在要求,成为人的普遍行为取向时,创新精神才能成为一种"普照的光",上升为历史的象征与时代的精神。

2. 创新精神的要素

创新精神是对人在各种活动中表现出来的创新性倾向的总称,是由多种心理素质与行为方式整合而成的精神状态。创新精神可以分解为多种要素,这些精神要素的存在及其活动,构成了创新精神。

(1) 批判精神。创新是对现存事物的否定与超越,创新首先要求具有批判精神,批判精神是创新的前提性条件。批判精神就是否认人的认识与实践具有最终的、完成的性质,坚信任何已经达到实现的成就都有其历史性与相对性,都存在着不完全性,都留有可改进、更新、变革的空间。批判精神是一种怀疑精神,它总是对观念、事物的根据发出疑问,深入分析与探索。在怀疑之后的求索中,产生了改变不合理世界、建设合理性世界的内在冲动。如果人缺乏批判精神,就会把现存的事物与秩序看成是天经地义、不可变动的,就很难产生改革创新的自觉愿望。

(2) 科学精神。创新不是没有现实根据的幻想,不是违背客观规律的为所欲为,它是严格地遵循科学的活动,是以科学性为基础的,科学精神是创新精神的基石。科学精神就是一种唯物主义的精神,它把行为建立在符合客观规律的基础上,不以想象、偏好、愿望来代替现实可能;它把实践作为判定认识的真与假以及创新的对与错的标准,对创新的评价不是由创新者而是由实践的效果来说明。科学精神是与唯心主义、主观主义、唯意志论相对立的,它讲究求真求实,反对虚假。科学精神使人们在创造性活动中实事求是,尊重客观规律,一切从实际出发,讲求实效,把主观能动性与现实可能性统一起来。科学精神不能保证人们的创新不犯错误、事事成功,但可以保证减少错误,提高成功的概率。科学精神使创新成为可能。

(3) 开拓精神。创新就意味着开拓,创新就是进入新的领域,走前人没有走过的路,做前人没有做过的事。面对着未知或未行的空间,只有开拓才能进入,只有开拓才有可能做出创新,开拓精神是创新精神的应有之义。开拓精神是一种创造精神,开拓依靠创造,创造出新的方法、新的产品、新的事物,才称得上是开拓。开拓的过程就是创造的过程。开拓精神也是一种探索精神,开拓需要探索,应该怎样创新,没有现成的答案或标准的模式,只能在探索中开拓,在试验中前进。开拓精神表明了主体的不自满心态,即使取得了相当的成就,达到了相当的高度,也总是把目标定在没有攀登过的高峰上,总是要不断打破纪录,挑战极限。

(4) 自主精神。创新是主体性的集中表现,创新表明人是自主的,自主精神深深地渗透在创新精神之中。如果在创新前就被规定,创造的东西是什么样的,创造的过程与方式是怎样的,那就不是真正意义上的创新。创新要求自主,因为没有什么先知先觉、绝对权威、清规戒律能够在创新的领域做出种种限定。只有自主,才能独立地处理创新中遇到的问题,独立地做出创新决策,才有真正意义上的创新。在创新的客观情境中,自主精神是必然的产物。自主精神就是主体自己决定自己道路的状态,创新主体对自己的行为负责。自主精神表明人具有选择的自由,在关于未来的多种选择中决定自己的取向,但自由的权力是与自由的责任等价的,自由选择就要同时承受创新的成功或失败的全部后果。自主精神是主体权利、主体地位的反映,它构成了创新精神的灵魂,自主精神得到发掘和确立,才能真正地形成创新精神。

(5) 冒险精神。创新面对的是不确定性空间,不确定性是指并不知道未来事件概率的状态。创新就包含着风险,有研究指出即使在技术创新的初始阶段(技术开发过程),也包含着失误风险、中断风险、时间风险、竞争风险、市场风险等。因此,创新本身就是冒险,创新需要具备冒险精神。冒险精神就是追求成功又不怕失败,在失败的可能中谋求成功;勇于创新又承担代价,以必要的代价换取利益。冒险精神就是敢冒风险,挑战风险,与风险较量。因此,冒险精神是现代社会必备的素质。当然,创新的冒险精神不是胡来蛮干,而是和科学精神相统一的冒险精神,是赋予理性的冒险精神,是以多种"保险"为依托的冒险精神。

(6) 务实精神。创新有着明确的价值目标与功利追求,这就是创造出新的财富、新的效用,以满足人与社会的需要。因此,创新不是简单地标新立异,不是刻意地符合时尚,而是一种需要进行经济核算的行为,也就是权衡资源的投入、重组、消耗究竟能产出多大的价值,以此作为创新决策的依据。所以,创新内含着务实精神,有没有务实精神是判定创新真假的一个重要标志。务实精神是把创新看作发展生产力、促进社会进步的手段,而不是把创新当作目的本身,为创新而创新。务实精神是创新精神的底蕴,创新精神是务实精神的最好表现形式,创新精神与务实精神具有内在的一致性。

（二）创新思维

1. 创新思维的特征

 基本概念　创新思维

创新思维是指人类不受现成的、常规的思路约束，以开放的心态和突破固定的思维模式，寻求对问题全新的、独特的解决方法的思维过程。

思维是一种认识，一种意识。创新思维是大脑构思创意的过程。创新思维是人类思维活动的精髓。从定义中可以看出，创新思维的特征是运用独特的方式方法，积极主动地去解决问题的思维活动。因此，创新思维既具有一般思维活动的某些特点，又具有不同于一般思维的独特特征，表现在三个方面：

（1）新颖性。创新思维是在一般思维的基础上发展起来的，以提供具有重大社会价值、前所未有的思维成果为标志。在这种思维过程中，没有现成的可供借鉴的解决问题方案，必须打破传统习惯和先例的禁锢，运用独特的方式方法去提出问题和解决问题，创造出不同寻常的思维成果，这是创新思维最显著的特征。

实践运用

一台锈迹斑斑的大炮

在日内瓦万国艺术宫国际活动中，主办方要征集最能反映世界和平主题的艺术品。常规的思维就是用和平鸽代表和平。有人就用汉白玉雕塑一尊白衣少女，手捧一只洁白的和平鸽，欲展翅高飞，冲向蔚蓝的天空。可是这件作品太熟套、毫无创意。此时，有位艺术家却选用了第二次世界大战使用过的一台锈迹斑斑的大炮，并将炮筒加热拉长，打上一个结，挂在基座上。这一作品以伤害了无数生灵的大炮来诅咒那些不义的战争；锈迹斑斑，代表着过去，让人们记住曾经的战争所带来的血的教训；而打着结的炮筒，又表明了它已不再使用，代表了战争的永远结束。

分析提示：

☞ 为什么主办方没有选用汉白玉雕塑的白衣少女手捧洁白的和平鸽而是选用了第二次世界大战中使用过的一台锈迹斑斑的大炮来反映世界和平主题？

☞ 在生活或者工作中，您做过的最有创新的事情是什么？

（2）求异性。创新思维按照与众不同的思路展开思维，并能用与众不同的语言、行为、方式表现出来，从而达到标新立异、出奇制胜的效果。也就是说，要创造新的事物、新的方法，就必须具有积极主动和进取的心态，否则就不能"思人之所未思"，也就无法创造性地解决问题。牛顿之所以能够发现万有引力，是苹果落地激发了牛顿的灵感，而牛顿抓住了灵感闪现的火花，并通过长期对物体运动规律的研究，才形成了万有引力定律。

（3）开放性。创新思维强调开放性，它善于冲破一切禁锢，大量地、广泛地吸收外界各种信息，在与外界各种信息的交换和反馈中不断吸收新东西，以建立自己的思维模式，调整自己的思维方法，整合自己的思维成果。从一定意义上说，开放性是创新思维的保证。创新思维是人类思维的精华，是创新能力的核心，是人们从事创新活动必须具备的最重要、最基本的心理素质。创新思维在整个创新活动中占有极其重要的地位。创新活动的前半期，主要靠创新思维产生创新设想；而创新活动的后半期，则是将创新思维付诸实施，形成创新成果。可以说，一切创新成果都是创新思维结出的硕果。因此，开展创新活动，首先要启发创新思维。

2. 创新思维障碍

人的思维有时会受一些因素的影响，从而出现非主观的偏差。思维障碍主要有两大类：一是偏见思维；二是定势思维。

（1）偏见思维。人们在观察事物时只能观察到它的一些侧面，无法观察到它的全貌。如果以它的一些侧面来对它的全貌作出判断，就会出现偏差。偏见有多种表现形式，主要包括：

第一，经验偏见。经验偏见是指受以往经验的束缚而偏离了其正常思维的现象。人随着年龄的增长、阅历的增加，会获得许多经验和体会，但是如果机械地套用经验，不对以往的经验所形成的条件和具体情况进行深入分析，而受经验思维的左右，生搬硬套，就会被经验所束缚，轻则错失了机遇，重则吃尽苦头。

第二,利益偏见。利益偏见是指对公正产生一种无意识的微妙偏离。如果因存在利害关系而有意识地作出明显不公的判断,即与公正产生明显的偏差,不属于利益偏见,而是一种有意识地争取权益、规避风险的寻租行为。利益偏见不是人的主观的、有意识的偏移,而是由于人的观念不知不觉地在起作用。因此在现实的生活中,如作出经营决策、行政行为、司法裁判中,为避免利益的有意识的干扰,在涉及自己的切身利益时,或与自己存在利害关系时,都会要求当事人或与当事人有利害关系的人予以回避,这就是要避免利益偏见的干扰。

第三,位置偏见。位置偏见是因所处的位置而无意识地产生微妙的偏离。由于所处的位置不同,对事物作出不同的判断,属于位置偏见。苏轼的《题西林壁》所云"横看成岭侧成峰,远近高低各不同。不识庐山真面目,只缘身在此山中"就是典型的位置偏见。成语"井底之蛙"也反映了位置偏见。位置偏见是因所处的位置不同而出现的偏差,与当事人不存在利害关系。

第四,封闭思维。封闭思维是一种把自己与周围割裂开来,在狭小有限的以自我为中心的空间中去观察和分析问题的思维方式。具有封闭思维的人容易满足现状,常常在孤立无援的处境中不思进取,很少考虑凭借团队的力量共同发展。

偏见是一种心理现象,是一种无意识的现象,不是人主观故意而为,而是不经意间形成的。偏见是不可避免的,但不是不可超越的,要正确对待偏见。由于偏见源于经验,所以要正确对待经验,要超越有限的经验,摆脱经验的干扰。

实践运用

被淹死的驴子

一只驴子背盐渡河,在河边滑了一跤,跌在水里,那盐溶化了。驴子站起来时,感到身体轻松了许多。驴子非常高兴,获得了经验。后来有一回,它背了棉花,以为再跌倒,可以同上次一样,于是走到河边的时候,便故意跌倒在水中。可是棉花吸收了水,驴子非但不能再站起来,而且一直向下沉,直到淹死。

分析提示:

☞ 驴子被淹死的原因是什么?

☞ 随着年龄的增长、阅历的增加,人会获得许多经验和体会,在管理工作中经验思维的利弊是什么?

在创新过程中,没有经验是不行的,一定的经验有利于创新,但过多的经验,或者过分地依赖经验,对创新又是十分有害的。

在偏见思维中,还有文化偏见、点状思维、刻板印象等。

(2)定势思维。定势是指过去对某一问题的经验所形成的一种心理准备状态。定势思维是指人们在认识事物时,由过去的经验所形成的心理准备状态,影响或决定后续类似活动的思维。定势思维的表现形式主要有:

第一,惯性思维。惯性思维是指沿着某一思维路径延伸,并暂时封闭了其他方面的思维,形成了思维的惯性。惯性思维有多种表现形式:一是强势惯性,即由于长期形成的某一方向的思维被强化了,阻挡了其他方向的思维。二是前提惯性,即在思考中受到预设前提的制约。三是语境惯性,即人们对自己熟悉的语言建立了某种定势联想,从而陷入语言陷阱。一个群体、一个组织形成的惯性就是群体性惯性。群体惯性在一些组织里普遍存在着,过去的教训导致组织不能适应变化莫测的市场环境,从而白白错失了许多机会。相反,一些临时的举措,或特定时候采取的一些措施,又容易形成惯例,导致组织僵化。

第二,线性思维。线性思维是指按照一个线性的思考方式进行思维,或前一个思考路径会对后一个思考路径形成强力的导向。线性思维的特点是把多元问

> **实践运用**
>
> **修理工与科普作家**
>
> 一位汽车修理工给他的老熟人科普作家阿西莫夫出了一道智力题。修理工说:"有一位哑巴,到五金商店买钉子,对售货员做了一个手势:左手食指立在柜台上,右手握拳做出敲击的样子。售货员见状,给他拿来一把锤子,哑巴摇摇头。售货员明白了,就给他拿来钉子。"修理工继续说:"哑巴买好钉子后走了,又进来一位盲人。这位盲人想买一把剪刀。"修理工问阿西莫夫盲人将会怎么做。阿西莫夫不假思索地伸出食指和中指,做出剪刀的形状。修理工见状,开心地笑起来说:"盲人想买剪刀,只需要开口说就行了,何必做手势呢?"
>
> **分析提示:**
>
> ☞ 故事中,科普作家阿西莫夫犯了哪种思维错误?
>
> ☞ 结合工作实际,说明这种思维方式对于创新的障碍。

题变为一元问题。而在现实中,许多问题往往是多元的,将复杂的多元问题归结为一个简单的一元问题来处理,肯定要碰壁的。

第三,惰性思维。惰性思维是指人们习惯于用老的眼光来看待新的问题,用旧的概念去解释新的现象,是人类思维深处保守力量的体现。由于惰性思维者不愿去尝试,也不敢去冒险,因而错失了大好的时机,其潜能也被埋没了。

3. 创新思维的形式

人的基本思维分为描述性思维、判断式思维和设计式思维三种,而设计式思维就属于创新思维。创新思维有多种形式,主要有:集中思维、发散思维、逆向思维、侧向思维、组合思维和联想思维。

(1) 集中思维。集中思维是指为了解决一个问题,尽量利用已有的知识和经验,把各种相关信息引导、集中到目标上去,通过选择、推理等方法,得出一个最优或符合逻辑规范的方案或结论。集中思维也可称为"收敛思维""求同思维""垂直思维",其思维过程是从现有的信息出发,按照所给定的信息和线索,以所需研究的对象为中心,通过比较、筛选、组合、论证等深化思考,挑选出最佳的解决方案。集中思维由于讲求按部就班、循序渐进,要求每一个步骤必须绝对正确,因而具有封闭性、连续性、集中性和逻辑性等特点,特别是在分析一些物理现象时,显示出强大的力量。例如,隐形飞机的制造难度在于它要满足多个目标,既要使敌方的雷达监测不到,也要使红外线及热辐射仪追踪不到,就分别要做到雷达隐身、红外隐身、可见光隐身、声波隐身等多个目标,每个目标中还有许多小目标,各个目标都达到了,最终就可制成隐形飞机了。

集中思维有两个优点:一是给出的创新解决方案具有高度可能性;二是获得的知识和结论具有系统性、正确性及普遍性,比较适合于学术性研究工作。但其缺点也不容忽视:一是往往预先设定了一些限定条件,进而限制了思维;二是容易形成惯性思维和惰性思维,因恪守已有的逻辑规则,容易使人们忽略一些极为有用的新概念或新思路。

(2) 发散思维。发散思维是指对某一问题或事物的思考过程中,不拘泥于一点或一条线索,而是从仅有的信息中尽可能向多方向扩展,不受已经确定的方式、方法、规则和范围等的约束,并且从这种扩散的思考中求得常规的和非常规的多种设想的思维。发散思维又被称为"辐射思维""放射思维""多向思维"等,发散思维具有流畅性、变通性、独特性和多感官性等特点,其形式有结构发散、形态发散、因果发散、属性发散、关系发散和功能发散等许多形式。例如,可以想象一下别针有多少种用途,可能是几种、几十种、几百种,甚至上亿种,这就需要使用发散思维了。发散思维总是在探寻、引发新想法以寻找更好的解决方案。当然,运用发散思维时,需要深厚的知识基础和广博的见闻。只有这样,才能敏锐地识别出优秀的潜在解决方案。

发散思维与集中思维不同。发散思维是为了解决某一个问题,总是追求尽可能多的解决办法,想的办法越多越好;而集中思维也是为了解决某一个问题,从众多的现象、线索、信息中,围绕所要解决的问题,根据已有的知识和经验,得出最好的结论或最好的解决方法。两者相比较,各有特点:集中思维具有选择性,发散思维则具有创造性;集中思维具有分析性,发散思维则具有触发性;集中思维是序列式,发散思维则为跃动式;集中思维是逐步修正的,发散思维则是信马由缰;集中思维是排除无关项目,发散思维则是迎接突如其来的干扰;在进行集中思维时,心灵会受逻辑所控制,在进行发散思维时,思维任由心灵差遣。形象地说,集中思维如同将一个洞持续地深挖下去,越挖越深,而发散思维就好比在别的地方另外挖洞。总之,集中思维是判断对错,发散思维则在不断地寻找替代方案。

发散思维与集中思维又是辩证统一的。发散思维用于产生新的点子和方法,提供更多的选择,形成尽可能多的想法或方案,并以发散思维来提升集中思维的效率;而用集中思维是发展发散思维所衍生出来的点子,以倍增发散思维的能力。只有将两者有机结合起来,交替运用,才能圆满地完成一个创新过程。因此,两者应相辅相成,结合起来使用,就能创造出新的点子、新的思路以及新的解决方案,并发挥出最大的效率。但在结合运用这两种思维方式时要把握好两者的结合度。在进行发散思维时,如果思维过于发散,虽然提出的方案非常多,但各种方案过于分散,难以收拢起来,也难以找到最佳方案;如果思维没有打开,提出的方案不够多,尽管收敛容易,但找不到最佳方案。

(3) 逆向思维。逆向思维也叫反向思维。逆向思维具有挑战性,常能出奇制胜,取得突破性解决问题的方法。任何事物都包含对立的两个方面,这两个方面又相互依存于一个统一体中。人们在认识事物的过程中,实际上是同时与其正反两个方面打交道,只不过由于日常生活中人们往往养成一种习惯性思维方式,即只看其中的一方面,而忽视另一方面。如果换位思考,从反面想问题,便能得出一些创新性的设想。所以,逆向思维就是不采用人们通常思考问题的思路,而是从相反的方向去思考问题。由于逆向思维具有非常规性、离奇性和挑战性,常常还会使产生的发明创造、发现取得意想不到的结果,能够取得事半功倍的效果。

> **实践运用**
>
> ### 司马光砸缸
>
> 司马光的小同伴在玩耍时落入一口齐人高的水缸里,水深壁滑,小伙伴爬不出来,同伴们束手无策。司马光想,只要把人和水分离开,人就不会被淹死,如何分离呢?常规的方法是人从缸里爬出来,但当没有合适的条件时,反过来思考,就是让水从缸里流出去,同样可以达到人水分离的目的。于是,司马光用石头把缸打破,水流出来了,小伙伴得救了。
>
> **分析提示:**
> ☞ 司马光砸缸救落水同伴的故事体现的是哪一种思维方式的运用?
> ☞ 请比较这种思维方式与惯性思维有什么不同?

(4) 侧向思维。侧向思维是沿着正向思维旁侧开拓出新思路的一种创新性思维。通俗地讲,就是由其他领域或事物的知识而受到启发,从侧向迂回地解决问题的一种思维形式。即通常说的"触类旁通"。侧向思维富有浪漫色彩,看似问题在此,其实"钥匙"在彼;似乎瞄着问题的焦点,答案却在远离焦点的一侧。侧向思维的要义在于"他山之石,可以攻玉",借助于系统之外的信息、知识、经验来解决面临的难题。侧向思维是利用事物间的相互关联性,经由常人始料不及的思路达到预定的目标,这就要求思维的主体头脑灵活,擅于另辟蹊径。

(5) 组合思维。组合思维是把两种或两种以上物体、技术、方法、原理、现象等结合起来进行创新思维的方法,是一种常用的思维方法。例如,将铅笔和橡皮组合起来就是常见的橡皮头铅笔。将钢笔和香水组合起来,就发明出了可随身携带、外观精巧美观的香水钢笔。组合思维是一种非常重要的创新思维,不仅可用于现有技术,实现技术突破,进行发明创造及发现活动,还能用于推广新技术、新工艺、新材料、新结构等,以寻找到更广泛的应用途径。

(6) 联想思维。联想思维是将一种事物与另一种事物联系起来,探究它们之间共同的或类似的规律,以解决问题的思维方法。简单地说,就是通过思路的连接把看似"毫不相干"的事件或事项联系起来,从而产生新的成果的思维过程。

客观世界是丰富多彩、千姿百态的,不同事物之间既有差异,又存在着某种联系。事实证明,两个事物之间的差异越大,就越难以将它们联想到一起,而一旦联系起来,就能做出创新。前苏联心理学家哥洛万斯和斯塔林茨曾经用实验证明,任何两个概念都可经过四五个步骤建立起联系。例如,"木头"和"足球"两个概念是风马牛不相及的,但只要经过四步中间联想作媒介,彼此就可以建立起联想关系:木头—树林—田野—足球场—足球。在创新过程中,联想思维是常见而有效的,通过联想可以发现事物之间互通的东西。联想思维最典型的例子就是"牛顿—苹果—万有引力",牛顿从自然界最常见的一个自然现象——苹果落地,联想到引力,又从引力联系到质量、速度、空间距离等因素,进而推导出力学三大定律,这就是联想思维。联想思维有四种类型,一是接近联想,是指时间上或空间上的接近都可能引起不同事物之间的联想。二是相似联想,是指由外形、性质、意义上的相似引起的联想。三是对比联想,是由事物间完全对立或存在某种差异而引起的联想。其突出的特征就是背逆性、挑战性、批判性。四是因果联想,是指由于两个事物存在因果关系而引起的联想。这种联想往往是双向的,既可以由起因想到结果,也可以由结果想到起因。

4. 开发创新思维的途径

(1) 坚持独立思考。人们在探索真理的过程中,总是会出现这样或那样的错误,任何人都不可能完全避免发生认识上或行动上的失误,即使是聪明伟大的科学家都不能例外。亚里士多德关于物体下落快慢与重量成正比的论断整整统治了世界两千年。伽利略不迷信权威的论断,对这一论断提出了大胆批判,经比萨斜塔实验,推翻了亚里士多德的错误论断,从而创立了自由落体定律。质疑是创新的前提,怀疑是创新的开始。正如牛顿所说的那样,"没有大胆的猜疑,就作不出伟大的发现"。巴尔扎克的论述更为精辟:"打开一切科学的钥匙,都毫无异议的是问号。"

(2) 提高想象能力。想象是一种特殊的思维形式,属于高级的认知过程。丰富的想象力是创新的前提和基础。爱因斯坦曾经说过:"想象力比知识更重要,因为知识是有限的,而想象力概括着世界上的一切,推动着进步,并且是知识进化的源泉。严格地说,想象力是科学研究中的实在因素。"从心理学的角度看,想象力是人类特有的把已有的知识和新的信息在头脑中重新组合的能力。创新的各种机遇,只有借助想象的力量,才会和思维碰撞爆发出灵感的火花;人类的任何智慧,只有经过想象动力的推波助澜,才会与行为整合转变为创造性的思想。想象是非逻辑思维的重要组成部分。非逻辑思维与逻辑思维是思维的两种基本形式,在培养创新思维的过程中,必须用好逻辑思维方法与非逻辑思维方法。对于有待创新的课题,要用非逻辑思维方法提出新思路、新设想,形成新创意;运用逻辑思维方法对提出的新思路、新设想、新创意进行整理、加工和筛选,找到解决有待创新问题的最佳方案。

(3) 扩展思维视角。对于创新思维来说,思维定势是一种消极的东西,它使头脑忽略了定势之外的事物和观念。而从社会学、心理学和脑科学的研究成果来看,思维定势似乎是难以避免的东西。它就像一副有色眼镜,戴上它,整个世界都与眼镜片的颜色相同;如果摘掉它,眼睛又无法看清外界事物。通过科学的训练能够削弱思维定势的强度,但不能从根本上解决问题。解决这个问题的另一条思路是,尽量多地增加头脑中的思维视角,学会从多种角度观察同一个问题。如果人们头脑中的有色眼镜确实是无法摘除的,那么就不妨多准备几副有色眼镜,轮流戴上不同的眼镜来看世界。法国学者查铁尔说:"你在做事时如果只有一个主意,这个主意是最危险的。"我们同样有理由认为:你在思维时如果只有一个视角,这个视角是最容易引人进入歧途的。

第二节 管理创新的时代背景

自从有了企业经营活动以来,企业的创新活动就从来没有停止过。可以说,创新是企业管理的本质属性,体现在企业的一切经营活动之中,并推动企业实践的突破和发展。20 世纪 80 年代以来,随着信息化、全球化和多元化趋势的日益加剧,管理创新成为决定企业生存发展的关键性因素。

一、信息化

信息化是 20 世纪 80 年代以来组织及其管理发展的背景和动力。从社会角度来看,信息产业已经成为国民经济新的增长点,成为国民经济的支柱产业。以美国为例,"二战"以后至 80 年代,美国国内的三大支柱产业分别是汽车业、建筑业和钢铁业;到了 90 年代,信息产业已经超过这三大产业,成为美国经济的头号支柱产业。作为高新技术产业群的主要组成部分,信息产业又是带动其他高新技术产业腾飞的龙头产业,信息产业的不断拓展,信息技术向国民经济各领域的不断渗透,将创造出新的产业门类。

信息产业的发展,推动了信息技术的突飞猛进及其在组织管理中的广泛应用,从而正在改变并将进一步改变组织的管理技术和管理过程,突出地表现在借助于现代信息技术、方法和工具而建立起来的管理信息系统,从仅仅为组织的某项业务提供数据处理逐步发展到在大量收集处理信息的基础上引入决策机制,从全局出发为组织提供预测、控制和辅助决策。

(一) 信息化的应用

1. 生产过程控制

在生产中可以广泛运用电子信息技术,实现生产自动化。生产过程控制信息化的重点是产品开发设计、生产工艺流程、车间现场管理、质量检验等各设计、生产环节。综合利用自动控制技术、模拟仿真技术、微电子技术、计算机及网络技术实现对生产全过程的监测和控制,提高产品质量和生产(操作)效率;借助于管理信息系统可以促使供应商按生产计划及时供货,从而降低库存费用;利用计算机辅助设计系统进行技术改造,在降低成本的同时,设计出质量更好的产品。

2. 数据处理

信息技术业普遍用于对生产、销售、财务等数据进行处理,从而实现企业数据的自动化、信息化。最早的电子数据处理,只是为了减轻人员的重复劳动,代替人工数据处理,降低办公用纸的费用,提高数据处理效率。随着计算机技术的进步,数据处理的方式发展为面向终端的联机处理,组织可以将分散在各用户的数据进行综合处理,共同使用、储存数据文件,初步达到数据共享。而通过管理信息系统的运行,则可以在一定的权限控制下,进一步实现即时、垂直和横向的数据共享,使采购、生产、销售等各生产环节无缝连接起来,实现资源的集中配置和数据的集中共享。以信息化对财务管理的影响为例,通过建立财务管理信息系统,可以强化财务管理与资金监控,加强制度约束、防范资金风险、堵塞资产流失的漏洞,同时可以做到信息共享,避免统计数据和财务信息失真。信息化对财务管理的作用体现在以下几个方面:

(1) 成本核算。在信息化手段的支撑下,财务能够了解销售、采购、库房、生产的全部过程,而且能够实现对企业各个作业环节进行实时监控,当出现危机时能够快速反映给决策者,避免因信息不流畅而出现的决策失误,把企业面临的风险降至最低。

(2) 预算管理。信息化促进了财务对公司业务发挥事前预算、事中控制、事后准确核算的作用。信息化可以帮助财务在历史数据的基础上,准确地去做好各业务、各地区、各产品、各部门、各费用科目的预算工作,让每一科目的费用都能够实时报告到应该承担责任的部门主管,业务部门主管可以在月中任何一天获得截至当时的收入、毛利、净利的粗报表,便于及时了解经营情况,做出判断和决策。

(3) 资金管理。通过信息化提供的手段,企业可以加强资金流量的集中管理与控制,使财务资金管理贯穿于生产经营的每一个环节,使企业从洽谈合同、收取订单乃至市场调查、项目可行性论证的每一个环节都必须考虑企业的财务和盈利能力,以保证企业取得最大的经济效益。

3. 决策支持

20世纪80年代以后,人工智能理论的发展,导致了专家系统在管理系统决策问题中的应用,以数据处理与管理模型进行预测和辅助决策。

(1) 制造资源计划。20世纪六七十年代发展起来的物料需求规划(MRP),克服了早期库存中订货点法的缺陷,通过预测投料情况来进行生产安排,不使库存量多而造成资金积压,从而使企业能够根据生产计划表上何时需要什么资料来订货。在早期物料需求规划的基础上,管理学家在80年代提出了制造资源规划(MRPⅡ),它克服了MRP仅仅涉及生产中物流方面,而没有覆盖整个生产过程的缺陷,将企业各个子系统有机地结合起来,在一定意义上优化了对企业复杂的生产过程的科学管理。MRPⅡ是一个一体化的集成系统,从管理的角度确保了企业的市场适应能力。

(2) 企业资源计划。20世纪90年代出现的企业资源规划(ERP)是一种针对物资资源管理(物流)、人力资源管理(人流)、财务资源管理(财流)、信息资源管理(信息流)集成一体化的企业管理软件。现代企业竞争不是单一企业与单一企业间的竞争,而是一个企业供应链与另一个企业供应链之间的竞争。ERP系统实现了对整个企业供应链的管理,把经营过程中的有关各方如供应商、制造工厂、分销网络、客户等纳入一个紧密的供应链中,以期有效地安排企业的产、供、销活动,满足企业利用全社会一切市场资源快速高效地进行生产经营的需求,从而提高效率并获得竞争优势。ERP软件系统预先含有大量的决策方案,为企业组织的管理者提供了更大的决策空间,提供了企业信息化集成的最佳解决方案,从而实现企业经济效益的最大化。与 MRPⅡ不同之处在于,第一,ERP 强调供应链管理,将企业与市场连为一体,把客户、销售代理商、供应商、协作单位纳入生产体系,企业同其销售代理、客户和供应商的关系,已不再是简单的业务往来关系,而是利益共享的合作伙伴关系,这种合作伙伴关系组成了一个企业的供应链。第二是敏捷生产。当市场发生变化,企业遇有特定的市场和产品需求时,企业的基本合作伙伴不一定能满足新产品开发生产的要求。这时,企业会组织一个由特定的供应商和销售渠道组成的短期或一次性供应链,形成虚拟工厂企业,把供应和协作单位看成企业的一个组成部分,运用同步工程,组织生产,用最短的时间将新产品打入市场,保持产品的高质量、多样化和灵活性。第三,ERP 系统通过网络信息针对内外环境变化对企业业务流程的变化而相应地调整,将企业与需求市场和供应市场整个供需链的业务流程和组织机构的重组,从而把 MRPⅡ系统对环境变化的应变性上升为能动性,提高企业供需链管理的竞争优势,必然会带来企业业务流程、信息流程和组织机构的改革。ERP 作为企业信息化建设的长远规划,它所体现的供应链管理、敏捷生产、虚拟化、流程再造等都预示了信息化而带来的企业管理领域的重大变革。

(3) 计算机集成制造系统。计算机集成制造系统(CIMS)是以计算机为中心,将现代化信息技术应用于企业管理与产品开发制造的新一代制造系统,它由计算机辅助设计(CAD)、计算机辅助制造(CAM)、计算机辅助工艺编制(CAPP)、计算机辅助工程分析(CAE)、计算机辅助质量管理(CAQ)、产品数据管理(PDM)、ERP(企业资源计划或制造资源规划 MRPⅡ)、管理与决策、网络与数据库及质量保证系统等子系统的技术集成。CIMS 的功能表现在:第一,信息集成,它将企业生产、经营各个环节(从市场分析、经营决策、产品开发、加工制造到管理、销售、服务)视为一个整体,综合企业的各部分的功能关系、信息关系和动态关系,实现物流、信息流、价值流的集成和优化运行,以充分的信息共享促进制造系统和企业组织的优化运行,其目的在于提高企业的生存能力。第二,过程集成,将产品开发、工艺设计、生产制造、供应销售中的各串行过程尽量转变为并行过程,如在产品设计时就考虑到下游工作中的可制造性、可装配性、可维护性等,并预见产品的质量、售后服务内容等,对未预见偏差做出快速反应和动态调整,以加强企业 T(效率)、Q(质量)、C(成本)、S(服务)、E(环境)等目标,从而提高企业的市场应变能力。第三,资源集成。充分利用全球的物质资源、信息资源、技术资源、制造资源、人才资源和用户资源，满足以人为核心的智能化和以用户为中心的产品柔性化。CIMS强调系统整体优化，重视管理、人和技术三者的集成，突出人与组织的集成与优化，通过信息集成、过程优化及资源优化，实现物流、信息流、价值流的集成和优化运行。CIMS必将带来企业制度与企业文化的再造。

4. 电子商务

进入20世纪90年代，随着现代电子技术、信息技术、计算机技术和网络技术的迅猛发展，国际互联网在全球范围内得到普及，产生了以网上交易为基础的现代电子商务。电子商务是基于信息技术、网络互联技术和现代通信技术，使得交易设计的各方当事人借助于电子方式进行各种商贸活动，实现消费者的网上购物、商户之间的网上交易，电子商务作为一种新型的交易方式，使得企业能够利用计算机网络来销售产品，在网上实现产品的宣传推广、商务谈判、签订电子合同文本、电子支付，并利用现代化的物流手段发送商品。电子商务代表着未来贸易方式的发展方向，正在改变着现有的商业形态、流通系统和营销战略，对企业的经营模式、经营观念都将产生重大的影响。

（二）信息化对企业的影响

1. 推动企业的信息化建设

现代信息的及时运用，推动了企业信息化建设。在企业的生产经营过程中，从战略和计划的制订，到产品的设计与制造，以及财务、物质、库存和营销等管理活动，始终伴随着大量的信息的生产、收集、分析、存储和使用，为了加强企业信息资源的管理，企业信息化建设势在必行。通过各种网络建设，并应用先进的科学管理方法和现代信息技术，采用系统集成的手段，对企业组织的结构和流程进行全面整合，使物流、资金流、信息流、人才等资源得到合理配置。企业组织信息资源的开发和利用将达到一个前所未有的高度。

2. 带动经营管理方式的变革与创新

鉴于信息化对于企业生存和发展的重要作用以及信息化建设与实施过程中的系统性和复杂性，企业信息化应有相当级别的一位信息主管来统帅，信息主管(CIO)这一职务作为负责对企业信息资源进行统一管理的企业高级官员开始在企业中广泛出现，同时企业还需要有一个独立于其他业务部门或管理部门的专门部门来落实和保证企业信息化建设过程中规划的实现以及信息化实施过程中的正常运转，信息化提升了信息部门在企业组织结构中的职能地位。因此，信息化必将推动组织结构的变革。信息化还通过计算机辅助设计、计算机辅助制造和办公自动化系统(OAS)等自动化系统建设,以及各项计算机辅助管理系统的建设和各种网络建设促使企业组织相应的业务流程和管理流程趋向合理,而流程的再造又反过来要求企业组织调整自己的组织结构,以增强组织对外部环境的适应性。组织结构调整及其业务流程和管理流程的优化,将带动组织经营管理方式的全面和彻底的变革与创新。

3. 促进经营管理理念的转变和人的全面发展

信息技术仅仅是一种工具,但信息化不仅仅是IT技术问题。信息化建设是一项系统工程,除了技术问题,还涉及管理问题、经营问题、文化问题,而所有问题的关键是人的问题。在实现信息化的过程中必然会引起人们工作方式的改变、人员角色的调整,以及对人的素养提出更高、更新的要求。因此,企业在信息化的时代要确立以人为中心的经营理念。信息系统由机械化人—机系统向智能化人—机系统转化。在这过程中,人的智能被物化在信息系统中,使得信息系统不仅可以延伸人的肢体,而且可以延伸人的头脑,从而具有了某种程度的自主性和能动性,但人的因素的物化绝不意味着管理中对人的因素的否定,应该意识到智能化人—机系统本身就是"人的因素"在更广阔的领域和更高的层次上发挥作用的结果,因此在智能化人—机系统中人始终处于主体地位。信息化要求组织不仅要加大信息技术开发的力度,更要关注培养信息化人才,要确立"信息主导"和"信息制胜"的理念,大力培养具有信息化思维观念、思维方式和能力素质的人才,促进人具备与信息化相适应的特质,最终实现人的信息化。

小资料:物联网、云计算、大数据

物联网: 物联网被称为继计算机、互联网之后世界信息产业发展的第三次浪潮。它是新一代信息技术的重要组成部分,物联网就是物物相连的互联网,是在互联网基础上的延伸和扩展的网络,其用户端延伸和扩展到了任何物品与物品之间,进行信息交换和通信。在物联网上,每个人都可以应用电子标签将真实的物体上网联结,在物联网上都可以查找出它们的具体位置。通过物联网可以用中心计算机对机器、设备、人员进行集中管理、控制,也可以对家庭设备、汽车进行遥控,以及搜寻位置、防止物品被盗等各种应用。

云计算: 云计算是继20世纪80年代大型计算机到客户端—服务器的大转

变之后的又一种巨变。云计算是一种按使用量付费的模式,这种模式提供可用的、便捷的、按需的网络访问,进入可配置的计算资源共享池(资源包括网络、服务器、存储、应用软件、服务),这些资源能够被快速提供,只需投入很少的管理工作,或与服务供应商进行很少的交互。好比是从古老的单台发电机模式转向了电厂集中供电的模式。它意味着计算能力也可以作为一种商品进行流通,就像煤气、水电一样,取用方便,而自己的数据信息可以像在银行储蓄一样存储在云计算的服务器里。

大数据:大数据是所有数据的集合,包括海量的文本、图像、音频、视频……具有数据量大、数据类型多、生成速度快、调用数据源有全球性等特点。大数据技术,通俗地讲就是从海量复杂数据中获得有价值信息的技术,它对人类的决策模式和社会经济的运行模式将产生深远影响。

(三) 企业信息化应用创新的趋势

随着大量新兴技术、新型信息产品、新颖网络应用形式的出现,特别是云计算、大数据等新型计算模式以及社会化网络应用的涌现,信息技术应用呈现出前所未有的新特点和新趋势,如泛在互联、移动商务、虚拟体验、大数据技术等,深刻地影响着企业的运营方式。

1. 信息化技术的创新

基于传感技术的物物互联和基于互联网的人人互联以及它们的集成应用,以及云计算平台建设与大数据分析的运用,将使企业拥有更多可获资源和数据服务。一方面,拓宽企业内部业务信息化的领域,并进行必要的集成,实现信息共享、消灭信息孤岛;另一方面,通过企业外数据的分析与处理,支撑与客户和供应商的业务活动。

2. 信息化功能的拓展

信息化功能由单一功能应用转向集成应用,一方面带来企业信息管理模式的转变,通过过程数据的管理、调度指令的实时传送、计算机在线管理、资源优化管理等,在企业业务组织单元和管理职能、管理组织单元之间进行信息交换与共享,从而实现对企业信息流、资金流、物流和具体的作业活动的在线实时管控与服务;另一方面,推动了新兴电子商务在贸易、流通和零售等领域的应用。基于移动性、虚拟性、个性化、社会性、复杂数据等新特征的电子商务应用,将在客户行为与体验、产品营销和推荐、商务安全、平台建设和服务品质、物流配送等方面产生一系列创新,并推进移动商务和社会化商务的发展。

二、全球化

世界经济全球化是世界政治经济和科学技术发展所造成的一个客观环境。特别是建立在以微电子技术为标志的第三次技术革命基础上的信息革命,强化了世界经济一体化的趋势并终将实现真正意义上的经济一体化。管理者必须把国际环境纳入决策的视野,把管理放置于全球化的环境中,改变经营管理理念、组织结构和运行方式,使组织管理适应世界经济一体化和全球化的发展趋势。国际化的世界市场早在产业革命时期就已经开始形成,各国通过贸易、金融等渠道把本国经济与世界市场联系起来,各国间的密切联系形成了经济的国际化。经济全球化则在更深层次和更广的范围上推进了经济的国际化。各国不仅在流通领域,而且在生产、分配、消费各个领域紧密联系,在资源开发、配置及各种生产要素的流动、应用方面实现了国际分工和协作,使全球经济突破了地理的限制,成为一个相互依赖、密不可分的国际经济体系。推动经济全球化的是跨国公司,跨国公司通过直接投资,使各国经济建立起了更加牢固的紧密的关系,使各国经济都成了全球经济的一个组成部分。跨国公司成为全球经济的主要组织者,企业的全球化战略最明显地表现为跨国公司的发展。

(一) 经济全球化的特点

1. 知识经济的兴起

技术与知识的进步一直是经济发展的基本动力。从经济发展史的角度来看,农业经济是取决于劳动力资源的劳动经济;工业经济是主要取决于自然资源的资源经济。21世纪,随着自然资源优势的日趋丧失,知识和技术优势的重要性正日益突出,取决于智力资源的知识经济正在兴起,无形资产的重要性是以前任何一种经济形态所无法比拟的。信息曾经是一个功能性学科,但在知识经济时代,信息已经变成企业的战略性支柱,成为决定企业竞争优势的重要力量。电子计算机的广泛应用和通信技术的现代化,使信息的处理和传播在瞬息之间就得以实现。国际互联网的投入使用,克服了各国在时间和空间上的差异,特别是20世纪90年代以来,随着信息技术迅猛发展,推动了以"信息高速公路"为标志的信息革命,通信卫星、光缆、传真机等通信手段和数字化的通信技术的运用,使人类进入了真正意义上的信息化社会。信息的全球化促进了工业经济向知识经济的转变。经济全球化和企业全球化的战略是与信息全球化和知识经济密不可分的。

2. 区域经济集团化

世界经济全球化也推动了区域经济集团化的迅速发展。不仅发达国家为了重新划分各自的势力范围,推动了发达国家经济区域集团迅猛发展,而且发展中国家为了发挥在国际贸易中的比较优势,也加快了区域集团化的步伐。就目前来看,在世界范围呈现出三大经济区域集团鼎立的格局。一是欧洲联盟。早在20世纪60年代前后,西欧与北欧的发达国家分别组成了两个竞争性的经济集团——欧共体和欧洲自由贸易联盟。1993年欧共体12国和欧洲自由贸易联盟7国建成欧洲贸易区。欧洲统一市场已经形成,其人口、国民生产总值占世界较大的比重。欧盟还积极联合地中海各国、东欧各国和独联体各国,从而使东西欧融合,欧洲走向统一。统一的欧洲,不仅对欧洲,而且对整个世界格局的变动产生了重大的影响。二是北美自由贸易区,在德国和日本经济实力迅速上升的背景下,美国日益感到在世界贸易组织的范围内对多边贸易谈判发挥更有效的协调作用越来越困难,因而积极推动了北美自由贸易区的建成。1989年1月,《美国加拿大自由贸易协定》的正式生效,宣告了美加自由贸易区的成立;1994年1月,《美国加拿大墨西哥自由贸易协定》生效,从而形成了北美自由贸易区。该区拥有3.6亿人口,6万亿美元国民生产总值及丰富的资源,是世界上最大的市场之一。三是东亚经济圈,面对欧洲和北美的挑战,亚洲在东南亚国家联盟和东南亚自由贸易区的基础上也正在形成东亚经济的合作圈。东亚的经济联合目前已呈现出由日本、中国为主导,包括亚洲"四小龙"和东盟国家在内的经济联合和合作圈,圈内国家的经济合作关系日益密切,经济依存度不断提高。在上述区域经济集团呈现出三足鼎立之势之时,其他地区的经济合作也在进一步加强,如独联体经济联盟、中美洲共同市场、南美共同市场、加勒比海联盟,非洲统一组织也完成了向非洲联盟的过渡,等等,区域经济出现了一体化的趋势。世界各大洲被分割成一个个的经济集团,加强了区域性的经济合作,促进了区域性的国际分工的发展,从而为参加集团的各个国家和地区的企业提供了跨国经营的机会。

3. 全球市场的形成

世界经济的全球化和区域经济的集团化的发展趋势,最终形成了真正意义上的全球市场。世界各国为了在全球化经济中寻求本国经济的发展机遇，纷纷开放自己的市场，形成了全方位开放的全球市场的新格局，参与贸易的对象由原来的商品和劳务扩展到资本、技术和信息等，从而形成了由商品市场、劳务市场、金融市场和技术市场等组成的市场体系。全球市场形成的特点体现在以下5个方面：

（1）技术贸易的比重日益突出。受科技革命和发展中国家工业化政策的影响，各国进一步开放技术市场，技术的跨国交流、跨国合作和竞争日趋激烈。由于发达国家的产业结构的调整向高级化发展，发展中国家也积极吸收国际技术和设备以优化本国的产业结构，因此，国际技术贸易的增长速度已经超过有形商品的贸易，并持续保持着快速增长的势头。

（2）国际分工进一步加深。国际分工是各国之间的劳动分工，它是社会分工发展到一定阶段，劳动分工超越国家界限发展的结果，开始时只是世界范围内以自然资源为基础的分工，表现为西方工业国家和地区与物产丰富的国家和地区的产业分工。随着科技革命和世界经济的发展，国际分工进一步加深。从分工的格局来看，原先以自然资源为基础的分工逐步发展为以现代工艺和技术为基础的分工，各国的经济地位和技术优势成为分工的基础，发达国家向发展中国家的产业转移和国际投资，使得传统产业与新兴产业的分工加剧，发达国家开始发展以高新技术和信息产品为核心的产业群，而传统的工业则成为发展中国家的主要产业；从分工的深度来看，由于生产标准化和专业化的发展，以及国际之间直接投资的增加，分工又从原来的产业各部门之间的分工发展为产业部门内部的分工，一条生产线、一个工序都有分工，许多产品是由不同国家生产的零部件组成，行业内部分工得到了极大的发展；从分工的形式来看，国际分工从垂直分工日益趋向于水平分工。垂直分工发生在资源性产品的开发到最终制成品的生产之间，表现为进口原材料，出口制成品；水平分工是在同等生产技术水平上的现代制造业间的生产专业化与协作。水平分工的发展促进了生产要素在全球的合理配置，促进了全球市场的发展。

（3）国际直接投资的进一步扩大。国际直接投资是指一国的政府、企业或个人在另一国开办新的企业（包括开设分支机构、建立子公司和合资企业），或收购当地的现有企业，或将在外国的经营利润用于再投资。在经济全球化的背景下，国际直接投资的增长已经超过国际贸易的增长。这主要是由于国际贸易容易受到各种关税和非关税壁垒的限制，而直接投资则可以避开贸易保护壁垒，保护和扩大其出口市场,同时由于直接投资植根于东道国的经济基础之中,直接渗透到东道国社会经济的许多方面,因此它所建立起来的联系更加牢固和持久。

(4) 金融市场进一步国际化。国际贸易和国际直接投资的发展直接推动了金融国际化,各国开放的金融市场,保证了发达国家相互之间的资本流动以及发达国家向发展中国家的资本流动,许多发展中国家也开始涉足国际金融业务,尤其是一些新兴工业化国家和地区纷纷建立国际金融业务,世界金融市场形成多个国际金融中心,一些国家的银行还纷纷在海外设立分支机构。同时,由于电子技术和通信技术的发展,货币电子化、银行和金融系统网络化,克服了地区的障碍,缩短了交割的时间,使全球跨国境交易可以在瞬息之间得以完成,国际资金流动的速度大大加快,流量大大增加,而且使世界主要的交易市场联为一体,这些都为跨国公司在国际金融市场上融资开辟了道路,使跨国公司和跨国银行通过发行债券和股票进行融资,实现了债权人和股票的国际化。

(5) 各国经济政策的相互联系和制约进一步加强。世界经济的全球化要求世界经济的一体化,一国经济政策的变动会对别国造成不利影响,并牵涉到大多数国家。因此,跨国之间的政策协调愈显重要,最终实现世界经济的一体化,以消除由于国别差异所带来的制度障碍,形成全球性的制度,从而使各国经济关系高度融合。20世纪80年代后,为了防范金融风险,提高经济发展的安全性,各国可以通过各种国际经济组织进行磋商、协调和合作。国际经济组织在协调经济发展、保证国际竞争正常进行方面发挥了越来越积极的作用。最具代表性的就是世界贸易组织的产生。此外,还可以通过其他形式直接进行各国政府间的经济政策协调,如八国集团首脑、财长、央行行长会议定期或不定期举行,就宏观经济政策以及货币、贸易和其他重大的经济问题举行磋商和协调,解决和缓和矛盾冲突。八国集团领导人还与中国、印度、巴西、南非、墨西哥5个发展中国家领导人举行会晤,启动新的不同主题的对话机制。经济全球化和一体化的趋势,将给各国企业的全球化经营带来前所未有的机遇和挑战。如何适应世界经济发展的新趋势,使企业进入国际的新领域和新市场,把企业做大做强,这是企业全球化经营战略面临的主要问题。

(二) 企业全球化经营的特点

1. 无国界经营

由于国际直接投资已经超过国际贸易,成为国与国之间主要的交易关系,跨国公司已经变成真正意义上的全球性公司,其总部或母公司的区位概念只有象征性意义,国籍属性越来越淡化。全球化与一般意义上的国际化并不相同。国际化指的是一个相对封闭或有限开放的国民经济融入国际经济的过程,各国经济的国际化导致了世界经济的全球化,全球化使世界大部分国家和地区的经济形成一个统一的、紧密联系的经济运行过程。在实施全球战略时,企业应该以世界市场为目标,追求全球性的机遇、抉择和效果,使资源在最合理的区位布局下得以合理的配置,而不受民族和国家疆域的限制,或某一子公司的盈亏得失的影响。

2. 全球性竞争

经济全球化和区域集团化的发展趋势,加剧了世界经济发展中的竞争与挑战,各国企业的竞争战略将随之做出相应的调整。首先,各家企业的发展不仅要立足于国内经济的发展,更要关注本区域经济圈内的发展机会和全球性竞争中的经营要求;其次,各国企业的竞争力不仅仅体现在产品和服务竞争的总体实力方面,更体现在相互打入对方市场和产品领域、占据区域市场优势和全球竞争潜力方面;最后,为了扩大市场,取得竞争优势,企业必须从全球的角度出发跨国界配置其价值链的各个环节,形成公司的全球性分工体系,在确定其全球性布局策略时,企业不拘限于利用一个或几个国家的单项区位优势,而是对这些区位作综合利用,从而形成整体合力。

3. 本地化策略

世界上还没有一个单一的国际政治法律体系,实施全球化战略的公司在不同的国家经营时会面临一个更加复杂的政治法律环境,既包括各个国家法律、意识形态和司法体系,也包括一些地区和国际的法律、条约和惯例,还包括大多数国家之间存在的某些协议、条约和准则。因此,政治法律因素对全球化经营的公司将造成更多、更大的政治法律风险,本地化策略是跨国经营有效防范政治法律风险的重要举措。开展全球化战略的公司都是以公司的全球观为基础,不断超越"国土本位主义"或"民族中心主义"的观念,以全球经营者的视野,竭力使本公司融合在东道国里,公司的民族身份逐渐模糊。本地化策略主要包括以下4种:

(1) 人才本地化。人才本地化可以利用当地的人力资源,克服由于文化背景和语言上的差异可能引发的种种误解,并能利用当地良好的人际关系开展经营活动,大大降低交易成本和信息成本。聘请当地人出任管理的重要职务,使他们在主要的控制大权仍然操纵在母公司的情况下掌握一部分经营管理权,这样的当地人才能够超越"国土本位主义"或"民族中心主义",可能具有更强的公司意识,即他们更能够以专业的眼光,以公司的观点来处理和理解问题。

(2) 技术本地化。可以通过并购等策略获取当地原有企业的商标等无形资产乃至高新技术,维持产品的固有竞争优势。通过利用当地技术和向当地转让技术相结合,使产品以崭新的技术面貌投向市场,以避免由于不熟悉当地技术状况而形成的竞争上的劣势和风险。

(3) 市场本地化。东道国为了扶持当地厂商,往往鼓励外商采购当地零部件。为适应这种需要,跨国公司可以培养当地厂商为原料供应的来源,并鼓励当地公司参与公司的国际营销项目,通过这些做法来降低公司的政治风险。公司还可以利用当地的原材料、零部件、采购、产品的分销渠道、售后服务等,迅速实现其在东道国的市场扩张。

(4) 融资本地化。跨国公司的全球化经营活动不可避免地要涉及国际范围的资金筹集。跨国公司的海外子公司可以在东道国的证券市场上发行公司债券,筹措长期资金;还可以接受东道国的发展银行提供的特许融资安排和民间金融机构发放的短期商业性贷款;外资公司还可以通过合理的出售股份的计划,在预定的年限内逐步将资产出让给当地厂商;与当地的合作者共同举办合资或合作经营的企业,也是融资本地化的一项重要举措。融资本地化可以有效降低和转移东道国的政治法律因素可能给跨国公司带来的经营风险。

4. 跨文化管理

企业全球化经营面临的是一个更为复杂多变的管理环境,在政治经济和法律环境之外,文化因素对管理活动的制约和影响是非常重要的。由于各国在语言、生活方式、审美观、价值体系、道德观念、宗教信仰、风俗习惯等方面表现出很大的差异,文化因素的重要性更加突出。不同的文化的交流既有摩擦和磨合,也可能互补和融合。全球化经营的公司面临的种种问题以及管理上的冲突,在深层次,其实是一种文化冲突。不同文化的冲突(不同文化形态及其内在因素之间的对立与排斥)是由于文化差异造成的,跨国公司事实上把两种或者多种文化交汇在一起,意味着外来文化和本土文化的某种因素在各自的深层都有其本质上相契合的内容,这就为不同文化的融合提供了可能。跨文化管理首先要求在识别文化差异的基础上,加强人们对不同文化环境的反应和适应能力，促进不同文化背景的人的沟通和理解，建立文化共性，并建设共同的经营观和组织文化。

(1) 奉行"文化相对主义"的准则，克服"民族中心主义"的倾向。进行跨文化的沟通是跨文化融合的关键，有效的跨文化沟通必须正确地理解本土文化和外来文化，也就是培养合理的文化"自我意识"并实现"文化移情"。文化的自我意识是基于对本土文化的理解而形成的对自身文化结构和文化价值观念的心理认同。文化自我意识要求对自身文化特点的正确理解，消除文化优越感和"民族中心主义的"的偏见，从而使人们能够在跨文化沟通中获得识别自己和其他文化之间的异同的参照系。"文化移情"是基于对其他文化的理解，要求人们能够站在一种客观的、超然的立场看待他文化，从他文化的参照系反观自身文化，克服本土文化的约束，选择和接纳他文化中优秀的因素，从而使不同的文化之间产生认同。一个成功跨国经营的企业就是在交叉文化传统的基础上，由磨合走向融合。跨国公司的经营哲学是"多中心主义"。"民族中心主义"是人们作为某一特定文化群体成员所表现出来的优越感，它以自身的文化价值和标准去解释和判断其他文化环境中的群体。这是跨国公司全球化经营战略的主要文化障碍。不同的文化有着不同的价值标准，它们可能是千差万别乃至相互对立的。但每一种文化关于价值判断的标准在其文化体系的范围内都有其合理性。任何一种价值标准都是独特的，不存在比其他文化优越或者落后的问题。"文化相对主义"原则是基于不同文化都有其合理性基础上的"多中心主义"。随着跨国公司经营领域的多元化和成员国籍的多元化，任何形式的"民族中心主义"将导致跨国市场机会的损失以及公司组织管理的失效，进而使全球化战略的实施陷入困境。而"文化相对主义"则要求公司把东道国文化的合理性放在首位，子公司具有较大的独立性和决策权，公司的管理政策必须适应东道国的文化传统，生产和服务也以满足东道国的市场需要为主。

(2) 建设统一的公司文化。实施全球化经营面临的一个主要问题就是如何使不同文化的冲突由摩擦到磨合、最终实现不同文化的融合。由于现实目标的同向选择，跨文化管理最终要实现的是建设公司文化。公司文化的核心是建立共同愿景。共同愿景的协同作用，使不同国籍和文化背景的成员之间能够把自己的思想和行为同公司的经营业务和宗旨结合起来，使各个子公司能够与母公司更紧密地联系起来，形成共同的公司文化意识、共同的长期战略和共同的管理。只有借助于强有力的公司文化，才能增强跨国公司内部结构的坚实性和弹性,保持其内部管理的和谐性,促进公司对国际文化环境的适应性,从而保证公司全球化经营的成功。

5. 国际战略联盟

国际战略联盟是一种跨国的战略联盟,两个或两个以上的企业,为达到共同拥有市场、共同使用资源和增强竞争优势的目的,通过各种协议而结成的优势互补、风险共担的松散型组织。国际战略联盟有利于合作伙伴共同开拓世界市场,促使生产成本下降、争取规模经济。联盟还可以促进技术合作与开发,达到企业间优势互补、风险共担、成果共享的目的。国际战略联盟也有利于合作伙伴之间降低经营风险、防止过度竞争。战略联盟与通常的合营企业不同之处在于它偏重于战略考虑,即它并不以追求短期利润最大化为首要目的,也不是一种为摆脱企业一时困境的权宜之计,而是与企业长期计划相一致的战略活动。20 世纪 80 年代的企业大多数以兼并和收购为特点,实行多种经营,通过建立牢固的联合方式来参与竞争。20 世纪 90 年代以后,出现了松散的联盟方式,跨国企业往往采用在特定行业、特定领域、特定项目等方面建立松散型联盟,企业联盟的手段更加多样化、联盟协议也更加丰富复杂。各企业利用多样化的联盟方式在价格控制、市场开拓、科技创新等方面获得了新的进展。战略联盟作为各方企业之间合力协作取得发展的一种形式,必然涉及如何协调管理的问题,这些问题包括:由谁来经营联合体?联合体经营的利益和损失如何分担?怎样组织和管理联合体经营所需的人员?战略联盟的经营风险是否已确认?联盟之间如何建立有效的沟通机制和信任机制?等等,所有的问题将使对战略联盟的管理显得更为困难和复杂。

三、多元化

随着竞争的全球化,人员跨地区与跨国界流动逐渐增多,企业用工成分越来越复杂,面对来自不同层次、不同地域、不同背景的劳动力,员工管理多元化成为一种必然的趋势。这种多元化,既表现在性别、年龄、种族等人口特征方面的表层差异,也表现在态度、知识、价值观等心理特征的深层差异。员工多元化要求组织以不同的视角和不同的方法对差异做出反应,以促进企业管理的创新。同时由于差异化而带来员工观念和行为上的分歧甚至冲突,企业必须有效地引导和控制,以实现员工多元化带来的多种观点与文化的融合。

(一)工作价值观的多元化

工作价值观的多元化首先表现在工作价值观的人口学特征,不同职位、学历、年龄和性别的工作者的内在工作价值和外在工作价值越来越趋于差异化。其次,工作价值观的多元化同时也表现在工作价值观的社会学特征,不同地域的、不同文化背景的、不同组织领域的工作者的择业标准、对工作的直接结果和间接结果的判断标准也全然不同。21世纪被普遍认为是知识经济的时代,与知识经济相适应,知识员工正在崛起。知识员工具有较高的创造性、流动性和所从事工作任务具有一定复杂性的特点。因而其个性和行为表现出了全然不同于传统组织环境下的特征,知识员工对组织的依赖性降低,他们更看重工作的自主性而轻视来自组织的指令和管制;更看重工作的意义而不仅仅注重工作结果的关联性。这些变化不仅改变了企业与工作者的关系,而且将从根本上动摇企业组织的基础,导致工作者对企业组织的忠诚性急剧减弱。知识员工的内在需求逐渐向高层次发展,参与感、自主性增加,这就要求企业相应地改善工作环境、改进工作设计、变革工作内容、改变工作时间等,设计出能够提高其忠诚性的管理方法。

(二)工作者结构的差异化

工作者的结构差异化的趋势表现在工作者的教育背景、家庭背景、知识结构、工作经验、生活方式乃至宗教信仰等方面的差异性增加,这意味着工作者在组织中会表现出不同的文化价值观、工作态度和交往方式。工作者结构的差异化将引起企业文化由单维向多维、由封闭向开放的改变。如何改变管理哲学、如何构建企业文化,使组织能够以保证工作者稳定性的方式对差异性做出反应,这对企业行为提出了新的课题。如果管理不当,就可能造成高流失率、沟通障碍和更多的冲突。

(三)工作任务和性质多样化

传统上人们用"蓝领""白领"和"粉领"来表示组织中员工的工作任务和性质,现在,人们使用更多的"领子"来表示组织中不同人的工作角色,出现了在高技术领域获取高薪的"金领"、介于"白领"和"蓝领"之间的"灰领"和在家上班的"圆领",传统的"蓝领"角色也在扩展(如高级技师等)。这种变化趋势,推动了企业组织工作制度的变化,出现了弹性工作时间和弹性工作组,允许工作者在特定的时间段里,自由决定上班时间或是允许工作者通过平均负担的方式来共同完成规定时间的工作,从而实现工作分担,形成弹性工作组,甚至还出现了远程办公,通过与组织办公室联网的电脑接洽业务,完成填写各种报表,分析处理信息等公务。

【创新视频】

我们相信未来,我们相信年轻人,我们相信创新。

——马云

观看光盘视频《马云谈创新》,思考与讨论:创新对成功创业的重要性。

创新的人应该是不畏惧失败的。

——李开复

观看光盘视频《李开复谈创新》,思考与讨论:您做的最有创新的事情是什么?您认为创新的要素有哪些?

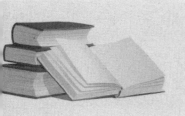

第二章 管理变革与创新

回顾近百年来的企业发展史可以发现,相对于其他任何创新而言,管理创新才是帮助组织寻求突破,获得最优绩效,并将企业发展提升至新阶段的真正动力。

——加里·哈默尔

得以幸存的既不是那些最强壮的物种,也不是最聪明的物种,而是最适应变化的物种。

——查尔斯·达尔文

管理变革与创新是经常被连同使用的一对概念。不论一个组织的创新活动与其他组织相比是早还是晚,它在组织内所进行的变革过程通常不可以被明确识别。变革与创新在动因上都是组织基于对环境变化所做出的反应,在表现上,都是促进组织的变化;而在目标上,都旨在推进组织的发展。变革的过程往往以创新为开始,创新活动无不推动管理变革的实施,而创新的成果则需要借助于管理变革的配套措施来加以实现。

第一节　管理变革的相关问题

变革是人们常谈常新的一个永恒主题。《周易·系辞》所说"易,穷则变,变则通,通则久"在一定程度上道出了变革与创新的真谛与价值。"穷",指遇到困境,"变"是鼎新革故,遇到困境时就应设法改变现状,只有不断地"求变",才能"常新",才能"长久"。

一、管理变革与维持

组织是一个基于分工经由不同层次而形成的人群结合系统,组织系统的有序性对系统的存在和发展是至关重要的。但是,组织的运行和发展,仅仅依靠维持是不够的。这是因为,组织系统的外部环境是在不断变化的,环境的变化必然对组织的系统职能、活动目标、活动内容、活动形式等产生不同程度的影响;而同时,组织系统自身的成长方式和发展阶段,组织成员的构成及其发展需要、工作态度和价值观也处于不断的变化之中,从而对系统要素之间的相互关系、系统活动的组织方式等产生一定的影响。因此,对组织系统进行局部的或全局的调整和修正,就成为组织运行发展过程的必然选择。

> **基本概念**　**维持与变革**
>
> 维持是保证系统活动顺利进行的日常手段,是组织各项管理职能得以正常发挥的根本保证。
>
> 变革就是组织为了适应组织外部环境的变化和内部条件的变化而对组织的目标、结构以及构成要素等适时而有效地进行调整和修正。

(一)变革与维持的联系

作为管理的两项基本职能,维持与变革对组织系统的生存和发展都是非常重要的,它们相互联系、不可或缺,两者存在着上述相互依存、互为条件的逻辑循环。

1. 维持与变革互为条件

管理的根本目的是实现组织的发展,维持和变革是实现组织发展的基本手段。维持是前提,是发展的基础。维持的程度,制约着组织的发展,没有维持就没有发展;发展是维持的必要条件,没有发展,就不能维系生存。从变革与发展的关系来看,管理变革是组织发展的动力,它的决定性作用不仅在于解决组织当前发展中面临的重大问题,推进组织资源的优化配置和系统的自我完善,而且要为组织的持续发展奠定基础。维持、变革与发展三者之间相互依存、互为条件的关系,决定了变革与维持在组织发展过程中呈现出循环往复的逻辑联系,即变革→维持→再变革→再维持。

2. 变革与维持的关键在适应

变革的成果要依靠维持来落实、巩固,组织系统在复杂动荡环境中的再平衡则需要变革来推动。有效的管理要求实现维持与变革的优化组合。过度强调维持的组织往往注重当前利益而忽略组织的长期发展,最终导致组织系统保守僵化,丧失发展良机。反之,在环境变化面前,如果朝令夕改,匆忙变革、频繁变革,则会危害组织规章制度的权威性、削弱专业化程度、降低组织凝聚力,严重的还会导致组织体系紊乱乃至瓦解。因此,在变(变革)与不变(维持)之间,关键的是适应,有效的管理在于实现维持与变革的优化组合。

(二) 变革与维持的区别

变革的本质在于突破现状,而维持的实质在于按部就班。因此,在不同组织的组织环境下,在组织不同的管理层次以及不同的发展阶段,组织对于变革与维持职能的需求强度是不同的。

1. 组织不同的环境特性

环境系统有两个根本的特性:一个是复杂性,一个是稳定性。复杂性是指环境中影响组织及其管理活动因素的多少,它反映了环境的复杂程度。稳定性是指环境变化的快慢程度,稳定的环境是指环境变化很慢,但不是不变化。根据环境系统的特性来分析,我们可以绘制组织环境的"复杂—变化模型"(见图2-1)。

简单动态下的组织只有少量不同的环境因素和经常无法预测的变化,其不确定性程度中—高;复杂动态环境下的组织有着大量不同的环境因素,而且经常

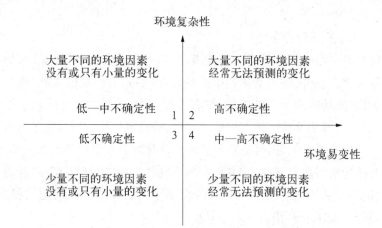

图 2-1　组织环境的"复杂—变化模型"

无法预测其变化,具有高不确定性的特点;复杂静态环境下的组织,虽然有大量不同的环境因素,但是没有或者只有小量的变化,其不确定性程度处于中—低;简单静态环境只有少量的、不同的环境因素,而且没有或者只有小量的变化,具有低不确定性的特征。

　　由于环境的不确定性程度不同,维持和变革在组织系统内的任务和发挥的作用就存在着明显的差异。比如,在简单—静态环境中,管理者只需按照既定的常规和程序实施管理,就能确保组织的有序性,显然这是一种最容易处理的管理环境,更多需要发挥维持的职能。相反,复杂—动态环境是一种最难以处理的管理环境,组织就需要通过变革现成的方法、规范和程序去适应所面临的各种不确定因素。同样,不同的环境特点对于一个组织的结构设计和选择也是不一样的,在简单—静态环境中,组织结构相对简单、稳定,维持职能发挥着更大的作用;而复杂—动态环境中的组织,需要不断通过组织结构的再设计,来保持组织结构与环境的匹配,这种再设计,事实上是通过管理变革实现的。

2. 组织不同的管理层次

　　由于管理者的层次不同,不同层次管理者的管理角色是不同的。高层管理者发挥着决策者的角色作用,他们必须具备战略能力,体现在对组织发展的战略和大局的把握,因此高层管理者更多地关注环境、谋求机遇、推动变革。中下层管理者更关注日常的管理事务,与高层管理者的战略能力相比,他们必须具备的是执行能力,把握组织运行的流程和环节。中下层管理者的角色作用,使他们更多地发挥了维持的作用,组织目标、规章制度、流程规范,需要他们不折不扣地维护其权威,而高层必须时时去质疑、监视组织目标、规范等可能存在的错误假设,并通过管理变革予以纠正。面对组织变革,作为组织现有机制的得益者和执行者,中层管理者更倾向于维护组织现有的秩序和格局,因此,变革阻力更多来自中层。认识到这点,对于高层管理者如何推进管理变革十分重要。

3. 组织不同的发展阶段

从发展的观点来看,组织是一个有机的生长体。组织的生命周期一般可以分为初创期、聚合期、规范期、成熟期、衰退期或再发展期几个阶段。在组织发展的不同阶段,组织管理效能的大小、环境压力的强弱都是各不相同的。不同发展阶段的组织结构、领导方式、管理体制和人员心态都各有其特点,致使每一个阶段的后期都会出现问题和危机。比如:创业阶段后期的领导危机、聚合阶段后期的自主性危机、规范阶段后期的失控危机、成熟阶段后期的僵化危机,无不需要管理者采取相应的管理措施克服这些危机,从而促进组织适时地从一个阶段发展到另一个阶段,这种阶段的演变和转换实质上就是组织变革。当组织不适应环境的变化而衰退,也只有通过变革获得再发展。由此可以看出:处于不同发展时期的组织,由于其面临的问题和危机不同,管理变革的措施和力度应当是不同的,变革通常发生在组织从一个阶段向另一个阶段演变中,而一旦组织进入一个新的发展阶段,则需要通过维持,促进变革措施的落实,巩固变革的成果。研究组织生命周期的发展规律和演变特点,有助于管理者把握变革的时机和变革的问题,最终保证组织持续发展。

二、管理变革与创新

(一) 变革与创新的联系

1. 管理变革与战略创新

由于环境的变化,组织必须变革其目标,探寻新的战略路经,改变它的发展战略,而新的战略必将导致内部结构的改变,否则战略创新将归于无效。具体地说,不同的战略要求不同的业务活动,从而影响了组织内部管理职务的设计;战略重点的转变,将引起组织工作重点的改变,从而相关部门和职务的重要程度也将随之改变,组织就要对各管理职务以及部门的地位以及它们之间的相互关系做出相应的调整。因此,战略创新具有先导性,它必然导致组织内部的管理变革。

2. 管理变革与技术创新

企业组织的技术创新包括要素创新、要素组合方法创新等。要素包括材料、设备以及人员三方面。要素创新,关键依靠组织人事制度的变革落实;要素组合方法的创新包括生产工艺和生产过程的时空组织两个方面。要素组合方法的创新直接影响了生产要素在时空上的组合,不仅影响组织活动的效益和效率,而且会作用于组织活动的内容划分、部门和职务设置以及对人员素质的要求。因此,技术创新必然引致工艺过程、组织结构、管理制度等方面的变革,使之与组织所采用的技术相适应。

技术创新的组织形式既可以由企业组织单独完成,也可以通过多种灵活性的组织实现,如企业组织与高校、科研院所协同开发,或者与其他企业、高校、科研院等建立技术开发型的战略联盟。但是,技术创新过程的完成,是以产品的市场成功为最终标志的,因此,技术创新的过程,无论如何也少不了企业组织的参与。一般来说,大企业要建立自己的技术开发中心,提高技术开发的能力和层次,健全技术开发成果有效利用的机制;而对于从中小企业而言,要通过组织内部的变革,建立承接技术开发成果并有效利用的机制。

3. 管理变革与组织创新

战略创新、技术创新必然引致管理变革并要求通过管理变革来保证战略转型和技术创新目标的实现。组织创新本身就是管理变革的内容,与其他方面的创新内容不同,组织创新关注的是组织职能的变化。组织创新包括了产权制度、经营制度和管理制度在内的制度创新,也包括了组织结构创新和组织文化创新。

组织结构创新包括组织性质和结构体系的创新。就组织性质而言,出现了由单一的实体组织转型为实体组织与虚拟组织的共存。虚拟组织利用外包的方式将"内部服务"转移出去由专门的公司加以处理,而将主要精力专注于"核心业务",这样既提高了组织有限资源的利用效率,又可借助专门公司处理专项业务的专项技术来提高"内部服务"的效率及效果,由此也缩减了组织的规模,精炼了管理组织,使管理组织在明晰目标的导引下利用先进技术的耦合优势更有效率地运作,并通过组织之间的新型的合作关系在一定程度上发挥共享收益和分担风险的作用。就组织结构体系的形式而言，出现了扁平化和柔性化的变革趋势。扁平结构是技术创新的引致结果，同时反过来因其管理层次少、信息传输快、决策迅速等特点有助于及时准确地做出相关的决策。柔性的结构是由组织环境变化和组织战略决定的，有机的组织结构形式更能适应组织战略的转型和环境的变化。对于大中型企业创新活动而言，创新型组织一般体现为稳定和自由组合的矩阵型组织。

组织文化创新主要从组织生存环境的根本性变化入手，以现有的价值取向、经营管理理念、行为模式、领导风格和管理作风作为变革目标，支持组织的变革与创新活动，以实现组织行为与环境的相容性。从变革的阻力来看，因为文化具有强大的惯性力量，任何变革，归根结底都会面临来自人的阻力和文化的阻力。通过文化创新，可以支持组织的技术和观念的发展变革，只有在组织内部培育和塑造了创新的文化，才能适应外部环境的变化。

4. 管理变革与环境创新

环境创新是指通过组织积极的创新活动去改造外部环境。外部环境对于组织及其管理具有制约作用，但是这并不意味着组织及其管理活动在外部环境中总是被动的。环境创新的必要性和重要性恰恰在于通过管理变革，发挥组织的能动性，对于外部环境存在的各种因素、资源加以利用和改变，以达到提升组织价值的目的。例如，通过组织的公关活动，影响政府的政策制定、推进行业规范的确定；通过技术创新，影响行业技术进步的方向。对于企业组织而言，环境创新的主要内容是技术的应用创新和市场创新。

技术的应用创新，就是以应用为核心，通过各种创新的技术与产品，推动科技创新。为此，企业组织应该创新服务体系，为技术与产品研发提供最贴近市场和用户需求的信息，推动应用创新，并进一步提供技术进步的动力，同时通过技术集成创新，培养产品设计能力、研发能力，逐步向产业上游发展，推动产业的更新换代，提升整个行业的科技水平。

市场创新主要是指通过营销创新活动引导消费、创造消费。新产品的研制开发和推广是创造需求的主要途径，这就要求企业在研制开发过程中，加强市场调研，通过研发人员与用户的互动来发现用户的现实与潜在需求。

（二）变革与创新的差异

变革与创新的区别主要体现在以下三个方面。

1. 内容差异

人们将熊彼特的创新理论归纳为 5 个方面的创新——产品创新、技术创新、市场创新、资源配置创新、组织创新。之后人们对于企业组织创新内容的研究，主要涉及两大方面：一是与生产制造有关的技术创新，二是与生产制造的环境相关的管理职能和管理体制方面的制度创新。具体来讲，作为管理的基本职能之一，管理创新大体包括了战略创新、技术创新、组织创新和环境创新等诸多方面的内容。从中可以看出的是，创新涵盖了更为广泛的变化，而变革更关注组织的变化，它不直接涉及技术创新、产品创新、市场创新等，管理变革的领域更集中于组织的整体特征、组织结构与运行机制、组织的价值观念与行为规范等，管理变革与组织创新更接近，当然不是熊彼特当初意义上的组织创新。

2. 目的差异

虽然变革与创新在根本上都是为了促进组织的发展，但是两者之间在目的上还是存在着微妙的差异。创新的目的在于为组织创造并获取新的绩效，回收投资和其他收益。创新需要高额的费用投入，它必须考虑的是成本和收益；创新又存在着太多太多的不确定性，比如需求的不确定性、技术的不确定性、结果的不确定性等，创新活动既可能缔造了一些企业全新的市场地位，也可能摧毁了一些企业原有的市场地位。对于企业来说，它是否积极致力于采用新的技术、开发新的产品和市场、采用新的商业模式，考虑的首要因素并不是可行性，而是竞争态势，以及在商业层面能否通过实施创新任务来获得盈利。因此，一些居于领先地位以及垄断地位的企业通常并不是创新活动的率先行动者，而更多的中小企业也宁愿采用追随策略。由此可以看出创新活动具有间断性的特点，而相比之下，变革则具有适时性的特点，它持续地贯穿于组织运行发展的过程之中。管理变革必须在对组织的管理现状进行深入分析的基础上，明确所要变革的问题，其目的在于解决问题，而不是这些变革措施是否会带来组织实际绩效的改变。

3. 判别标准的差异

变革与创新活动都是通过变化促使组织发展与外部环境达到动态平衡。它们之间的共同点是促进组织的变化，差异在于，创新是创造性的变化，变革是适应性变化。创新强调的是新，无论是相比于其他组织是新的（具有首创性），还是相对本组织的历史而言是新的（具有应用性），而变革作为一种调整和修正，是对现状的改变,这种改变,可能是具有创新的也可能并不具有创新性。比如,在传统的控制职能向服务职能转化的过程中,管理的本质发生了根本性的变化,管理工作如何向各个管理系统提供有效的服务和支持成为管理有序开展的保证。组织职能的这种变革就是具有创新的;而在进行组织再设计过程中,必须对一些部门进行归并及其职能地位的调整,对一些职务的职责、权限进行修正,但是并没有产生全新的职能部门或职务,组织改变原有的权责关系,但并不意味着建立一种新的权责体系,调整原先的管理层次与跨度,并不意味着采用新的结构形式,所有这些措施显然很难说是一种创新活动,而它却属于变革的范畴。

三、变革的辩证思维

管理变革的过程中时刻伴随着管理者的观念的变革。变革的关键是"革心"。"革心"就是改变思维模式,抛弃老旧的想法,打破传统的思维方式。辩证思维方法,以灵活变通、综合判断、动态把握和对立统一为特征,较之其他非辩证的线性或静态的思维方式,对于管理变革特别是变革决策活动具有重要的指导意义。辩证的思维方法要求组织面临变革时,要正确运用以下的辩证范畴。

(一)结果和原因

一切现象无不受因果联系的支配,这就要求管理者一方面要善于分析特定问题的特定原因,另一方面又要考虑问题原因的多样性和复杂性,对事物的因果联系进行全面的分析。例如,对于组织变革遇到的阻力,可能是因为习惯势力,也可能是因为心理、文化因素,还可能由于利益关系,只有正确全面地把握了变革阻力的原因,才能正确地处理管理变革中存在的复杂问题,从而避免简单化和极端化的处理方法。

(二)偶然和必然

偶然性和必然性是事物在发展过程中显示出来的两种趋势。管理者要善于从大量的偶然性中发现其必然性,充分估计各种偶然因素的作用,促进偶然性向必然性的转化,并且尽量避免或减弱不利的偶然因素对事物发展进程的危害和影响。比如,就管理变革的机遇来讲,可能存在各种偶发的诱因,如果管理者看不到隐藏在其背后的必然性，组织就可能错失良机。同样，变革中会发生各种恶性突发事件，如果管理者不善于从各种偶发因素中去发现其必然性，就不可能见微知著，从而做到防患未然。

（三）对立和统一

对立和统一要求管理者从互相区别又互相补充的两个方面去把握现象整体的和谐和统一。反向思维体现了对立统一的精神。反向思维不是简单地运用形式逻辑的直接推理，而是主动地从对立面去思考问题，分析把握得与失、动与静、优与劣、虚与实、奇与正等既相互区别对立又相互联系的方面。比如变革中，组织之间的关系出现了新的形态，如何看待竞争者？管理者应该突破那种"非友即敌"的思维模式，竞争中存在合作，合作中存在竞争，新的竞争不再是非赢即输的模式。这种全新的竞争思维有利于组织去发现新的市场机会，建立新的更富活力的组织联系。

四、变革的阻力

（一）变革阻力的来源

对待变革，人们往往会表现出两种不同的态度及方向相反的作用力量，形成了变革的动力和阻力。所谓动力，就是赞成和支持变革并努力去实施变革的驱动力。所谓阻力，则是人们反对变革、阻挠变革甚至对抗变革的制约力。这两种力量的强弱对比，会从根本上决定变革的进程、代价乃至成败。变革的动力源自组织领导者居安思危的忧患意识，当组织内外客观条件的变化，领导层对于组织本身存在的问题，以及变革可能带来的权力和利益关系的变化的认识，成为可能引发变革的动机，进而形成变革的推动力量。变革的阻力可能来源于个体、群体，也可能来源于组织本身。组织问题是错综复杂、相互关联的，但某一期间的变革通常只能针对有限的一些问题而展开，这样就不可避免地会形成系统内部各要素相互牵制的制约力。有时候外部环境的束缚也是形成变革阻力的一种来源。

1. 个体层面

个体层面的阻力，主要是由个体的个性特征及其固有的工作和行为习惯难以改变、职业安全需要、经济收入变化、对未知状态的恐惧以及对变革的认识存有偏差等而引起的。个人层面的阻力力度较小,却构成了变革阻力的基本单元。

(1) 个性特征。人们对待组织变革的态度与其智力、性格特征、工作经历、价值观等个性因素有十分密切的关系。那些敢于接受挑战,乐于创新,有较强适应能力的人通常变革意识较为强烈。而那些有强烈成就欲望的人,或是一些因循守旧、心胸狭窄、崇尚稳定的人对变革的容忍度较低,变革的抵触情绪较大。一些依赖性较强、没有主见的员工常常在变革中不知所措而依附于组织中群体的态度倾向。

(2) 职业认同与安全感。职业认同是指个体对于所从事职业的肯定性评价,即个体认为自己的职业角色是重要的、有吸引力的,与其他角色是融洽的。职业安全感是个体在职业中获得的信心、安全和自由的感觉,特别是满足个体现在或将来各种需要的感觉。在变革中,人们需要从熟悉、稳定和具有安全感的工作任务,转向不确定性较高的工作任务,其职业认同受到影响,并会感觉个人职业危机或个人的职业发展被限制,并进而产生对变革的抵制。

(3) 习惯和惰性。变革的阻力有很大一部分是来自人类本性中的惰性。人们总习惯于处于"惯性"或"他们自己的、习惯的方式"之中,总有安于现状的习性,因此对变革有一种天然的抵触情绪。任何变革都会威胁到原有的安全与内心的平衡,因而有恐慌感。

(4) 思想认识。有时人们之所以反对变革,是因为对未来的发展趋势缺乏清醒的认识,对环境给组织的压力认识不足,总觉得组织目前所处的环境还相当不错,足以应付任何挑战。当人们不能预见未来的发展趋势时,他们就不可能对变革有紧迫感,当然也就拒绝一切变革行动。

(5) 权力和地位。变革因为改变了原来的体制或结构,调整了人事关系,使组织中的权力和地位关系重新进行配置,致使一部分人丧失或者削弱了原来的地位和权力,从而产生不满和抵触。变革也必然会对组织内的各个主体的利益进行重新分配。由此,一些群体和个人的既得利益就会有所损失。如果变革对人们的工作提出了新的要求并引起收入直接或间接的下降,他们往往有只顾自己的个人利益和短期利益的倾向,从而盲目地抵制变革,致使变革难以有效地实施。

2. 群体层面

(1) 群体规范和群力内聚力。群体规范是群体成员的行为准则,是群体对其成员适当行为的共同期望,对其成员具有约束作用。群体规范可能是积极的,也可能是消极的。当群体规范与组织目标不一致时,就会阻碍组织目标的实现,特别是在组织面临变革时会成为变革的抵制力量。就群体规范本身而言,边缘规范比较容易改变,而核心规范由于包含着群体的认同,难以变化。内聚力是成员被群体吸引并愿意留在群体内的程度,高内聚力群体往往不容易接受变革,因为其成员容易产生优越感,导致其对外界的敌视和排斥;高内聚力的群体容易形成群体思维和群体意识,容不得不同意见,并且排斥异己,更倾向于维护现状而干扰变革。

(2) 人际关系。人际关系的阻力表现在三个方面。一是对发起这场变革的人心怀成见,有时人们之所以反对变革,并不是反对变革本身。这种情况普遍存在于一般组织中,人们有时对变革本身并不真正了解,也不想去了解,但只要看到是由他不喜欢的人发起了这场变革,就感到从感情上接受不了,有一种十分盲目而强烈的抵触情绪。因此,管理者在进行组织的变革时,要注意选择容易为大多数人所接受的人选,以尽量减少变革的阻力。二是变革对人际关系的威胁,变革可能会对组织内既有的关系带来根本的改变,直接或间接地对人际关系带来变化。三是从众行为。有些人可能自己并不反对变革,但是由于其他人的反对,人际压力下的从众心理的作用,也会使这部分人反对变革。

(3) 非正式群体。非正式群体是指组织成员关系为非官方规定的、在自发的基础上为满足某种心理需要而有意或无意形成的不定型组织。组织中人与人的长期接触、交往和相互作用,会使某些成员具有一定同质性的心理状态和行为方式,并赋予这种心理状态和行为方式以一定组织化、体系化的特征。非正式群体的行为规范与组织目标可能一致,也可能不一致。在后一种情况下,对组织可能有的牵制甚至破坏作用,如集体抵制正确指示的执行和实施,严重影响工作效率,特别是在组织推行变革措施时,非正式群体极易散布谣言,阻碍进取,破坏成员的积极性,抵制变革,造成任务上的冲突。

(4) 政治行为。所有关于组织政治行为的定义几乎都集中在组织规范无法约束而由成员自己调节的行为上。其中,最有影响的是美国学者斯蒂芬·P·罗宾斯的观点,他认为组织中的政治行为是组织中的个体和群体所表现出来的"那些不是由组织正式角色所要求的,但又影响或试图影响组织中利害分配的活动"。当组织出台一项新的政策或面临一项变革问题时,成员个体或群体中会出现游说、传播流言蜚语、打小报告、蛊惑人心或混淆视听、集体抵制组织变革。由于这类行为违背管理道德、不符合组织规范的期许,可能受到严厉的制度惩罚,因此具有更大的潜在性和隐蔽性,从而也就具有更大的破坏性。

3. 组织层面

在变革中,组织惰性是变革阻力的主要因素。组织惰性是指组织在面临变革形势时表现得比较刻板、缺乏灵活性,难以适应环境的要求或者内部的变革需求。造成组织惰性的因素较多,例如:组织内部体制不顺、决策程序不良、职能焦点狭窄、传统的科层结构和陈旧保守的文化等,都会使组织产生惰性。造成组织惰性的因素本身也是管理变革的内部动因,或者说这些因素本身就是管理变革的对象和内容。

来自组织层面的另一个阻力是变革的潜在威胁。由于管理者在决策的时候往往是有限理性的,所提出的变革问题和变革方案便可能存在某些缺陷。人们会担心变革的不确定性和不稳定性正是由于这个原因造成的。

(二)排除变革阻力的管理策略

1. 进行系统思考

管理变革是一项复杂的系统工程,需要各级管理层进行系统的诊断和分析。既要充分考虑变革的必要性,也要论证变革措施的可行性;既要认识到变革可能带来的好处,也要预见变革潜在的威胁,还要考虑变革对外部环境可能产生什么样的影响。对于各种阻力的性质要加以界定和区分,并采取不同的解决方式。要着眼于变革措施的长效机制,若简单直接地进行解决,或许在表面上暂时减弱了阻力的症状,但必然会给组织发展留下后患。

2. 把握时间进程

组织变革是一个循序渐进的过程。任何一项变革都要选择好时机并注意策略与艺术,尽可能地消除阻力,保证组织变革的顺利进行。即使不存在对变革的抵制,变革也需要时间来完成,人们也需要时间去适应变革措施。如果一味地加快速度推行变革,人们反而会产生一种受压迫感,产生起初并没有的抵制。因此,管理部门和领导者需要懂得运用人际关系的方法技巧影响变革的进程。

3. 利用群体动力

运用群体动力学，可以推动组织变革。这包括创造强烈的群体归属感，设置群体共同目标，培养积极的群体规范，建立关键成员威信，改变成员态度、价值观和行为等。其中，重要的一条是注意使个体、群体和组织变革目标保持一致，运用人们对群体的归属感，使群体成员积极投入管理变革与组织发展之中。此外，还应该关注群体之间的协调一致和相互支持，努力使管理变革成为整个组织一致的行动。

4. 开展力场分析

力场原本是一个物理学的概念，它说明了任何处于稳定状态的事物都处于作用力与反作用力平衡的力场之中。科列·勒温用它来作为一种咨询分析的方法，分析一项变革所遇到的推动力和制约力。他认为任何一个组织中都存在两种力量——推动变革的力量以及阻碍变革的力量。如果这两种力量的实力均衡，组织就会处于均衡状态。而管理变革势必要打破组织原有的平衡，并在驱动力和阻碍力之间建立一种新的平衡。开展力场分析，可以采用图示法对两种力量进行排队分析，比较其强弱；通过力场分析，对变革的可能及其过程进行判断，并分析对变革可能产生的影响，从而加强现有的推动力，减弱现有的抵抗力以及增加新推动力，促使组织由现实状态向理想状态推进。

5. 加强教育与培训

在变革前要做好教育和宣传，加强对员工的培训与学习。通过教育和宣传，使人们认识到组织发展和变革的必要性和基本任务。必要的话应该做好变革的试点工作，以变革的实际成效教育员工。通过有针对性的培训与学习，让员工不断地学习新知识，接受新观念，掌握新技术，学会用新的观点和方法来看待和处理新形势下的各种新问题，从而增强对组织变革的适应力和心理承受能力，提高对组织未来发展的预见力，更好地配合组织的变革。

6. 鼓励沟通和参与

讨论和沟通应该贯穿在变革实施的全过程之中，通过讨论和沟通，使人们认识到变革的意义，发现变革中出现的问题。在变革实施之前，组织应该营造一种危机感，让员工认识到变革的紧迫性，让他们了解变革对组织、对自己的好处。还应该适时提供有关变革的信息，澄清变革的各种谣言，为变革营造良好的氛围。沟通的过程，也应该是员工参与变革的过程，如果员工有计划参与组织发展计划的制订和实施,赋予他们在变革中的话语权,这样可以提高人们的积极性和主动性,增强变革的可接受性。因此,在变革的实施过程中,要让员工理解变革的方案,并且要尽可能地听取员工的意见和建议,通过集思广益,使变革方案更加符合组织及各部门的实际需要。在变革的推进过程中,还应加强对员工的意见调查,时刻关注员工的心理变化,及时了解员工的反馈,在适当的时候可以做出某种承诺,以消除员工的心理顾虑。

7. 培育意见领袖

提高对变革者的信任,是实施管理变革的非常重要的保证,而这需要一种好的组织文化作为支持。共同的价值观会增进组织成员的相互信任与尊重,变革的阻力也就会减小。因此,在组织变革的过程中,要注意培育意见领袖,意见领袖通常具有亲和力和权威性,由他们倡导变革,会推进变革的进程,减少变革的阻力。另外,也可借助于外部专家学者和咨询公司的力量,聘请其作为专家智囊团体,他们来自第三方,通常能较为客观地认识组织所面临的变革问题,找到较为正确可行的解决问题的方法;他们的知识和能力也更能得到内部成员的信服,从而可以减少变革的阻力。

8. 适当运用强化

奖惩作为组织变革的强化方式,是克服变革阻力的有效方法。在变革过程中,对先进的部门和个人要给予及时的肯定、鼓励与表扬,对阻碍变革的部门和阻力要及时地予以批评和调整,这有助于组织内部形成一种积极向上、勇于变革的文化氛围。同时,组织可以在变革实施的过程中,提高员工的工资和福利待遇,使员工获益于组织变革,另外还可以对一些员工予以重用,以稳住关键员工,消除他们的顾虑,使他们安心地为组织工作。

> **实践运用**
>
> **三星的变革运动**
>
> 20 世纪 90 年代,伴随着三星经营业务的快速拓展,各类非相关性多元化的业务过多,使得公司已经呈现出"大企业病"。1993 年,李健熙发动了三星历史上前所未有的变革运动——新经营。在实施变革前,李健熙派出秘书室大部分人员去各分公司了解其集团内多达 1 800 多名高级管理人员对变革的态度和看法,以减少变革的阻力。李

健熙提倡健全的危机意识。这是三星"新经营"哲学思想的核心内容。为此公司先后举行了三次产品对比会,当场一个个拆解三星和竞争对手的产品,向高管明示与世界最高水平的差距,要求全体员工既要保持危机感,又坚信改变自身必能适应环境。为此公司开展了全面立体、世界范围内的标杆学习运动,在新产品开发方面学习索尼、3M;在库存管理方面,学习西屋电器和联邦快递;在客户服务方面,学习施乐公司;在生产管理方面,学习惠普;在销售管理方面,学习IBM和宝洁,等等。在组织变革方面,改变了原来以秘书室为核心的决策模式,形成了一个以会长、战略规划办公室、总裁团三者组成的高层铁三角决策模式。变革措施还包括重塑企业文化,确立以质量为主的企业文化;在生产的流程设计上,实行"一站停线"(Line Stop)系统,任何员工只要在生产流程中发现不合格的产品,都可以立即关闭组装生产线;在人力资源变革方面,将原来员工和企业绩效评估体系中65%考核产量等数量指标改为更偏重考核质量指标;人力资源政策变革方面推行"天才人才计划",明确团队协作,强调三星是一个整体。

1999年,三星对外宣布了"数字融合"战略,即在未来成为"数字融合革命的一个领导者"的计划。这是一个向新领域全面迈进的计划,是一个企业集团系统性的大创新活动。第一,三星公司调整了战略方向,快速退出了自己不擅长、没有发展前景以及发展潜力比较小的领域,从而将更多的资源和精力集中在发展潜力大的新型工业——信息通讯产业。第二,整合内部相关产业和事业部,将三星电子、三星半导体和三星无线通信进行了合并。第三,加大科技开发投入力度,不断开发核心技术。第四,成立了分布于全球主要城市的四大研发中心、三星综合技术院、三星创新设计实验室、三星艺术与设计学院等研究机构,推动设计革命。第五,建立品牌协调机制,打造高端品牌形象。第六,推行"WOW"计划。"WOW"计划是三星从1996年开始推行的一个对新产品开发的要求计划,即新产品开发要达到英文"WOW"这个感叹词这样的效果,在新产品推出市场前往往多次退回开发组,不断改进自己的产品设计和研发,从而为客户创造出众多世界一流的产品。

分析提示：
- 三星公司为什么要发动"新经营"变革运动？三星"新经营"哲学思想的核心是什么？
- 三星公司开展的标杆学习运动有什么特点？
- 在实施变革前，李健熙为什么要组织人员去各分公司了解1 800多名高级管理人员对变革的态度和看法？
- 三星公司的变革措施包括哪些内容？
- 请查阅相关文献，了解一下"大企业病"有哪些症状？分别是由什么原因造成的？

第二节　管理变革的内容

当外部环境和内部条件发生变化时，组织必须做出变革策略，对组织的战略、组织的结构，以及流程和技术乃至组织文化进行必要的调整与改善修正，因此，变革涉及组织的方方面面。组织变革的核心是管理变革，而管理变革的成功来自变革管理，这主要涉及管理方法的变革和管理组织的变革。

一、管理方法的变革

（一）人本管理

人本管理泛指在组织的一切活动中，始终把人放在中心的位置，把人作为管理活动的主体和核心资源，以人力资源的合理配置和优化组合为手段，在追求组织效益最大化的同时实现人的全面发展。

人文主义管理思潮的盛行，使管理思想发生了由物本向人本的根本转变。

尽管在工业经济时代，随着行为科学的问世，重视人的主观能动性和人本管理的思想和方法一直在探索和实践着，但由于工业经济时代人的观念、生产方式、技术条件、市场需求特点等的局限，制约了人本管理的真正实现。20世纪初，以泰罗为代表的"科学管理"以现代的科学管理替代了传统的经验管理，实现了人类管理史上的第一次革命。但科学管理过于强调对一切作业活动的计量定额，强调严格的操作程序，他们只注重对物的管理和对工作的管理，忽视了对人的管理，只强调工作效率而忽视了对工作者的各种需要的满足，把工作者看成只有经济需要的"理性经济人"，而忽视工作者的社会心理需要，一切都按事先安排好的规章制度、原理和原则办事。这种机械理性主义的管理思想及其制度，把人视为机器的一部分，颠倒了人与机器的关系，使手段异化为目的。20世纪20年代梅奥等人在"霍桑试验"中提出了"人群关系理论"（行为科学的前身），标志着管理思想和实践中人性文化的复归，这种尊重人性的、尊重个人感情和尊严的、人文的、开放的文化推动了人本管理的兴起。可以说，人本管理的思想和方法是随着行为科学的兴起而兴起的。

在知识经济时代，一方面，知识日渐成为企业经营活动中的最重要的资源，人对知识的掌握和驾驭以及由此带来的组织创新使得人在经济活动中的地位和作用比以往任何时候都变得更加突出和重要；另一方面，人的思维方式、价值观念也发生了巨大的变化，人的自主性、个性化、自我价值实现的愿望等都将得到充分的尊重。这些都促使组织在管理中把对人的关注、人的个性和能力的释放、人的积极性的调动推到了空前的中心地位，"以人为本"的管理得到了空前的强化。人本管理成为知识经济时代管理变革的重要内容。

1. 人本管理的特点

人本管理，不同于把人作为工具、手段的传统管理模式，而是在深刻认识人在经济活动中的地位和作用的基础上，突出人在管理中的地位，实现以人为中心的管理。人本管理具有以下特点：

（1）依靠人。组织的一切活动，首先是人的活动，由人的活动才引发、控制、带动了其他资源的活动；人力资源又是组织资源增值的决定性因素，在组织的各项资源中，人力资源是唯一起创造作用的因素，只有人力资源才能担负起发展和创新的使命，因此，组织要确立人力资源的核心地位，发挥人力资源的主导作用。

（2）激励人。对人的管理一般有两个方面的基本目标：一是要吸引、招聘优秀的能够胜任工作的人才到组织中来,并且使他们安心乐意地在组织中长期工作;二是要使这些人完成规定的分内工作,并且激励他们以创造和革新的精神,把工作向更高的境界推进和发展。要想使一个组织卓有成效地运行,就必须激发它的成员愿意参与组织管理的兴趣,以及创造性地进行工作的热情。

(3) 开发人。人本管理在知识经济时代的立足点和核心是人的积极性和创造性的充分发挥。在急剧变化的环境中,技术生命周期不断缩短,知识更新速度不断加快,每个人、每个组织都必须不断学习,以适应环境的变化并重新塑造自己。因此,如何建立让每一个员工都有机会发挥其积极性和创造力的用人机制,把提高人的素质和与建立以人为中心的经营模式结合起来,这是实施人本管理的关键。

2. 人本管理的原则

人本管理的原则是组织实施人本管理过程中应该遵循的基本准则,它决定了人本管理的方式、核心与重点。

(1) 提高激励的有效性。激励是进行人本管理的主要方式。激励员工的起点是满足员工的需要。要有效激励,就必须研究员工的需要,采取措施满足员工的各种合理的需要。一方面,要注意物质激励和精神激励的有机结合,使它们相互补充,相互渗透;另一方面,必须清楚地认识到只有在内激励上去努力才可能从根本上调动员工的积极性,而单单依靠外激励是不全面的,只有将内激励与外激励有效地结合起来才能持续而高效地激励员工。此外,还应该注意激励的公平和公正性,特别是薪酬体系的设计。要从计酬标准、薪酬结构和分配过程几个方面保证内部的公平公正性,同时也要考虑外部的平衡性,组织的薪酬水平应与外部同类组织保持大体的平衡。

(2) 强调权变管理。权变管理强调权宜应变,注重研究解组织在变化的条件下和在特殊的情境中的运营情况,从而寻求最适合具体情况的组织设计和管理行为。以人为本的管理思想要求组织的各级管理者承认并尊重组织成员的差异性,将成员的个性差异看做一种优势充分地利用起来,因人、因时、因不同的情景而采用不同的管理方式,从人员配备、教育培训,到员工的职业规划,组织资源的配置和组织文化的建设都始终以促进成员的个性化发展为前提。权变管理也要求组织在进行结构设计时,研究组织管理中的各种变量以及它们之间的相互关系,着眼于人员的个性特征与工作任务、工作环境、技术等各种权变因素以及它们之间的相互匹配,而绝非是千篇一律或因循守旧。

> **基本概念　工作生活质量**
>
> 　　工作生活质量是由工会和管理部门共同合作改善员工生活福利和工作环境,以增加参与决策为手段,从而实现提高生产率和员工满意度的一项措施。

　　(3) 推进工作生活质量活动。工作生活质量是20世纪70年代伴随着工业民主运动而出现的新命题。它的基本思想在于,为了提高组织工作效率,不能只考虑技术因素,还要考虑人的因素,使技术和人协调一致。工作生活质量要求组织放弃简单追求生产效率的做法,而将组织目标与成员的个体目标结合起来,通过个人价值的实现反过来促进组织效率的提高。这就要求组织特别是企业组织建立起"工作、生活共同体",使员工与组织休戚相关,荣辱与共,以改善员工生活福利和工作环境、增进参与决策为手段,达到提高生产效率和员工满意感的目的。工作生活质量活动的目标在于:

　　① 满足员工的职业需要。员工的职业需要首先是丰厚的收入、稳定的工作,在此基础上,当代员工更注重在工作中获得信任,维护自尊,通过取得工作成就来实现自我价值。工作生活质量活动要求在组织内部营造良好的氛围,促进上下级之间互相信任,使每个人都能够享受工作带来的乐趣,在工作中感受到生活的意义。

　　② 促使民主观念真正进入到工作领域。工作生活质量是随着70年代欧美国家的工会运动的兴起而提出的,之前的民主议题只是在社会生活中被广泛关注和实践,工作生活质量活动的出现,表明工作领域中的民主问题已经为组织管理所关注,它提倡组织各级员工的参与,员工参与管理既是工作生活质量活动的开始,也是顺利开展此项活动的关键。

　　③ 把个人发展与组织发展有机结合起来。工作生活质量活动改变了过去组织管理活动中只重视组织整体而忽视员工个体的倾向,组织的人力资源开发和管理部门在制订人力资源开发计划时,要更加关注个人的职业生涯发展,关注个人价值和利益的实现和提升,促进和保持成员之间、成员和组织之间关系的和谐,惟其如此,才能最终实现员工和组织之间的共赢共生。

3. 人本管理的方式

(1) 创设人性化的工作环境。环境创设要求组织从人出发,为工作者创造人性化的工作环境。人性化的工作环境包括:

① 物理环境。物理环境要素包括工作地点的空气、光线和照明、声音(噪声和杂音)、色彩等,它对于员工的工作安全、工作心理和行为以及工作效率都有极大的影响。人性化的物理环境要求组织在进行内部环境设计时,应尽力防止物理环境中的消极性和破坏性因素,使物理环境能够适应员工生理和心理的要求。

② 心理环境。组织不仅是一种物质性的、结构性的组织,还是一种心理性的组织。人本化的心理环境是组织心理要素构成状态的和谐程度,要培养组织成员的认同感和协同性,增进组织内部和睦融洽的人际关系。人本化的心理环境能够提高组织成员的士气和合作程度,影响了组织成员的积极性和创造性的发挥,进而决定了组织管理的效率和管理目标的达成。

(2) 提倡自主管理。自主管理要求充分注重人性要素,注重人的潜能的发挥,注重员工的个人目标与组织目标的统一,在实现组织目标的同时实现员工的个人价值。

① 参与管理。参与管理体现在组织目标的实施者同时也是目标的制定者,即由上级与下级在一起共同确定目标,重视上下级之间的充分协商,让员工参与管理,实行管理的民主化。在目标制定过程中,让员工广泛参与意见,在相互尊重中实现信息交流;在目标完成中,让员工有权在组织政策范围内自行制定具体行动方案,让员工在充分参与的过程中发现自己工作的兴趣和价值。

② 自我控制。人本管理要求提倡个人能力的自我提高,用"自我控制的管理"代替"压制性的管理"。这种自我管理,不仅体现了对员工的尊重,更可以形成强烈的动力,推动各级管理人员尽自己最大的力量把工作做好。

③ 适当分权。人本管理还要求管理者下放权力,以便于组织成员更好地进行自我控制与自我管理。集权和分权的矛盾是组织管理中的基本矛盾之一,推行目标管理有助于协调这一对矛盾。分权是组织在组织设计时,充分考虑到目标管理的需要而赋予管理职位必要的职责和权限,而授权则是在工作中,出于培养下属的需要,将一部分职权委派给下属,充分调动下属积极性主动性。充分而得当的分权和授权,促使权力下放,有助于在保持有效控制的前提下,建设更为

以人为本的组织文化。

（3）进行工作再设计。工作设计的方法，经历了工作专业化到管理当局为了解决员工对专业化的反抗所采取的如工作轮换和工作扩大化等临时性的措施，再到工作丰富化、工作特征再设计等现代的工作设计方法这样三个发展阶段。

> **基本概念** **工作轮换与工作扩大化**
>
> 工作轮换是一种把工作者轮换到同一水平、技术要求相近的另一个岗位上去工作的设计方法。
>
> 工作扩大化是横向地扩大工作者的工作范围，主要是扩展工作任务的种类，把多种属于或低于同一水平的工作任务结合在一起交给一个人操作。

① 工作轮换和工作扩大化。通过工作轮换的方法给工作者提供了发展技术和有一个全面地观察和了解整个生产过程的机会，从而可使厌烦情绪减少到最低限度，但是轮换后的员工仍然在同一时间只从事另一种常规的简单重复的工作，因此并没有从根本上解决问题。而工作扩大化的方法通过增加工作者应掌握的技术种类和扩大操作工序的数量，来降低工作者对原来工作的单调感和厌烦情绪。这种方法有利于工作者对工作进行自我控制和发挥，但在对工作者的活动注入挑战性和重要性方面却没有多大的作用，同时不容易考虑技术和个人的差异。

> **基本概念** **工作丰富化和工作特征再设计**
>
> 工作丰富化是工作扩大化的发展，是一种纵向的工作扩展。它要求让工作者有自主权，有机会参与计划和设计，获取信息反馈，估计和修正自己的工作，从而增加工作者的责任感、成就感和对工作的兴趣。
>
> 工作特征再设计是指重新设计员工的工作职责、内容、方式等，以提高员工的工作绩效。这是一种更加人性化的设计方法，其核心是指针对员工设计工作而非针对工作特征要求员工。

②工作丰富化和工作特征再设计。工作丰富化包括以下内容：对任务的控制力、承担责任、绩效评估反馈、在组织目标范围内可自定工作速度、成就以及个人的成长和发展。工作特征再设计是基于不同的工作者对同一种工作会有根本不同反应的事实。个人工作成效以及从工作本身所获得的满足，取决于工作设计的方式和对个人有重要影响的需求的满足的程度。工作设计的任务应在于充分考虑个人存在的差异性，区别对待各类人及其要求，把他们安排在适合于他们独特的需求、技术、能力的环境中去。因此，工作特征再设计可以针对工作者的不同需求进行不同层次的工作设计。

工作轮换、工作扩大化、工作丰富化和工作特征再设计能够不同程度地体现以人为本的管理思想，它可以扩张工作者的知识和技能，开发工作者的创造潜能，激励工作者承担更大的职责，给予工作者更多的发展机会和施展才能的空间。

(4) 加强组织文化建设。组织文化建设最能体现以人为本的管理，它的出发点是：理解人、尊重人、关心人；它的目的是：用愿景鼓舞人，用精神凝聚人，用机制激励人，用环境培养人，从根本上促进人的全面发展。

①营造以人为中心的文化氛围。组织要确立以人为本的价值观念和经营管理哲学，营造一种以人为中心的文化氛围，尊重人性、尊重个人的感情和尊严、个人的地位、权利和价值，使人们在潜移默化中接受组织的共同的价值观念，自觉地将个人的目标融入组织的目标之中。

②建立人性化的管理制度。以人为本的组织文化突出了人在管理活动中的主体地位，体现在制度文化建设上，它强调对成员的"软约束"，通过群体意识和舆论、共同的习俗和风尚等文化内容，使成员产生心理共鸣，继而实现自我控制。特别是在工艺操作规程和工作流程的设计上，要注入更多的人性因素，重视工艺流程、技术要求、生产和设备等技术条件等对工作者的影响，要把时间上紧密联系的和功能上密切相关的一系列任务设计在一起，使工作者运用的相关联的设备尽可能在同一或邻近的地点，从而使工作环境更加人性化。

③策划和开展各种组织文化活动。文化活动能够使组织成员达到积极的情感体验和人格体验，如：早训、升旗仪式、表彰会、庆功会、拜师会、公关誓师会、英模报告会、读书会、经验交流会、技术比赛、合理化建议等活动，使员工感受组织的优秀文化，思想得到升华，士气得到提高，尤其是使价值取向、追求、行为

准则等渐渐得到调整,并与组织目标相一致。

(二) 柔性管理

 **柔性管理**

> 柔性管理是在研究人的心理和行为规律的基础上采用非强制方式,在人们的心目中产生一种潜在的说服力,从而把组织意志变为自觉的行动。

柔性管理的实施是以人的心理和行为规律为依据的,它侧重于非强制性的方式和方法的运用,它对人的影响是潜在的,目的是让人自觉行动。严格来讲,柔性管理并不是某一种具体的管理方法和手段,而是管理在方法和手段上的一种变化趋势,其特点是在顺应了人的心理和行为规律的基础上的软控制。控制不单单依靠管理制度和纪律来实现。柔性管理强调的是帮助管理对象设置目标,对管理对象进行心理沟通、人际协调、教育引导和精神激励,因而它是难度很大的管理,也是一种更加深刻、更加高级的管理。

1. 目标管理

基本概念 **目标管理**

> 目标管理则是一种以工作为中心和以人为中心相结合的系统管理方式,它通过科学地制定目标、实施目标,依据目标进行考核评价来实施组织管理任务。

目标管理通过目标激励来调动广大员工的积极性,从而保证实现总目标。目标管理的核心是重视成果评定,提倡个人能力的自我提高,体现了柔性化原则在组织管理中的具体运用。目标管理方法的柔性化特点体现在:

(1) 组织体系的弹性。目标管理运用系统论的思想,通过目标体系对组织这个开放系统进行动态管理。组织管理工作主要就是协调总目标之间、总目标与分目标之间以及分目标之间的关系。目标管理使组织管理更为规范化、程序化,组织高层领导能总揽全局,实现组织管理的整体化优势。要有效实行目标管理，高层管理者必须根据他们的预期结果进行充分的授权，使各级管理者能够及时发现组织体系的缺陷并帮助组织对组织体系进行改造，以保证组织体系的弹性，以不断完善组织体系。

（2）计划的灵活性。目标管理是一种结果管理，它提倡员工参与组织目标的制定，具体包括自上而下的目标制定法和自下而上的目标制定法。不管是哪一种方法，目标管理都强调下级部门与员工积极参与目标的制定与分解工作。实施目标管理的组织，通常不会下达指令性计划，而更倾向于指导性计划，上级只规定一定的原则和方法。因此，计划具有内在灵活性的特点，同时它也要求计划的执行保持相当的灵活性，以预防意料之外的变化。

（3）控制的动态性。目标管理不仅提高了计划工作的有效性，而且有助于形成有效的控制。目标管理强调自我控制、自我管理、自我评价，但由于目标体系的内在逻辑关系使得组织中的任何部门或个人的目标完成一旦出现问题，都将牵一发而动全身。因此，组织管理者必须随时了解目标实施情况，及时发现问题、解决问题。必要时可根据环境的变化对目标进行一定的修正。实现目标动态控制的关键在于员工积极的自我控制和管理者有力的领导控制的结合。

2. 团队管理

基本概念　团队管理

团队管理是组织通过团队参与管理，而非由少数人独自决定或执行，以提高组织效能的一种管理方式。

团队是指在一个组织中，依据成员的工作性质、能力所组成的各种小组，参与组织各项决定和解决问题等事务，小组是组织的基本单位，各种小组的形成和团队成员的构成往往具有互补性，因为异质团队相比同质团队更能激发具有创意或独特的问题解决方式。通过团队成员互动的过程，彼此集思广益、凝聚共识，并形成休戚与共的情感。团队管理是柔性化管理的典型形式，是未来管理的新趋向。

（1）团队的类型。根据团队存在目的、拥有自主权的大小，可将团队分为三种类型。

① 问题解决型团队。在问题解决型团队里，团队的主要责任是通过调查研究、集思广益理清组织的问题与机会、拟订策略计划、执行计划。团队成员往往就如何改进工作程序、方法等问题交换不同看法，并就如何提高产品质量、生产效率和改善工作环境等问题提供建议。问题解决型团队是一种特定的小组，具有临时性的特点，一旦问题解决，可能就解散了。

② 自我管理型团队。自我管理型团队是一种真正独立的团队，团队不仅探讨问题怎么解决，并且亲自执行解决问题的方案，对工作承担全部责任。它们的责任范围包括自己订立工作目标、决定工作任务的分配、控制工作节奏、安排工间休息。团队成员充分发挥民主，共同决策，完全的自我管理型团队甚至可以挑选自己的成员，并让成员相互进行绩效评估。

③ 多功能型团队。多功能型团队往往由来自同一等级、不同工作领域的成员组成，使组织内（甚至组织与组织之间）员工之间交换信息，激发出新的观点，解决面临的问题，协调完成复杂的项目。

除了上述类型外，团队还可以根据其成员松散和紧密的程度，分为个人的松散联盟，共同工作的团体和紧密结合的工作队。它们之间并不是截然分开的，是一个连续体。有人据此提出了"团体—工作队连续体"的概念。连续体的一端是个人的松散联盟，不太需要合作，他们不用相互沟通，不用作太多的集体决定，没有也行，有了更好。另一端是紧密结合的工作队，它们的成绩取决于是否紧密、有效合作。这种紧密合作，不一定非得拥有一间办公室，每天都在一起工作，可以是天南海北各一方。

(2) 形成团队的条件。团队与传统组织内的群体不同的最大区别在于：群体有明确的领导人，并实行领导人个人负责制。而团队成员则分担领导作用，个人负责与相互负责相结合。形成团队的基本条件是：

① 共同目标。共同目标是构成和维持团队的基本条件。团队的目标赋予团队一种高于团队成员个人总和的认同感。这种认同感为如何解决个人利益和团队利益的碰撞提供了有意义的标准，使得一些破坏性的冲突有可能顺利地转变为建设性的冲突。

② 协作。团队成员相对群体成员来说更具有协作精神。彼此协作，共同完成所需完成的各项工作。所有突发事件是对团队的整体挑战。面临紧急情况和失败风险，成员能够全身心投入，形成合力。

③ 团队意识。团队意识是成员对团队的认同感，这是协作精神的前提条

件。团队意识不同于群体意识之处在于它的开放性。团队成员既有共同的目标和方法,又共同承担行动风险。

④ 责任。团队成员个人负责与相互负责相结合,共同讨论,共同决策也共同实施。

(3) 团队管理的特点。团队管理运用成员专长,鼓励成员参与及相互合作,致力于组织发展,团队管理既是一种合作式管理,也是一种参与式管理。随着组织工作复杂性日益增多,必须依赖团队合作才能激发成员潜能、协助问题解决、增进成员组织认同、提升组织效率与效能。团队管理具有以下特点:

① 民主。民主决策是团队管理的基本动力。团队的管理运作采用的是民主、协商、共同参与管理的方式,成员共同确定团队的结构、目标、责任、规范。领导者鼓励和支持团队成员共同参与决策,在参与决策的讨论中,理解和认可工作的程序和目标。成员可以自由选择合作伙伴,工作量的分配及工作的安排可以由团队成员协商决定。虽然组织领导层仍然拥有实施奖惩的权力,但由于团队所创造的各种机会使成员更多地得到趋于团结一致的激励。这些激励措施一般仍然按照行政程序来决定,但更强调其过程的民主性、结果的公正性和公平性。

② 合作。合作是团队管理的关键环节。团队能否取得预期的绩效,主要取决于各成员的依存度和相互之间的合作关系。团队的任务需要各成员的合作精神来推动,团队成员一般是互补的,每位成员都必须具有相关的技能,以确保其胜任工作。成员之间的相互关系、协同作用是团队成功的基础,合作精神将促使成员与团队的目标趋于一致。

③ 沟通。沟通是团队管理的根本前提。只有通过沟通,才能协调团队成员的行为,形成团队共同意识和凝聚力。有效的团队沟通,除了要明确团队组织中成员角色、地位、影响力和充分交流外,更重要的是构建团队时,创造有效的沟通模式,制定沟通制度,从而确保障碍沟通的消除和相互作用的有效性。有效的沟通模式应该保证成员能够参与工作任务讨论和决策并参与管理监督,同时能够鼓励成员的创新精神和成就感。

④ 学习。学习是提升团队能力的重要途径。团队学习是发展团队成员互相配合、实现共同目标的活动和过程。如果因为成员个人在团队内部格外努力,但他们的努力未能有效地转化为团队的力量,团队成员的个人力量就被相互抵

消,团队就不能实现整体目标。团队学习的关键是要学会运用真诚交谈与讨论,撇开个人的预设立场,自由并且有创造性地探讨复杂而重要的问题,提出不同的看法,在真诚交谈与讨论中达成共识和协议。

(4) 团队组织的结构特点。团队是对活动进行组织的一种普遍的手段,在过去,这种任务单一、人员精干的临时性组织被应用于基层管理的工作设计中。当团队的形式被运用到一个组织的中上层,这个组织就实行了团队结构的组织管理模式。团队组织结构具有以下两个显著特点:

① 中间层细小。团队组织结构把横亘在一个组织的上层和基层之间的各个职能部门进行分解和弱化,把决策权分散到工作小组的层次上,从而形成一个中间细小的组织结构。

② 人员的横向流动。由于中高级管理人员队伍的缩小,一线工作人员的纵向提升机会减少了,而横向流动却变得更加频繁。频繁的横向流动,使一线工作人员的技能多样化,由原来的专才变为通才。而对于中高层管理人员来讲,由于处理各种各样来自基层的问题,需要他们具有多方面的知识结构,这同样需要他们不仅是一个领域的专家,还需要他们成为各个领域的通才。当团队结构成为整个组织的组织模式时,团队结构的构成要件往往是按照官僚制组织起来的,这样,既可实现官僚制的标准化所产生的效率,又可获得团队组织形式所提供的灵活性。

3. 项目管理

> **基本概念** 项目与项目管理
>
> 项目一般都是相对独立的、阶段性的任务,需要运用多种学科的知识来解决问题,需要跨组织、跨部门的合作。
>
> 项目管理是对一些大型、复杂和重要的项目的一种管理方法。

项目进行过程中出现的各种问题多半是贯穿于各组织部门的,它们要求这些不同的部门做出迅速而且相互关联、相互依存的反应。传统的职能组织显然不能适应这种横向协调的需求。项目管理需要建立围绕专一任务进行决策的机制和相应的专门组织。因此,实施项目管理必须充分运用柔性化原则。

（1）项目管理的基本问题。项目本身就是创新活动的载体，在项目决策和实施过程中，必须从实际出发，结合项目的具体情况，因地制宜地处理和解决项目的实际问题。

① 建立高效的项目团队。项目团队是一支由若干成员为实现一个共同目标而协同工作的临时性组织。建设一个高效的项目团队，不仅需要科学的项目计划，还需要全体成员的素质、技能的优化组合，每个成员必须具有良好的合作品质。因此，一个高效的团队通常要进行开放、坦诚而及时的交流和合作，在解决各种困难时能集中团队的智慧和力量，成员之间的理解、信任和合作是项目成功的关键。

② 解决好跨部门合作。当组织设定了一个项目后，需要财务部门、市场部门、行政部门等诸多部门的协力参与，以便对资金、人员、材料、设备等多种资源进行优化配置和合理使用，并在不同阶段及时进行调整。项目管理从项目决策到实施过程中从项目需求的确定、项目的选择、项目计划直至收尾的全过程，面临了时间、成本、质量、风险、合同、采购、人力资源等各个方面的问题，需要相关部门应迅速地做出协调一致的反应。项目管理必须按照弹性原则围绕具体任务建立一次性的专门组织机构对项目进行全方位的管理，以处理需要跨领域解决的复杂问题。

③ 明确项目经理的角色和权限。项目经理是执行项目活动并实现项目目标的负责人，既要对组织负责，又要对项目客户负责。项目经理是项目团队工作的指挥者，要确保项目目标与组织的业务目标相一致，通过对项目实施计划、监督与控制，确保所执行的项目能够按照计划的时间，在给定的项目预算内，达到预期的目标，领导项目团队完成项目任务；项目经理还是项目客户的接洽人，并确保完成客户的预期目标，对客户负责。项目经理在组织的体制中是管理人员，但其管理工作与组织常设的其他管理职位有所不同。项目经理只在项目中承担管理责任，对于他所负责的项目及其人力、物力资源等，可以拥有很大的权力。为此，组织必须对项目经理进行充分有效的授权：对项目进行组织的权力、挑选项目人员的权力、项目实施中有关决策的权力、对所获得的资源进行分配的权力。项目经理的权限比组织常设的其他管理职位的受权更充分。

（2）项目管理的组织形式。项目组织没有严格的边界，具有临时性和开放性的特征，在项目的全过程中，项目成员的人数、职责是在不断变化的，某些成员是借调来的，项目终结时项目团队和临时性的管理机构要解散，人员要转移。同时，参与项目的组织往往有多个，他们通过协议或合同以及其他的社会关系被组织在一起，在项目的不同时段不同程度地介入项目活动。因此，为了确保项目活动的有效进行，客观上就需要建立合理的项目组织结构。项目组织结构是为了有效地实施项目的任务而采取的一种组织手段，必须适应项目的性质与规模要求，还必须考虑项目在组织业务活动中的地位与重要性。对于特别重要的项目，组织需要调用各方面的力量来保证其目标的实现，而对于那些相对重要性不大的项目，则可以委托某一部分人或某一部门去自行组织。项目管理中常见的组织形式有以下三种类型。

① 职能式组织结构。职能式的结构形式就是项目交由组织中相关的部门负责，一个项目可以作为组织中某个职能部门的一部分，部门的负责人成为这个项目自然的行政上级。这种结构的优点在于运作简便，只要选择落实一个合适的职能部门作为项目的责任部门，部门就能为项目提供它所需要的专业技术人员，而且技术专家可以同时被不同的项目所使用，并在工作完成后又可以回去做他原来的工作，在人员使用上具有较大的灵活性，而职能部门又为项目连续性提供了基础，而不会使项目活动因人员的流动而受到影响。这种组织结构在跨部门之间的合作与交流方面存在一定困难；同时，由于职能部门有自己的日常工作，使项目和客户的利益得不到优先考虑，对客户要求的响应变得迟缓和艰难。另外，项目成员往往不会将项目任务视为他们的主要工作，有的甚至将项目任务当成额外的负担。由于这些缺陷的存在，因此这种结构形式通常适应那些重要性不大或者技术并不复杂的项目。

② 项目式组织结构。项目式组织结构是将项目从组织中分离出来，作为独立的单元来处理，项目经理对项目全权负责，可以调用整个组织内部与外部的资源，项目组织的所有成员直接对项目经理负责。这样的组织形式提高了项目决策的速度，使整个项目组织能够对客户的需要和高层管理的意图做出更快的响应；同时，由于项目从职能部门中分离出来，方便了项目活动实施过程中的沟通和协调，在进度、成本和质量等方面的控制较为灵活。但是当一个组织有多个项目时，会造成人员、设施、技术及设备等资源的重复配置，容易造成组织内部在资源共享方面的壁垒。

③ 矩阵式组织结构。矩阵式组织结构是在职能式组织的垂直层次结构上叠加了项目式组织的水平结构，作为职能式组织和项目式组织的结合，它能够最

大限度地发挥项目式和职能式组织的优势，尽量避免它们各自的缺陷。矩阵式组织有三种形式：

一是强矩阵形式。强矩阵形式类似于项目式组织，但项目并不从公司组织中分离出来作为独立的单元。项目经理向项目经理的主管报告，项目经理主管同时管理着多个项目，职能部门一直进行着它们各自的工作，项目中的人员根据需要分别由各职能部门经理派定，他们全职或兼职地为项目工作。

二是弱矩阵形式。弱矩阵形式与职能式组织类似。项目可能只有一个全职人员，项目经理和项目组成员不是从职能部门直接调派过来，而是利用他们所在职能部门为项目提供服务，项目所需要的计算机软件、产品测试及其他的服务，都可由相应职能部门提供。

三是平衡矩阵形式。在以上这两个极端之间是平衡矩阵形式。作为职能式组织和项目式组织的结合，矩阵式组织结构同时具有了它们各自的优势。由于项目组织是覆盖职能部门的，它可以临时从职能部门抽调所需的人才，分享各个部门的技术人才储备，当有多个项目同时进行时，公司可以平衡资源以保证各个项目都能完成其各自的进度、费用及质量要求。

矩阵式组织结构的最大缺陷在于动摇了统一指挥的管理原则，项目组成员有两个上司，即项目经理和部门经理，当他们的命令有分歧时，会使成员无所适从。另外，由于项目经理主管项目的行政事务、职能部门经理负责项目的技术与资源支持，项目经理与职能经理之间的协调会影响项目的实施。

④ 复合式组织结构。项目的组织结构可以多种多样，一个组织可以同时存在纯职能式的项目组织和纯项目式组织，这就是复合式组织结构。在这种复合式组织结构中，组织可先将刚启动且尚未成熟的项目放在某个职能部门的下面，当其逐渐成熟并具有一定地位以后将其作为一个独立的项目，最后也有可能发展成为一个独立的部门。这种复合式组织结构使公司在建立项目组织时具有较大的灵活性，但同一组织的若干项目采取不同的组织形式，会由于利益分配上的不一致性，导致矛盾加剧。大多数公司将矩阵式组织作为安置项目的基本方法。

4. 自主工作

自主工作，意味着员工能够自主地控制自己的工作，包括决定工作方法、工作程序、工作时间和地点以及付出多少努力等。在自主工作思想的影响下，加之网络的迅速发展，促使组织的工作制度逐渐发生变化，突出体现在弹性工作时间和弹性工作组、在家办公等柔性化管理制度在许多职业领域开始出现。员工可以自主地决定如何开展工作,这在很大程度上体现了组织对员工的信任和肯定,进而改善员工对组织的认同感以及对工作的投入程度。

采取弹性工作时间,是指允许员工在特定的时间段内,自由决定上班的时间,或是允许两个或更多的员工通过平均负担的方式来共同做满一周40小时的工作,从而形成弹性工作组,实现工作分担。在家办公是指员工无须乘车往返公司上下班,通过与公司办公室联网的电脑来接洽商务定购活动,填写各种报表,分析处理信息等公务。

二、管理组织的变革

(一)柔性组织

> 柔性组织是指组织结构的柔性化,即在组织结构上不设置固定的和正式的组织机构,而代之以一些临时的以任务导向的团队式组织。

柔性组织大大提高了组织结构的弹性,它突破了传统层级制组织等级分明、层级较多和官僚主义等缺陷,从而增强了组织对环境动态变化的适应能力。

1. 柔性组织的特点

柔性化的组织以组织结构的灵活性和可塑性为基础的,在组织内部,它能够不断地对其拥有的人力资源进行灵活调配,组建各种跨业务单位的内部联系网络,并使之与外部其他企业组织建立起的知识联盟结合起来,实现优势互补,以创造新的竞争优势。柔性组织结构具有以下特点:

(1) 内部联系网络的多极性。柔性组织在内部结构上以组建跨业务单位的联系网络为特征。课题组及小型业务单位不断被建立、合并、解散。各业务单位相对独立,又彼此依赖,在关键技术和难题上互相帮助。各业务单位与核心机构处于平等的地位,核心机构为各业务单位顺利完成各项任务提供支持。

(2) 稳定性与灵活性统一。柔性组织结构又是一个能将稳定性与灵活性结合起来使之达到动态平衡的组织系统。它既能保持一个相对稳定的组织框架，即组织的核心机构和基础性的组织单位，又能使得员工与组织各种资源的配置具有相当的灵活性。核心机构和基本结构是相对稳定的，临时性的小组和团队则是灵活的。

(3) 面向一线部门的组织系统。在传统的组织结构中，参谋部门和直线部门通常是明确分隔的，在柔性的组织结构中，这种分隔正趋于淡化。许多参谋部门变得直接面向一线部门，把一线部门当作它们的内部顾客，为一线部门提供服务。

2. 柔性化与分立化

分立化，是指从一个大公司里再分离出几个小的公司，把公司部门与下属单位之间内部型的上下级关系变为类似于外部型的公司与公司之间的关系。

(1) 分立化的方式。分立化有两种方式：一种方式是横向分立，即按照产品的不同种类进行分立。在横向分立时，所分立的各个小公司之间的组织结构与企业的产品结构相对应，由于不同的产品具有不同的功能，因而可以按照不同的产品类别分立不同的公司。通过横向分立，可以最大限度地提高单个产品经营单位的自主权，在一个又一个的单个产品市场上形成自己的优势地位。另一种方式是纵向分立，即按照同一产品的不同生产阶段进行分立。纵向分立所形成的各个小公司之间的关系，形成了一个相对完整的产品链，它们分属于同一类别产品的上游和下游产品。通过纵向分立，可以进一步集中企业的力量，提高企业的专业化生产经营水平。

(2) 分立化与柔性化的区别。分立化是以一种市场平等关系来联结公司总部与所属各个分公司和子公司之间的关系，而柔性化是以一种企业内部的层级关系进行管理；分立化是在产权关系上进行的变革，公司总部对所分立的各个分公司和子公司通过股权投资和股东管理等手段进行控制，而柔性化则通过一系列的内部行政管理手段进行控制；通过分立化所形成的各个分公司和子公司是独立的法人实体，拥有完全的独立经营位，而通过柔性化所形成的各个基层单位并不是一级独立的法人，不具有完全的独立经营地位。

3. 柔性化与扁平化

扁平化是指管理层次的减少和管理幅度的扩大。经过长期的演变过程，在科学管理运动的深刻影响下,西方的企业逐渐形成了一套等级森严的层级组织体系,层级层次越来越多,信息的处理和传递要经过若干环节,致使整个组织对外部环境变化的反应迟钝,在激烈的市场竞争中处于不利地位。

小资料:扁平化

20世纪90年代以来,西方出现了声势浩大的"企业再造"运动,其核心思想是把原来的金字塔形的组织结构扁平化。层级组织结构正被摧毁。美国SEI公司在1993年取消了全部秘书建制,削减中层管理人员数量,最高管理层的管理人员的控制幅度增加到20人左右。联邦运通公司从公司董事长到最低一级职员之间总共只有5个管理层次。SUN公司的层级结构只有3个层次:总裁—副总裁兼事业部经理—工程师。

(1)扁平化组织结构的特点。首先,由于扁平组织结构层次较少,使得管理环节和管理人员相应减少,从而节省了管理费用;其次,扁平结构缩短了上下级距离,便于高层领导了解基层情况,密切上下级关系;再次,组织纵向沟通的渠道缩短,信息纵向传递速度快,信息失真少;最后,由于管理幅度加大,因而上级管理者更乐于让下级拥有较大自主性,这将有利于下级人员的成长和成熟。扁平型组织的不足在于:由于管理幅度的加大,各级管理人员的工作负荷加重,精力易于分散,不能对每位下属进行充分有效的指导和监督,而且随着集体规模的扩大,同级成员之间协调和沟通受到一定限制。

(2)柔性化和扁平化的关系。扁平化使普通员工与管理者、下级管理者与上级管理者之间的关系发生全面的改变,必将改变原来层级制组织结构中以直接监督控制为主的管理手段,而代之以柔性化的管理。而柔性化则突破了传统层级制组织等级分明、层级较多和官僚主义等缺陷,使组织结构趋于扁平化,从而增强了组织对环境动态变化的适应能力。

(二)虚拟组织

虚拟组织是信息时代的企业组织创新形式,虚拟组织的本质是管理运营的虚拟运作。

> **基本概念 虚拟组织与虚拟运作**
>
> 虚拟组织是一种以信息技术为支撑的人机一体化组织,它以现代通信技术、信息存储技术、机器智能产品为依托,实现传统组织结构、职能及目标。
>
> 虚拟运作是根据市场的需求,将企业外部资源和内部资源整合在一起,以增强企业的竞争优势、提高企业竞争力的一种管理模式。

1. 虚拟运作的组织形式

虚拟组织并没有固定的虚拟形态,既可以表现为单体组织的虚拟化,也可以表现在组织间关系的虚拟化。

(1) 单体组织的虚拟化。单体组织的虚拟化,实际上是组织内部高度的网络化,通过IT网络终端把其雇员以及雇员与顾客直接连在一起,其实质上是一种电子在线组织。单体组织的虚拟化借助于网站生存和发展的空间而获得了一种全然不同于传统实体企业环境下的e化的销售方式。对于一些提供服务的企业组织而言,可以将其传统运作方式改为以计算机网络为基础来运作,从而实现该企业组织的虚拟化。它使企业组织把尽可能多的实体转变成数字信息,减少实体空间,而更多地依赖电子空间,最终使企业组织本身成了"空壳型组织"。虚拟组织的组织结构可以是直线制、部门制、项目管理制等,其运作模式取决于企业生产的产品类型、生产方式以及与周围环境的关系。

(2) 组织间关系的虚拟化。组织间关系的虚拟化,是一种基于相互合作的实体基础之上的组织结构。企业间相互联合,共享专长、技术、知识以及其他资源,从而充分获得市场机会。虚拟企业的关键特征就是战略联盟或建立战略伙伴关系。企业通过采用虚拟战略使自己能够快速而灵活地进入新的市场、掌握新的技术或者从其他组织、个人,甚至竞争对手那里得到所需的技术和专业人员,并把他们联合在一起以打破新产品市场的壁垒。企业之间通过以市场为导向建立动态联盟,以便能够充分利用整个社会的制造资源,在激烈的竞争中取胜。

企业组织间关系的虚拟化是组织网络化的一种特例,这种动态联盟由几个有共同目标和合作协议的公司组成,成员之间可能是合作伙伴也可能是竞争对手,它改变了过去公司之间完全你死我活的输赢关系,而代之以"共赢"的关系。

同时每个成员企业将各自的商业活动减少到一至两个,成员公司只专注于自己最有竞争力的业务。虚拟企业通过集成各成员的核心能力和资源,在管理、技术、资源等方面拥有得天独厚的竞争优势,通过分享市场机会和顾客,实现共赢目标。

虚拟企业同传统的战略联盟相比,更表现出短暂和临时的特点,体现了其动态性。虚拟企业本身在完成一项指定的工程后就会解散,而其成员企业将继续加入其他的虚拟企业中去。虚拟企业的另一特点是它在速度上具有极大的竞争优势。虚拟企业的网络必须迅速、高效地建立起来,以便抓住每个稍纵即逝的市场机会。

实践运用

思科的虚拟运作

通信设备供应商思科是成功运营虚拟组织模式的典范。思科有40个一级组装商,1 000多个零配件供应商,但是其中真正属于自己的工厂只有两个。思科的供应商和合作伙伴通过网络与思科建立联系,思科的网络会自动把客户下的订单传送到相应的组装商手中。在订单下达的当天,设备差不多就组装完毕,贴上思科的标签,直接由组装商或供应商发货,思科的人连箱子都不会碰一下。70%的思科产品就是这样生产出来的。基于这种生产方式,它的库存减少了45%,产品的上市时间提前了25%,总体利润率比其竞争对手高了15%。

分析提示:

☞ 思科把客户下的订单传送到组装商,设备组装完毕贴上思科的标签,直接由组装商或供应商发货,这是一种怎么样的生产方式? 实施这种方式的要求是什么?

☞ 结合思科的虚拟实践谈谈虚拟组织模式的特点。

2. 虚拟运作的特点

虚拟的本质在于通过软件使物理上的不存在成为存在。虚拟运作具有以下特点:

(1) 虚拟运作实际上是一种从企业外部运筹资源的思路和能力。企业实施虚拟运作,是为了借用企业外部力量,诸如设计、生产、营销网络等,通过对外部资源的利用,拓展企业可优化配置资源的范畴,使内外部各种资源得以整合,聚变成更强大的综合的竞争优势。

(2) 虚拟运作使企业界限变得模糊。虚拟运作在获取企业外部的资源以弥补企业在某一领域的不足和人才的缺乏时,并不一定拥有与外部资源相对应的实体组织,它突破了企业有形的、自然的组织界限,使得企业界限模糊化。一些具有不同资源及优势的企业为了共同的利益目标走到一起组成所谓的虚拟企业,这些企业可能是供应商、可能是销售商、也可能是同行业中的合作者或竞争者,但虚拟企业不是法律意义上完整的经济实体,不具备独立的法人资格。

(3) 技术协作是虚拟运作的基础,信息共享是虚拟运作的关键。虚拟运作往往以一定的高新技术的开发和应用为基本内容的,由于高新技术研究开发耗资巨大,且风险程度又很高,虚拟运作的企业必须在技术的开发和应用上具有合作的潜力和优势的互补。虚拟运作又是建立在发达的信息网络基础上的合作,虚拟运作的企业之间的信息共享是虚拟运作的关键。使用现代信息技术和通信手段,采用通用数据进行交换,使合作各方之间都能共享设计、生产以及营销的有关信息,从而保证良好的合作,耦合出较强的竞争优势。

(4) 虚拟运作是动态的协作。在虚拟运作中,企业是根据项目任务和目标利益来决定所利用的外部资源的,因此,虚拟运作是随机的、动态的,虚拟企业之间的合作关系也是流动的、灵活的。

(5) 虚拟运作使企业内部的结构发生变化。虚拟运作使企业内部结构发生的变化主要表现在组织结构的扁平化和网络化。企业原有的职能过于细分、中层管理人员过于庞杂的金字塔结构不再适应虚拟运作的要求,企业内部的管理层级将因对信息的高度应变性而相应地变得扁平化,企业的主管能够直接与每一工作团队进行交互沟通,并迅速采取应变措施。同时,基于高效的信息传输和对环境变化的快速反应,企业还必须建立一种以信息网络为依托的新型的网络组织结构。

(6) 虚拟运作是合作竞争的有效途径。虚拟运作与组织的网络化和战略联盟很相似,但它更自由,所能联结的企业组织的范围更广泛。它不仅可以把价值链上的有关企业联结起来,而且可以把竞争者联结起来。虚拟运作体现了"为竞争而合作,以合作求竞争"的新的战略理念。恰当地将企业自身资源与外部资源相整合，不仅能增强企业各自的竞争实力，而且由于虚拟运作而集成的综合优势将使各参与者都能从中得到比各自单干时更多的利益，真正意义上达到"竞合"双赢的目的。

3. 虚拟化与网络化

组织的网络化实际上是以某一核心企业组织为主体，通过一定的目标，利用一定的手段，把一些相关企业组织联结起来形成一个合作性的企业组织群体。在该组织群体中，每个组织都是独立的，它们通过长期契约和信任与核心组织联结在一起，形成命运共同体。实现组织网络化的手段有多种，但主要工具是现代网络技术。网络型组织是一种全新的企业组织形态，是以协调为主，多企业组织联合体型的扁平组织，它突破层级制组织类型的纵向一体化的特点，组建了由小型、自主和创新的经营单元构成的以横向一体化为特征的网络制组织形式。

为了增强市场竞争能力，企业之间的联合和并购风起云涌，各种企业集团和经济联合体以网络制的形式把若干命运休戚相关的企业紧密联结在一起。这些自 20 世纪 80 年代以来通过分立、联合和并购等途径而形成的一种企业间组织结构模式的大量出现，就是在组织结构变革方面呈现出日益强劲的发展势头的网络化趋势。

(1) 网络化的形式。网络化有两种形式，一种是外部网络，即各个独立的企业组织之间的联盟，它具有强大的虚拟功能；另一种是组织内部网络制运作的内部网络，即通过企业重组把企业改组为由若干独立的经营单位组成的网络制组织。层级制组织形式的基本单元是在一定指挥链上的层级，而网络制组织形式的基本单元是独立的经营单位。

(2) 虚拟化与网络化的区别。虚拟化是组织网络化的极端形式，两者的主要区别在于：

① 对网络技术的依赖程度不同。组织的网络化离开现代网络技术还可以存在，如精益生产方式就是利用看板卡这种比较原始的方式而实现组织的网络化，而组织的虚拟化离开了现代网络技术则寸步难行。

② 成员之间合作关系的维持时间不同。组织的网络化所建立的合作关系较长久，成员之间有着长期的共同目标；而组织的虚拟化所建立的合作关系时间较短，准确说来是一种"瞬时关系"。

③ 能实行虚拟化的组织范围没有实行网络化的组织那样多。

第三节 变革的模式、程序和措施

管理变革是一项系统工作,必须在科学的规划与设计的基础上有步骤地加以实施。对于管理变革程序和变革模式的研究,主要探讨的是管理变革的过程和环节。虽然变革没有固定的程序和模式,但在大量的实践经验的基础上,许多研究者提出了各自的观点,这些观点可以为各类组织进行管理变革时提供借鉴。

一、主要的变革模式

(一)勒温模式

勒温模式是一种程序模式,是从研究变革的程序与过程来研究管理变革的。美国社会心理学家勒温认为,在组织变革中,人的变革是最重要的,变革的实施,首先要改变组织成员的态度,组织成员态度形成和发展的一般过程,反映了组织变革的基本过程,由此,勒温提出了组织变革要经历"解冻、改变、冻结"三个阶段。

1. 解冻

解冻是指激励个体或群体改变原有的态度,改变人们的习惯或传统,接受新的观念和思想。管理者要帮助组织成员认清组织的现状、组织所面临的问题,使成员理解、渴望和支持变革,并通过一系列的奖惩制度,来加速解冻的过程。

2. 改变

改变是态度的同化过程,也就是使组织成员形成新的态度和接受新的行为方式,组织通过组织结构和过程的变革来发展新的行为、价值观和态度,通过向成员提供态度和行为的新模式,使成员在对照、模仿中,逐步学习一种新的观点或确立一种新的态度,认同并接受新的行为模式。态度的同化能够加速变革的进程。

3. 冻结

冻结是态度内化的过程,管理者要运用必要的、强化的方法,使新的态度和行为能够融合为组织成员个人性格的持久的组成部分,这一阶段,组织可以通过使用支持的机制来强化新的组织状态如组织文化、规则、政策和机构。使组织行为在新的平衡状态下稳定下来。

(二) 卡斯特模式

卡斯特模式也是一种程序性模式。美国管理学家卡斯特认为,组织将在一个动荡的、要求不断革新和调整的环境中进行活动,组织应该去适应社会环境中越来越多样化的文化价值观。稳定性和适应性对于组织的生存和发展都是必不可少的,管理者的责任是通过对实际情况的诊断分析和当前条件的调整,来使组织获得动态平衡,因此,组织变革要特别强调组织与环境之间的平衡。组织变革应当满足以下 4 个方面的要求:一是足够的稳定性,以保证实现当前的组织目标,完成既定的组织任务;二是足够的持续性,以保证组织目标不断得到新的发展,管理方法不断得到新的改进;三是足够的适应性,以保证组织对社会环境所提出的要求和所提供的机遇以及组织内部各种因素的变化,做出适当的、灵敏的反应;四是足够的革新性,以保证组织不仅适应于目前,而且在将来条件发生适宜变化时富于改革的主动性。卡斯特以系统方法为基础,提出组织变革应当分为以下 6 个步骤:

1. 调查反省

分析研究组织所处的内外部环境,对组织进行回顾、反省和检查,为组织变革做准备。

2. 识别问题

通过调查研究,发现问题,明确组织变革的必要性。

3. 分析差距

通过问题分析,找出组织的现状与变革所预期目标状态之间的差距,进一步探明问题,明确变革的方向。

4. 提出方案

提出解决问题的方案,首先要提出可供选择的多种方案,然后对这些方案进行比较评估,并选择可行的满意方案。

5. 实行变革

按照选定的方案进行组织变革的具体活动,这是组织变革的具体实施阶段。

6. 效果反馈

对照变革的计划,检查变革的效果,找出今后改进的途径,进而使变革过程又回到第一步。如此循环,使组织不断地得到完善。这种变革步骤的论证,只不过是按照系统理论设计出的一个具有普遍适用性的闭环运作系统,具体变革内容和变革方法,则会根据不同组织的具体情况千差万别。

(三)格雷纳模式

格雷纳模式是从组织权力分布的角度研究管理变革方式的一种模式。哈佛大学教授格雷纳认为变革的目的在于促使组织与其所处的环境相适应,并借以修正组织成员的行为方式。格雷纳指出,一般组织的权力有三种分布:集权、分权和授权。由于权力分布不同,变革方式也有所不同。

1. 集权

在传统的组织管理中,其领导方式一般都是把权力集中于领导者个人,变革也由领导者凭借职位的权力或权威,单方面提出。在这种权力分布模式下,组织变革有三种方式。

(1)命令式。由最高领导者单方面宣布变革决定,下级人员遵照执行。

(2)替代式。上级并不与下级磋商,撤换重要职位上不称职的任职者。

(3)重组式。改变组织的计划、技术与结构的关系,以影响组织成员的行为。

2. 分权

在组织变革阶段,通过制度化的权力分享,即注重职权和地位的运用,让下级参与变革的决策,分权式的变革有两种方式。

(1)群体谋划型。即通过群体讨论,对组织存在的问题进行分析并提出相应的解决方案。

(2)群体决策。由领导预先拟定各种变革方案,组织成员参与选择。这种方式强调对某一方案达成共识。

3. 授权

将权力委派给下属,由他们自己去决定变革什么和如何变革,授权型也有两种方式。

(1)案例讨论。鼓励下属对变革个案提出自己的看法与主张,由下属自己决定适当的变革方案,领导只对讨论作指导。

（2）敏感性训练。鼓励参与者更多地认识自己及自己对他人影响，通过训练达到人际关系的改善，提高组织成员的自觉性，从而达到改变其行为方式的目的。

格雷纳根据对许多组织变革的研究发现，组织变革的成功方式是采用分权式的变革，而不是集权方式或授权方式。

（四）莱维特模式

莱维特模式是一种从组织系统的要素体系出发来研究变革的模式。美国学者哈罗德·莱维特认为组织变革的模式由4个变量构成，即任务、结构、人员和技术。这4个变量相互依赖、相互关联并相互作用，其中任何一个变量的改变都会引起其他一个变量或更多变量的改变，组织变革可以通过改变其中任一变量或几个综合变量来进行。

任务是指组织存在的使命，组织任务之间存在着一定的层次关系和隶属关系；结构是指组织的权责体系和沟通的线路；人员是指达成组织目标的个体、群体和领导；技术是指组织解决问题的方法和手段，包括硬件和软件，如设备、程序等。

莱维特模式对指定组织变革的对策及方法提供了一个基本的轮廓，在进行组织变革时，可以围绕上述4个方面进行：改变组织的工作任务；改变组织的结构和沟通程序；改变人的态度和价值观和行为方式；改变解决问题的机制和解决问题的方法，以及运用这种新方法的程序等。

二、变革的程序

对于管理变革程序的研究，主要探讨的是组织变革的过程和环节。而事实上，变革没有什么硬性的程序规定，借鉴、综合各种研究的观点，可以将组织变革的过程和环节概括为以下4个步骤。

（一）确定问题

确定问题也就是要明确所要变革的问题。在这一环节必须对组织的管理现状进行深入的分析，从管理思想到管理实践，从组织结构到组织运行，揭示组织管理各个方面和各个环节面临的问题，在此基础上，明确变革的任务与目标、变革的主体与对象。

（二）组织诊断

当组织变革的问题被确定以后，就要组织内外专家参与诊断，或与变革所涉及的有关人员进行沟通。通过对问题的分析，确定组织变革的程序和程度，明确变革的突破口或中心环节，分析各个环节的关系并找出变革的配套环节以确定变革的方向。

（三）计划和执行

针对以上诊断的结果，组织要进一步明确决策标准，并依此标准选择解决问题的计划方案。变革计划应该包括变革需涉及的人、财、物等要素以及变革的时间、地点、具体措施和预计效果等。执行就是采取行动，将变革的计划加以实施，在实施过程中，要注意策略与艺术，循序渐进，相机而动。

（四）评估和反馈

评估阶段的主要任务是衡量效果并提供信息反馈。组织变革的最终效果如何，需要进行准确、客观的衡量和评估。具体衡量的指标可能很多，但最重要也是最根本的，就是看一项变革是否真正解决了组织所存在的问题，是否促进了组织与外部环境保持协调一致的发展关系。最后要将评估的结果反馈给组织负责人，以供组织今后的变革起参考借鉴的作用。因为，组织变革是一个系统的、不断循环进行的过程，其根本目的在于使组织经营管理更有效。

三、变革的措施

变革的措施是指在实现变革目标的过程中，针对应变革的问题所采取的各种干预活动与方式，按照变革的作用对象来划分，可以将管理变革的方式分为以下4种。

（一）以人为中心的变革

以人为中心的变革，通过对组织成员的知识、技能、行为规范、动机、态度和行为的变革，来达到组织变革的目的。这种变革的措施主要有：调查反馈、群体建议和咨询活动。调查反馈是以数据为基础的一种变革，通常由外部咨询专家在组织工作人员的合作下进行数据的收集和分析、开展小组讨论和过程分析。群体建议是组织变革主要的干预性措施之一，是对组织群体进行的咨询和诊断，以使个人和群体为提高工作绩效而协同工作，并进行有计划的变革。群体建议包括分析问题、完成工作任务、协调群体内部关系以及改进群体和组织的活动过程。咨询活动是借助智囊力量变革人们态度、价值观和个人技术，修正群体规范，协调群体内部关系，提高群体和组织的内聚力。

（二）以任务和技术为中心的变革

以任务和技术为中心的变革通过对组织工作与流程的再设计，对完成组织目标所采用的方法和设备的改变来达到组织变革的目的。这类变革的主要措施有：进行工作丰富化和工作特征再设计、实行目标管理和建立社会技术系统。其中，建立社会技术系统是集中技术和社会两方面的变革，这种方法强调技术和人的因素的结合，注重对完成工作的方法的重新设计以及运用这种新方法的技术和程序等，是现代组织变革活动中较为常见的方法之一。

（三）以组织结构为中心的变革

以组织结构为中心的变革通过对组织的目标体系和权责体系的改变，对角色关系和人员配备的调整等来达到组织变革的目的。可以通过建立矩阵组织、运用项目团队、采用弹性工作时间等措施，使传统的机械式结构逐渐趋向有机式的结构，从而增强组织结构的柔性化。以组织结构为中心的变革必须确保组织结构与组织目标的变化与组织资源的变化保持动态的匹配。这种动态匹配提高了组织结构在组织内部的协调性和对外部环境的适应性。

（四）以改变环境为中心的变革

以改变环境为中心的变革是通过引导、调节和创设外部环境来达到组织变革的目的。组织的发展，不仅要适应外部环境的变化，而且还要主动地调节引导和调节外部环境，使之在最大的限度范围内有利于组织目标的实现。这种变革的措施主要包括：建立广泛的社会联系、加强市场教育和消费引导、开辟新的市场等。

以上变革的内容和措施，在组织管理变革的实施过程中，它们往往构成一个变革规划的整体。当然,由于不同组织面临的变革问题及其所处的变革环境不同,不同组织变革内容的侧重点是不同的,相应地,其对策选择和策略运用也会有所不同。

【创新视频】

我想把办公室打造成各位的家。

——谢霆锋

观看光盘视频《老板谢霆锋》,思考与讨论:谢霆锋管理方式的创新之处何在?

第三章 管理理论新发展

组织学习是所有组织都应该培养的一种技能,组织学习越有效,组织就越能不断地创新并发现创新的障碍。

——克里斯·阿吉里斯

知识管理就是利用集体的智慧提高应变能力和创新能力,是为企业实现显性知识和隐性知识共享提供的新途径。

——卡尔·拉保罗

20世纪80年代以后,世界经济一体化的发展,向跨国公司提出了如何调动不同文化背景下员工积极性的问题,这促进了企业文化理论的产生和发展。90年代以后,随着信息产业、高科技产业在经济发展中占有越来越重要的地位,经济一体化、全球化的趋势越来越明显,不稳定的和不确定的环境对企业的创新能力提出了新的要求,知识型企业成为知识经济条件下最具生命力和推动知识经济发展的核心经济单元,企业的知识管理显得越来越重要。而学习型组织反映出知识型企业以知识为核心的管理方式,强调企业知识的积累、应用,强调员工知识的挖掘,要求企业能够在个人、团队以及整个组织系统三个层次上开展学习、共同发展。

第一节 企业文化

企业文化是客观存在的,有企业便有企业文化。它包括价值观念、企业精神、道德规范、行为准则、历史传统、企业制度、企业环境、企业产品等。其中,价值观是企业文化的核心。企业历史越长,企业的文化积淀越厚,渗透力越强。

一、企业文化理论的发展演变

(一)企业文化理论的创建

从企业管理的发展看,经历了经验管理、科学管理和文化管理三个阶段。经验管理处于企业管理的初级阶段,注重管理者个人的经验、能力和水平。随着以大机器和生产流水线为特征的大工业革命的出现,企业管理也由经验管理转向科学管理阶段,注重管理手段、管理技术,强调制度化、法治化。文化管理是企业管理的又一个新阶段。企业文化理论明显不同于先前的管理理论,它在继承先前理论研究成果的基础上,把文化及价值观作为企业管理的核心要素加以研究,通过形成一种特定的文化氛围来影响员工的价值观,达到企业管理的目的。

企业文化理论兴盛于20世纪80年代,是随着企业管理实践的需求而逐渐产生和发展的。对于企业文化的理论研究源于日本在第二次世界大战后的崛起。日本是一个资源相对匮乏、国土面积狭小的岛国。国土陆地面积只占世界陆地面积的0.25%,人口占世界总人口的2.7%。同时,作为第二次世界大战的战败国,日本的政治、经济、文化都曾遭受严重打击。但就是这样一个经济基础几乎为零的国家,20世纪60年代起飞,70年代安然度过石油危机,80年代成为经济大国。在不足二十年的时间里,日本不但赶上了西方发达国家,而且一跃成为经济超级大国。这一事实成为20世纪世界经济的一大奇迹,它严重威胁着美国的经济霸主地位。美国人不得不开始考虑是什么力量促使了日本经济的持续、高速增长,日本人凭借什么来实现经济的崛起?70年代末80年代初,美国派出了由几十位社会学、心理学、文化学、管理学方面的专家组成的考察团,前往日本进行考察研究。研究结果表明,美国经济增长速度低于日本的原因,不是科学技术不发达,也不是财力、物力缺乏,而是因为美国的管理没有日本好。在进一步进行了比较研究之后,专家们发现,美国企业倾向于战略计划、组织结构、规章制度等方面的硬件管理,缺乏对人的重视,因而管理僵化,阻碍了企业活力的发挥。这些还只是美国落后于日本的表象原因,背后的真正原因是文化差异。也就是说,日本经济的崛起,是因为在日本企业内部有一种巨大的精神因素在起作用,这就是日本优秀的企业文化、企业精神。

专家们在研究了日本之后,把目光放回到本国企业文化上,发起了追求卓越、重塑美国的热潮。从1981年到1982年这短短的两年时间里,在美国,威廉·大内的《Z理论——美国企业怎样迎接日本的挑战》、R·帕斯卡尔和A·阿索斯的《日本企业管理艺术》、泰伦斯·狄尔和艾伦·肯尼迪的《企业文化——现代企业的精神支柱》、托马斯·彼得斯和小罗伯特·沃特曼的《寻求优势——美国最成功公司的经验》四部专著相继问世。这些著作旨在以日本企业文化为基础,结合美国文化背景以及美国的企业文化。自此,传播和丰富企业文化理论的热潮便在全球范围内掀起并直接引发了企业管理思想的革命,而这四本著作则被称为企业文化浪潮的"四重奏"。

(二) 企业文化理论的基础性研究

企业文化"四重奏"拉开了企业文化理论创建的序幕,随后的几年,是进一步夯实理论基础的时期,也是孕育新的发展方向的时期。

在这个阶段,沙因为企业文化研究的理论化作出了基础性的贡献。20世纪80年代中期,人们已经有所觉察,文化不只是一个可用以解释许多组织现象的概念,它也可以为领导所操纵,用以提升组织的效能。但也有学者担心,一旦管理者们发现文化操纵起来并不容易,就可能引发企业文化热潮的消退。沙因敏锐地觉察到这种情势,针对性地发表了他的研究成果。他在1984年发表了《重新认识组织文化》,从学习和群体动力学理论出发构造了组织,1985年,他出版了《组织文化与领导》,系统阐释了组织文化的概念和内涵,描述了它与领导的关系。他指出企业文化是在企业成员相互作用的过程中形成的,为大多数成员所认同,并用来教育新成员的一套价值体系。在这一时期,他还提出了关于企业文化的发展、功能和变化以及构建企业文化的基本理论。

20世纪80年代中后期,企业文化的理论基础得到了巩固深化,理论储备和发展孕育的使命得以较好完成,为90年代的发展格局奠定了坚实的基础。

（三）企业文化理论的发展分化

进入 20 世纪 90 年代，企业文化研究得以在更坚实的基础理论平台上纵深发展，并逐渐形成多个热点的研究方向。在理论研究方面，研究者们进一步深化相关的基础理论研究。1992 年，沙因推出了《组织文化与领导（第 2 版）》。他结合过去六年多的研究和咨询的经验，进一步强化对文化内容和结构的解读，并告诫领导者该如何认识并发展组织文化，他还研究了组织中的亚文化等。1993 年，哈奇在沙因的三层次文化模式的基础上，提出了组织文化的动态模式，以动态的视角丰富人们对企业文化结构的认识。在欧洲，霍夫斯蒂德从组织文化的层次结构入手，提出了多维度组织文化模型。

这一时期，研究者们还对企业文化与企业经营绩效的关系给出了实证观点。科特和赫斯克特在 1987—1991 年，对美国 22 个行业 72 家公司的企业文化和经营状况进行了多项研究。1992 年，他们根据系列研究成果，出版了《企业文化与经营业绩》，指出企业文化对企业的长期经营业绩有着重大的作用，企业文化在下一个十年中可能成为决定企业兴衰的关键因素。此后，一些学者开始了对企业文化与组织绩效关系的研究。

这一时期出现了大量企业文化测量领域的研究成果，企业文化测评领域也因此逐渐成为企业文化研究中的热点领域。1990 年，霍夫斯蒂德等在前期研究的基础上，提出了组织文化测量模型，并指出不同组织间的文化差异主要通过实践层面的六个维度来反映。1991 年，奥莱利和查特曼等从个人与组织契合度模型出发，构建了测量组织价值观的量表。在他们看来，组织文化测量应该兼顾组织文化的特性与组织成员对组织文化的偏好程度。在这个时期，奎恩等开发的对立价值框架引起了许多学者的兴趣，相关的研究持续进行。在对立价值模型基础上又衍生出文化契合 4 性模型（1991）、组织文化类型模型（1993）、组织有效性的竞争价值模型（2000）等研究成果。

这些研究成果标志着企业文化理论与实践已结合密切起来。与此同时，基础理论领域中大批研究成果的涌现也为此提供了支持，这使得面向实践的企业文化应用研究领域得以蓬勃发展。在企业文化类型研究和测量研究充分发展的同时，一系列成果也被应用到企业文化评估诊断领域，促进了该领域的发展。

回顾企业文化理论的发展演变过程，可以发现企业文化理论在基本完成了企业文化的概念、结构等基础理论方面探讨之后，马上转入对企业文化的作用机制,以及企业文化与企业领导、组织气氛、人力资源、企业环境、企业策略等企业管理过程及要素关系的研究。企业文化理论研究呈现出深入发展、多领域并进的格局。

二、企业文化的要素和层次结构

 **基本概念**　　**企业文化**

> 企业文化是企业在一定的历史条件下,在生产经营和管理活动中形成的具有自身特点的物质文化、行为文化、制度文化和精神文化的总和。

(一) 企业文化的基本要素

20世纪80年代初,美国哈佛大学教育研究院的教授泰伦斯·迪尔和麦肯锡咨询公司顾问艾伦·肯尼迪出版了《企业文化——企业生存的习俗和礼仪》。迪尔和肯尼迪把企业文化整个理论系统概述为5个要素,即企业价值观、模范人物、典礼与仪式、文化网络、企业环境。

1. 企业价值观

企业价值观是企业文化的核心要素。它旗帜鲜明地表明了企业倡导什么,反对什么。企业价值观是企业文化各要素的"酵母剂",企业的英雄人物、典礼仪式及文化网络都是从其中衍生、引申出来的,反过来,它们的作用也在于维护、传播及强化企业价值观。

企业的价值观可以以核心价值观、企业精神、企业经营哲学、企业道德观等多种形式表现出来。核心价值观是企业价值观体系的高度概括和总结,它可以是几个关键词,也可以是一句话,表现形式较为灵活;企业精神是一个较宽泛的概念,是指企业为实现自己的价值,在长期的经营管理过程中所形成的一种人格化的理念和风范,它包括一个企业所应具有的企业传统、时代意识、基本信念、理念、道德品质;经营哲学是指企业经过长期经营实践的探索总结得来的,关于企业经营目标、企业存在价值与意义、企业相关主体间、企业中人与物关系的最高精神和指导思想;企业道德观指在企业生产经营管理活动中形成的关于善与恶、公正与偏私、光荣与耻辱、诚实与虚伪、正义与非正义、美与丑等的观念表述。其中,职业道德是企业道德的重要支撑点。

小资料：企业价值观

  同仁堂——同修仁德,济世养生;

  全聚德——全而无缺、聚而不散、仁德至上;

  迪斯尼——健康而富有创造力;

  吉百利——竞争力、质量,明确的目标,朴实,开放,责任感;

  惠普——尊重个人;

  路透社——准确,独立,可靠和开放,及时,创新和以客户为本;

  摩托罗拉——高尚的操守和对人不变的尊重;全面的顾客满意;

  柯达——尊重个人、正直不阿、相互信任、信誉至上、精益求精、力求上进、论绩嘉奖;

  杜邦公司——安全、健康和环保、商业道德、尊重他人和人人平等;

  戴尔——戴尔通过重视事实与数据,建立对自我负责的信念来凝聚所有戴尔人。

  企业价值观的确立是企业在决定其性质、目标、经营方式和角色时做出的选择,是企业经营成功经验的历史积累,它决定了企业的经营性质和发展方向,既构成企业内部成员的行为准则,又体现了企业一切行为和活动所追求的理想境界。它在企业的经营活动过程中的作用体现在:导向作用、决定作用、支柱作用、规范作用、激励作用、整合作用以及培育作用等诸多方面。如果一个公司缺乏明确的价值准则或价值观念不正确,人们就有理由怀疑它是否有可能获得经营上的成功。

  2. 模范人物

  英雄人物是企业文化的人格化要素,具体而言,它既是企业价值观的人格化体现,更是企业形象的象征,是企业员工行为模仿效法和学习的具体典范。

  现代社会心理学的研究证明,任何人都有一种在群体中出人头地的强烈愿望。企业利用员工的这一心理机制,促进他们将强烈愿望转化成为具体的行为过程。这是企业创造文化的一个有效途径。现实中,许多优秀的企业都十分重视树立能够体现企业价值观的模范人物,通过这些人物向其他成员宣传提倡和鼓励的东西。企业的模范人物通常具有如下标准:他们是企业价值观的化身,是企业的支柱和希望,他们应具有不可动摇的个性和作风;他们的行为虽然超乎寻常,但离常人并不遥远,他往往向人们显示"成功是人们力所能及的";他们的行为可以起到鼓励员工责任感的作用。

3. 典礼与仪式

作为企业文化要素的典礼与仪式,是企业围绕自己企业文化的宗旨而组织的能体现自身价值与追求的各项活动。它不是可有可无的,而是企业持续经营所表现出来的程式化并显示凝聚力的文化因素。企业通过按一定标准和程序组织的仪式与庆典,向员工和社会各界说明企业的价值观与办事程序、工作规范,使企业员工增加自我价值感和尊严。这一切都体现了企业管理者对理想境界的追求和对事物的判断标准。

仪式作为企业活动的重要组成部分,可以促使企业员工相互了解、上下沟通、增进感情。仪式重复着企业的价值观,从而使员工沉浸在其中,对员工进行潜移默化的价值观教育,并营造一个完整的企业文化氛围。它还可以使职工体会到每一个仪式的内涵,消除企业内部的混乱,建立起秩序。企业的仪式并无固定的模式,从员工的招聘和解聘、特殊的日子、奖励方式、会议、企业庆典等,都可以发展成为某种具有特殊意义的仪式,引导和规范员工的行为方式,以生动的形式来宣传公司的理念和价值观。

典礼是企业在特殊庆祝与纪念活动中所使用的、加以文化性铺张与渲染的仪式,以帮助企业庆祝其模范人物和重大的可纪念性事件。典礼使企业文化在得到升华的情况下展示在员工面前,并为他们提供难以忘怀的体验。庆祝活动为员工提供家庭式的工作环境,让他们在工作之余不忘乐趣;庆祝使员工知道什么是最重要的,而表彰和纪念一些对企业有卓著贡献的人,可以确保企业获得预期的效果和所希望的行为模式。

4. 文化网络

文化网络是企业文化要素中的渠道要素,主要是传播文化信息。它是由某种非正式的组织和人群,以及某一特定场合所组成,它所传递出的信息往往能反映出员工的愿望和心态。这在一定程度上可以理解为企业的非正式沟通网络。企业中的非正式组织是由于组织成员的感情和动机上的需要而形成的,所以其沟通渠道是通过企业内的各种社会关系把人们联结在一起,并且依据心理、情感的力量来加以承接。非正式沟通的网络具有沟通形式不拘一格、不受组织约束与干涉、直接明了、速度快、可以提供正式渠道难以获得的信息、是正式沟通的必要补充等优点。但同时又存在着难以控制,传达的信息有时不够确切,易于失真、曲解,易形成小集团、小圈子,影响人心稳定与团体凝聚力等弊端。所以,企业的文化网络就是在最大限度上发挥非正式沟通渠道的积极作用,抑制其消极作用。

5. 企业环境

这里的企业环境,是指企业文化现象中的一种存在形态,是企业文化的一个组成部分。人是文化创造和发展的主体,企业文化也是相关主体创造和发展出来的。因此,作为企业文化要素的企业环境,强调是由企业主体创造和发展出来的环境,而不是一种单向影响企业主体的外部环境。当然,作为企业文化要素的企业环境与企业文化主体之间存在互动关系。具体而言,就是企业存在于内外部客观环境中,企业主体通过自己的行为营造了企业内外部的环境条件,而这种环境条件又会同时对企业及其相关主体产生影响。

企业环境一般可以分为外部环境和内部环境,也称大环境和小环境。企业的外部环境从性质层面上可分为政治环境(主要包括法律环境、政策环境等)、经济环境(主要包括投资环境、市场环境、资源环境、金融环境等)和文化环境(主要指人文环境、教育环境、科技环境等)。此外还存在其他划分方式,比如可以按照所处的地域范围来划分。企业的内部环境又分为软环境与硬环境。软环境是指企业内部的人际环境、潜规则等;硬环境主要指企业的物质环境。

(二) 企业文化的四层次结构

从企业文化的结构来看,企业文化可以划分为物质文化、行为文化、制度文化和精神文化 4 个层次。

1. 物质文化

物质文化处于企业文化的表层。物质文化即是企业成员创造的产品和各种物质设施等所构成的器物文化,也称为外观层,是外界最容易接触和体会的企业文化现象。它主要包括企业产品结构和外表款色、企业劳动环境和员工休息娱乐环境、文化设施,以及厂容厂貌等。物质文化是企业员工的理想、价值观、精神面貌的具体反映。所以尽管它是企业文化的最外层,但它却集中表现了一个现代企业在社会上的外在形象。因此,它通常是社会对一个企业总体评价的起点。物质文化的载体是指物质文化赖以存在和发挥作用的物化形态。它主要分为以下几类。

(1) 生产资料。物质文化载体中的生产资料包括建筑物、机械工具、设备设施、原料燃料等。这些是企业直接生产力的实体,是企业进行生产经营活动的物质基础,它标志着人类文明进化的程度,是社会进步程度的指示器。

企业的生产机器、设备设施的摆设、颜色等生产资料的使用状况往往折射出管理理念和企业的价值观。如在日本的许多企业中,对员工的关怀往往体现在对安全生产的重视和具体化的安排,诸如对安全标语、安全设施、保养维护、安全检查、工厂平面配置、现场布置、区域划分等均有整体的科学规划。丰田汽车厂就是运用时间动作的原理,将产品输送带抬高,使得作业人员不必弯腰工作,既提高了劳动生产率,又减轻了工人的体力负荷。

企业的技术、设备的现代化与企业的文明程度密切相关,它是企业进行生产经营活动的物质基础,是生产资料中最积极的部分。在现代企业中,员工凭借先进的技术、设备,使劳动对象达到预期的目标,为社会生产出质优、价廉的产品,创造优质的物质文化。随着知识经济的到来,技术、设备对企业文化的制约作用越来越大。因此,现代企业在注重技术设备现代化的同时,不可忽视技术、设备本身对员工的影响。

小资料:美国安海莎啤酒公司的观光景区

美国安海莎啤酒公司是世界上最大的啤酒公司之一。它十分注重工厂环境的优美。它的厂房布局合理、清洁明亮、一尘不染。厂房的四周花草如茵,树木葱郁。公司员工或宾客置身其内,心旷神怡。在这样一种环境中,自然会使人产生对其产品的信任感。该公司还特意将工厂开放为观光景区,每年接待上万名观光者,既增加收入,又为公司做了活广告,提高了公司的知名度。

(2) 产品。企业不仅通过有目的的具体劳动,把意识中的许多表象变为具有实际效用的物品,更重要的是在这一过程中,不时地按照一种文化心理来塑造自己的产品,使产品的使用价值从一开始就蕴涵一定的文化价值。

企业生产的产品和提供的服务是企业生产的经营成果。它是企业物质文化的首要内容。企业文化范畴所说的产品文化包含三层内容：一是产品的整体形象；二是产品的质量文化；三是产品的设计中的文化因素。

（3）企业名称和企业象征物。象征物是反映企业文化的人工制作物，它和企业名称一样，是企业视觉识别的重要部分，能够充分体现企业的文化个性和文化风格；有助于人们加深对企业文化的认识和理解，有利于企业文化的传播。

小资料：银行的建筑风格与象征物

中国大多数银行建筑风格大体一致，即坚实、牢固、宏大，银行门口塑的都是威风凛凛的雄狮。这就根源于中华民族传统的文化习俗——中国人在把自己经过千辛万苦挣来的、节衣缩食省下来的钱送到银行时，认为这是最牢靠的地方。因此，银行的建筑风格都是碉堡般坚不可摧的，门口有"兽中之王"守护着，这样才能暗合老百姓的心理，给他们一种可信之感。

2. 行为文化

行为文化处于企业文化的浅层。行为文化是指企业员工在生产经营、学习娱乐中产生的活动文化，也成为企业文化的行为层。它包括企业经营、教育宣传、人际关系的活动、文娱体育活动中产生的文化现象。它是企业经营作风、精神面貌、人际关系的动态体现，也折射出企业精神和企业价值观。从人员结构上划分，企业行为包括企业家行为和企业员工行为。

（1）企业家行为。企业家是企业的灵魂。企业家的价值观与人格魅力决定企业文化的健康与优化的程度，决定了员工对企业的信心程度，也决定了企业在未来竞争中的胜负。有什么样的企业家，就有什么样的企业和什么样的企业文化。企业家的一项重要任务就是建设企业文化，以自己的言行影响企业健康文化的生成。企业家文化主要体现在其专业素养、思想道德、人格风范、创新精神、理想追求等方面。优秀的企业领导者总是不惜耗费时日去创造、倡导、塑造、维护自己或创业者们构架的具有强势力量的企业文化，并通过自己的行为不断对员工和企业施加积极的影响力。企业家的特殊风格直接影响和左右着企业文化。企业家是企业文化的积极倡导者和模范实践者，通过自己的行为，引导和扶持企业文化的发展。

(2) 员工行为。员工是企业的主体。员工的群体行为决定企业整体的精神风貌和企业文明程度。员工群体行为的塑造是企业文化建设的重要组成部分。企业通过树立科学、明确的行为规范,来引导、培育员工职业道德和文明、健康的行为。

除了企业家和员工行为外,企业文化要素中所提及的英雄人物,或者说是模范人物,其行为在企业文化建设中也具有相当重要的地位。其行为标准是,要能卓越地体现企业价值观的某个方面,和企业所倡导的目标一致,并取得良好的成绩,具有先进性。这里要特别说明的是,他们的行为不一定是所有方面都领先,关键要有企业所倡导的至少某一个方向上的突出成绩。

3. 制度文化

制度文化,是具有本企业文化特色的各种规章制度、道德规范和职工行为准则的总称,包括厂规、厂纪、厂服、厂徽以及生产经营中的交往方式、行为准则等,也称企业文化的制度层。它在企业文化中居中层,属于强制性文化。制度的突出特点是强制性。营造企业制度氛围就是制定并贯彻企业各项规章制度,强化企业成员的规范行为,引导和教育员工树立企业所倡导的统一的价值观念,使员工顾全大局,自觉地服从于企业的整体利益。

制度文化是人与物、人与企业运营制度的结合部分,它既是人的意识与观念形成的反映,又是由一定物的形式所构成。因此,制度文化具有中介性,它是精神与物质的中介。制度文化既是适应物质文化的固定形式,又是塑造精神文化的主要机制和载体。正是由于制度文化这种中介的固定、传递功能,决定了它对企业文化的建设具有重要的作用。

4. 精神文化

精神文化是指企业在生产经营中形成的独具本企业特征的意识形态和文化观念,也称企业文化的精神层,是企业文化的核心层,它包括企业精神、企业道德、价值观念、企业目标和行为准则等。

上述的四个层次之间存在着相互的联系和作用。

首先,精神层决定了行为层、制度层和物质层。精神层是企业文化中相对稳定的层次,它的形成受到社会、政治、经济、文化以及本企业的实际情况、企业管理理论等的影响。精神层一经形成,就处于比较稳定的状态。精神层是企业文化的决定因素——有什么样的精神层就有什么样的物质层、制度层和行为层。

其次，制度层是精神层、物质层和行为层的中介。精神层直接影响制度层，并通过制度层影响物质层。基于领导者和员工的企业哲学、价值观念、道德规范等制定或形成一系列的规章制度、行为准则来实现企业的目的，体现企业特定的精神层内容。在推行或实施这些规章制度和行为准则的过程中，形成独特的物质层，并以特有的价值取向和精神反映在其行为中。制度层的中介作用，使得许多卓越的企业家都非常重视制度层的建设，使它成为企业的重要特色。

第三，物质层、制度层和行为层是精神层的体现，精神层虽然决定着物质层、制度层和行为层，但精神具有隐性的特征，它隐藏在显性内容的后面，属于企业文化的隐性内容，它必须通过一定的表现形式来体现。而物质层和行为层作为企业文化的显性内容，是精神层的体现和实践。企业文化的物质层和制度层还能直接影响员工的工作情绪，直接促进企业哲学、价值观念、道德规范的进一步成熟和定型。所以许多成功的企业都十分重视企业文化中物质层和制度层的建设，完善企业制度建设和规范的形成，从而以文化的手段激发员工的自觉性，实现企业的目标。

三、企业文化的类型

根据企业文化的适应性，企业文化可以分为宗族型文化、活力型文化、层级型文化、市场型文化。

（一）宗族型文化

宗族型文化与家庭型组织文化相似，最典型的代表就是日本式的企业文化。这种文化中充满了共享价值观和目标、团结与互助、彼此不分的氛围，注重团队的精神、员工的参与感和组织对员工的照顾。这种文化的企业这就像是家庭的延伸，领导就像是家长和导师；忠诚和传承是组织的基础，员工的奉献精神高涨，组织非常重视员工的长期目标和自我提升，组织用包括奖金在内的方式来鼓励团队合作、参与和一致性。这种类型的企业文化有强烈的内部导向，并强调组织的灵活性，实质上是一种"家文化"。

（二）活力型文化

活力型文化也称为临时体制式文化，一般出现在环境不确定性的行业中（如软件开发、智囊咨询、影视制作与播映、航空航天等行业和重大赛事组织等),侧重于培育具有适应性、灵活性和创造性的文化氛围。与这种类型的文化相匹配的组织代表着一个动态的、创业式的并且充满创意的工作场所。实验和创新的使命像黏合剂使整个组织凝聚在一起。组织的重点被放在新知识、产品和服务的领先优势上,并随时准备迎接变化和新的挑战。组织的长期目标重点是迅速成长和获得新的资源。组织的成功则意味着生产出独一无二的原创性产品和服务。

(三)层级型文化

与层级型文化相匹配的组织是一个高度制度化和机构化的工作场所。在这种文化下,程序告诉人们要做什么;领导是组织的优秀协调者和组织者,维持组织处于顺畅的、运行的状态;稳定、可以预见和效率,被看成是组织长期关注的东西;正式的制度和政策把组织黏合在一起。

小资料:麦当劳的层级文化

在麦当劳餐厅新雇员在初期只被要求做一项工作(例如炸薯条)。生薯条都是供应商按标准的包装运来的,工作时的温度等也都是预设好的,指示开关会告诉员工什么时候把薯条拿出来。制度告诉员工:在指示灯关闭和薯条必须被拿出来之间只有几秒钟的间隙。一本每个员工必读和考核的操作手册有350页厚,详述了从员工着装到工作行为的所有规定。对这些知识的掌握是员工升迁的指标之一。从员工升到管理层需要迈上好几个台阶,新雇员一般要从炸薯条到制作汉堡,到柜台人员,到组长,最后才能到助理经理。

(四)市场型文化

与市场型文化相匹配的组织,运作起来本身就像一个市场。它的结构主要面对的是外部环境,而不是内部管理。它密切关注与外部机构的交易。这类组织最重视的是如何进行交易,如何与合作伙伴在竞争中赚取利润。它的核心价值观就是竞争力和生产力。市场型文化是一种以业绩为重点的文化,高度重视外部竞争和控制。组织领导都是铁腕的生产者和竞争者，他们都很坚强，都要求严格乃至苛刻。对他们而言，成功被定义为市场份额和渗透力，超越对手是企业最重要的指标。

四、企业文化的建设

企业文化建设是一个复杂的系统工程，每个企业的文化形成过程都不尽相同，没有固定的模式可循，但人们还是可以概括出共同的规律。

（一）分析和规划

要建设优秀的反映企业特色的企业文化，必须首先了解企业的内外部环境，把握作为企业文化建设主体的员工队伍的基本情况；分析企业优良传统和成功的经验；了解企业现有文化理念及适应性；然后规划出企业文化建设的具体实施步骤和方案。

（二）确立价值观念

价值观念是企业文化建设的基础，它决定着企业文化的基本形态。确立企业的价值观念，要考虑到企业的属性、行业特点、企业历史特点、员工状况等因素。如IBM公司根据计算机行业售后服务特别重要的特点，确立了"IBM意味着服务"的价值观念，来指导企业的工作。

（三）提炼企业精神

企业精神是一个企业风貌的体现，它在企业文化建设实践中能起到引导、鼓舞和激励员工的积极作用，是企业文化建设的核心内容。企业精神应鲜明地体现出企业的价值观念；具有企业的独特性，并为大多数企业员工所认同。如摩托罗拉的企业精神是开发潜在的创造力，体现出摩托罗拉注重创造的精神。

（四）强化员工的企业意识

企业精神确立后，还必须通过各种途径，将企业精神深入人心，以强化员工的企业意识。为了加强员工的企业意识，要确定企业的生产、经营目标与方针，明确企业每个成员为实现目标应遵循的行为准则和权利、义务;同时,要加强民主管理,鼓励员工参与企业的生产、经营决策和活动,从各方面增强员工的主人翁意识。

(五)领导者垂范

企业领导在企业文化塑造过程中发挥着核心作用,不仅是企业价值观的缔造者而且还是企业观念转变的带领者、企业文化的实践者。企业领导的言行,会对企业员工产生强大的示范效应,从而影响企业文化建设。因此,企业领导者只有使自身的品德、情感、能力、作风、行为更充分展示所倡导的文化特点,身体力行,率先垂范,才有可能为企业培养出一种好作风,展现良好的精神面貌。

(六)开展各种文化礼仪活动

文化礼仪是能使企业文化得以广泛传播的形式,同时也能使企业成员达到积极的情感体验和人格体验。从某种程度上说,如果没有文化礼仪活动,就没有企业文化。许多文化观念,正是通过各种文化礼仪活动才得以体现。如每天的升旗仪式,可以强化员工爱国、爱企业的热情;定期举行奖惩活动,可以弘扬企业的正气;生龙活虎的运动会与技能大赛,可以激励员工的竞争意识。因此,在企业文化建设中,要精心设计、组织各种文化礼仪活动,以增强员工对企业的认同感和自豪感,增强企业的凝聚力。

(七)塑造模范人物

模范人物的品德高尚、工作成绩显著、在员工中享有威信。模范人物作为企业员工评判自己思想、行为的一面镜子,在培育企业文化过程中起着特殊的引导作用。他们在生产经营过程中形成,并活跃于生产经营的员工生活的许多领域,他们自身特有的号召力、影响力、感染力,对建设优秀的企业文化,培养员工的共同价值观念,形成平等、互助、团结、友爱的气氛,起着巨大的促进作用。

(八)塑造良好的企业形象

企业形象是企业文化的综合反映和外在表现,是检验企业文化建设成果的标尺。优秀的企业形象不仅能够对企业员工产生全面、深刻的影响,使员工对企业的归属感、自豪感、责任感和自信心得到加强,对员工产生积极的心理暗示和激励,而且能够对外强化企业的影响,强化广大消费者和投资者(如股民)对企业产品的消费信心和投资信心,吸引有识之士加盟企业。因此,建设企业文化,必须重视企业形象的树立和完善。

> **实践运用**
>
> ### 更高的竞争在文化——上海宝钢集团公司文化
>
> 2003年6月12日,宝钢提出了新一轮发展战略:跻身世界500强,成为拥有自主知识产权和强大综合竞争力,倍受社会尊重,"一业特强,适度相关多元化"发展的世界一流跨国公司。这一追求体现了宝钢企业文化的深刻内涵,即"严格苛求的精神,学习与创新的道路,争创一流的目标"。这一种精神、一条道路和一个目标,构成了宝钢企业文化的主线,也是宝钢25年来积累的精神财富和坚持先进文化前进方向的实际内容,已成为宝钢人共同追求的文化理念和价值观。
>
> 宝钢的企业文化具有两个基本特征。第一,宝钢文化体现了先进文化与先进管理的高度融合。宝钢文化是管理之魂,宝钢管理是文化之载体。宝钢文化与宝钢的发展水平相对称,与宝钢所面临的环境相适应,与宝钢所追求的目标相一致。宝钢的发展离不开先进文化的支撑,先进文化的培育离不开先进管理的保证。只有融合进企业管理实践的文化,才是有生命力的文化,才是有竞争力的文化。第二,宝钢文化的发展,既保持核心内涵的延续性,又体现具体内容的与时俱进。宝钢文化的核心内涵始终围绕"严格苛求的精神、学习创新的道路、争创一流的目标"这条主线。虽然核心内涵没有变化,但其具体内容却随着时间和空间的变化而不断加以丰富和完善。这正是宝钢无论外部环境怎么变化都能保持持续发展的秘诀。从这一点上讲,企业文化要体现与时俱进的特点,也就是说企业文化建设的组织者要顺应企业发展的需求,继承和发展企业文化,使之成为企业的一种核心竞争力。

一、持续进行文化创新,营造一种与企业发展相适应的文化氛围

为推进文化创新,宝钢开设了"观念与创新"论坛,一般每季度举办一次,围绕一个主题进行研讨。在该论坛上,集团公司领导与子公司领导及有关方面就影响公司发展的全局性、战略性问题进行广泛研讨,形成共识,统一思想。"观念与创新"论坛已成为宝钢进行持续文化创新的平台。

一年一度的企业文化建设大会,是宝钢进行文化创新的又一重要抓手。每次企业文化建设大会都抓住经营管理的关节点,提出主题,形成企业文化建设的年度阶段性目标。第一次大会提出了建设创新型强势文化的理念、目标和框架,解决了建设什么样的企业文化的问题。第二次大会,明确了公司企业文化建设的方向,系统阐述了建设以强化效率、精度、价值三个理念、提升学习、沟通、响应、改进四种能力为主要内容的学习型组织。第三次大会提出了营造以人为本的企业氛围,构筑人才成长的事业平台,实现公司与员工的共同发展。

二、持续进行管理创新,健全一套与企业文化相匹配的管理制度与管理流程

企业文化在实践中主要体现为企业的管理制度和管理模式。思考并不能使人们养成一种新的实践方式,而具体的实践却可以帮助人们形成一种新的思维方式。宝钢文化的核心内涵要在管理活动、管理制度、业务流程中得以体现。

宝钢建厂初期就花 8 900 万美元引进当时日本的先进管理软件,经过持之以恒的消化、吸收和发展,如今已经发展成具有宝钢特色的管理模式。伴随着文化创新,宝钢持续进行管理创新,并以管理创新引导技术创新,达到保持竞争优势的目的。

世纪之交,由于全球钢铁总量过剩、市场竞争日益加剧,迫使国际上一些著名钢铁公司在购买并重组的同时,寻找新的出路以提升竞争力,制度创新、管理创新、技术创新像一股潮流在全球涌动。尤其是宝钢的主要竞争对手韩国浦项实施 PI(过程创新)所带来的效应,对宝钢触动很大。为了提升宝钢的核心竞争力,宝钢从实际需要出发,引入了世界最先进、最前沿的管理理论和管理手段,实施 ESI(系统创新)工程,率先在产销系统进行流程再造。从美国引入六西格玛管理工具,开展了精益运营的试点。与此同时,还推出了价值链管理以及企业诚信体系建设等一系列举措。

2003年6月,为应对钢铁业上下游产业集中度快速提升以及钢铁业全球整合的现实变化,宝钢适时提出了一体化运作的战略举措,并逐步推行大宗原材料集中采购和集团公司总部职能机构的扁平化管理。上述举措,赋予宝钢严格苛求、学习创新和争创一流的文化新的内涵。

三、持续进行机制创新,造就一支与公司价值取向相一致、与公司战略目标相适应的员工队伍

企业文化建设必须坚持以人为本。宝钢严格苛求、学习创新、争创一流的文化,只有同以人为本的理念紧紧结合起来,才能具有强大的、永恒的生命力。以人为本开展企业文化建设,涉及面很广。宝钢在长期积累的基础上,提出深入推进"凝聚力工程"建设,从各个方面达到"凝聚人"的目的。

西方企业经历了从人治到法治再到文化治理的过程。宝钢在以法治企、完善制度建设的过程中,不断强化文化治理。宝钢文化与管理坚持以世界一流为目标,以严格苛求为基础,走了一条学习与创新的道路。学习与创新的落脚点放在持续提高公司的综合竞争能力上。宝钢企业文化建设,有力地促进了宝钢的改革发展。提高了宝钢的经营业绩。

分析提示:

☞ 宝钢无论外部环境怎么变化都能保持持续发展的秘诀是什么?

☞ 宝钢年度的企业文化建设大会的意义何在?

☞ 宝钢在管理制度与管理流程创新方面有哪些举措?请查阅相关文献,了解这些举措的含义与意义。

☞ 以宝钢的实践为例,阐述企业文化建设与管理创新之间的关系。

五、跨文化管理

文化因素对企业全球化经营管理活动的制约和影响是非常重要的。由于各国在语言、生活方式、审美观、价值体系、道德观念、宗教信仰、风俗习惯等方面表现出很大的差异，文化因素的重要性更加突出。不同的文化的交流既有摩擦和磨合，也可能互补和融合。因此，跨文化管理将是一种必然的趋势。

（一）影响跨文化管理的主要因素

1. 语言

语言是文化中的主要因素，并渗透到文化的所有层面。语言的区分通常表示不同群体中社会、文化、政治的差异。在某些国家，同时存在几种语言。例如在欧洲，一些国家在境内形成了几种使用不同语言的不同文化群体；在印度，有 14 种官方语言和 80 种方言，最广泛使用的则是英语。由于不同语言因文化背景不同往往会形成沟通的障碍，同时世界上的语言种类又极其繁多，因而一个时期以来人们都在试图发展一种国际语言。世界语作为一种尝试，是跨文化交流的一种简单语言，但是作为一种全球化的语言，世界语能否在世界范围内得到普遍的推动，这还有待于时间的证明。就目前而言，英语的重要地位不言而喻，它实际上已成为一种国际语言。语言的学习和训练是一项重要的文化训练，这种训练不仅在于学习一种语言的词汇、文法和句子结构，还在于获得在外国文化环境下进行沟通的文化底蕴。

2. 宗教

宗教对全球化经营的影响并不仅仅在神学意义上。宗教会影响语言、社会结构、经济体系和一系列其他的社会文化因素，进而影响社会中群体和个人的行为。全球化经营活动带来的现代化进程，可能与宗教的信仰和传统发生冲突（比如对新产品和新技术的拒斥和敌意），尤其是发达国家的文化价值观念，会给许多国家的宗教和文化传统带来不安定的因素；宗教信仰会给文化强加一定的精神和道德规范，从而影响全球经营的公司的经营活动；另外商业活动还可能与宗教节日和庆典相冲突。因此，在进行全球化经营时，跨国公司必须注意研究宗教对人们态度、信仰、动机和行为的影响。如果忽视宗教信仰，可能导致全球化经营的惨败。

3. 态度

不同文化群体,在一些基本问题上都可能有相近或相似的态度,这些态度直接影响了该文化群体成员的行为,进而形成他们行为的社会规范。跨文化经营的公司应该注意下列可能影响到公司经营行为的各种态度。

(1) 对外来文化的态度。文化差异使得人们对外来文化最初总是抱着否定态度的。"国土本位主义"或"民族中心主义"是人们作为某一特定文化群体成员所表现出来的优越感,它以自身的文化价值和标准去解释和判断其他文化环境中的群体。从一种文化的角度看,假定另一种文化能选择"最好的方式"去行事似乎是不可能的。民族中心主义对人们"共同经验范围"的形成是一种可怕的障碍,不仅会导致跨文化沟通的失败,而且会导致对抗和敌意。我们必须明白民族中心主义的偏见,它通常是无意习得的,并且在意识的层面反映出来。纠正这种偏见,要求在跨文化沟通中,努力克服自身文化的优越感以及与人种和文化相关的偏见,站在他人的立场上而不是自身的立场去理解、认识和评价事物,在考虑自己的文化的同时也充分承认其他文化的存在。这是跨文化沟通的基础和前提。

(2) 对物质文化的态度。物质文化既涉及产品的技术问题,也涉及产品的经济问题。物质文化影响到对产品的品种、形式、风格以及质量的需求差异,还影响到对这些产品的需求水平。物质文化的差异,通常要求全球经营的公司在产品和市场营销上必须做出相应的调整,在产品的设计、包装、价格和促销策略上,都应该适应各个具体市场环境的物质文化状况。

(3) 对工作和成就的态度。不同的文化会赋予其成员对工作和成就以不同的态度。因此,不同国家和地区的人们对工作和成就的态度取向是不一样的。成就激励理论的创始人麦克利兰的研究表明,对工作和成就的态度影响了一个国家的经济发展水平,也决定了一家公司的发展水平。许多文化中,物质财富的积累被视作衡量成就的标准;而也有的文化,则更注重荣誉和工作的安全性。了解当地的工作者对待工作和成就的态度,并有针对性地采取正确的激励措施,人们就会被有效地激励而努力去工作。

(4) 对待时间的态度。不同文化对时间的不同态度主要反映在东西方文化的差异上,也反映在发达国家与发展中国家、农业社会国家、欠发达国家之间的差异,表现在对恪守时间的重要性以及对效率的重视程度的不同。在发达国家,时间观念较强,对守时的要求高、办事节奏快、竞争激烈、市场机会稍纵即逝;在经济欠发达的国家,时间观念差,办事效率相对也较低。在市场开发上,通常可以把时间观念差异作为细分市场、选择目标市场和进行市场定位的依据之一。

（5）对待变革的态度。跨文化经营本身就是一种变革行为。当一家公司进入另一国进行经营活动时，往往会给该国输入新的产品、新的技术、新的管理理念和管理方法，必然会给该国带来某些变革。通常，缓慢的、增量的变革比急剧的变革更容易为人们所接受。新的事物、新的观念越接近传统文化，就越有被人们更快接受的可能性。因此，使新的产品、新的技术、新的管理理念和管理方法和该国传统文化结合起来，能够加快对所有这些新事物的接受过程。当把一项革新引入东道国时，进行全球化经营的公司必须判断和寻找支持该项革新的当地文化价值观和态度，并按照当地的文化和环境条件来评估该项革新，分析对该项变革可能产生的和面临的社会、文化和环境方面的冲击和障碍，进而制订出一个渐进、有序的推进计划，这是变革得以有效进行的关键。

4. 文化价值观

霍夫史蒂德模型研究了文化价值观对管理活动和管理模式的影响。霍夫史蒂德认为，文化是在统一环境中具有相同生活经验、受过相同教育的许多人所共有的心理程序。但是，不同的群体、不同的国家和地区的人们，由于其生活工作经验的不同、教育背景的不同、思维方式不同，因而，这种共有的心理程序必然也存在着差异，霍夫史蒂德模式提出了这些差异的5个文化层面，对跨文化管理有着很重要的意义。

（1）权力差距的程度。人与人之间在能力、财富和权力的利用方面的不平等是客观的存在。一个试图把财富和权力上的不平等降低到尽可能低限度的社会，可以被看作为低权力差距的社会；一个认为权力和财富上的不平等是理所当然的并把它制度化的社会可以被看作是高权力差距的社会。权力差距程度高的社会，其组织往往采用体现强烈等级关系的管理体制和程序，集权程度高，领导和高层管理人员通常采用X理论的管理风格，下属趋于依赖他们的领导人。相反，在权力差距程度低的社会，上司则倾向于与下属之间保持一个较低程度的权力差距，下属参与决策的机会多，参与决策的程度高。

（2）不确定性规避的程度。人们生活在一个不确定因素日增的环境之中，对于环境和未来的不确定的、模糊的态势，人们都会感到一种威胁。不确定性规避指的就是一个社会对不确定的情境和模糊的发展态势所感到的威胁程度。一个社会文化中的不确定性规避的程度，表现在其成员对风险的态度和创新精神，也表现在这个社会中组织活动的规范化程度。在不确定性规避程度高的文化中,在组织设计上,更强调其结构的规范化程度,通常更多地强调明文规定的制度和程序,管理的风格也以工作和任务导向为主。相反,在低不确定规避的文化中,其组织设计有更大的自由度和灵活性,组织的规章制度相对较少,对下属也很少强调严格的控制和监督,而更多地鼓励其成员接受事物的多样性,成员享有较大的自主性。在对待风险和创新方面,在高不确定性规避程度的文化中,人们往往不喜欢冒险,害怕失败,缺乏创新精神,也通常回避风险战略,成就需要相对较低。当然,不确定性规避程度的高低与成功之间并不存在必然的联系,霍夫史蒂德在其研究中注意到,创新可能更多地发生在低不确定性规避文化的社会中,而实施创新也许更可能发生在高不确定规避文化的社会中。

(3) 个人主义与集体主义。不同民族、不同国家对集体主义和个人主义的态度是不一样的。个人主义取向的文化,对集体主义持否定和消极的态度,个人之间的联系十分松散,每个人都有很大的自由主宰自己的行动,个人与其组织的关系也带有明显的功利性和个体性。而在集体主义取向的文化中,人们生活在包括家庭和组织的集体主义生活中,每个人都要考虑他所在的群体中他人利益。在个人与组织的关系上,道德责任是一种精神契约。人们往往从道德方面来解释他们与组织的关系,组织也更注重培养其成员对组织的忠诚。文化中的集体主义和个人主义的不同取向,影响了人们的竞争观念,影响了组织包括激励内容和方法在内的管理制度,影响了组织处理人际和群际冲突的方法,以及与社会可能发生冲突时组织所持有的态度和行为准则。

(4) 男性价值观与女性价值观。价值观中的男性度和女性度决定了价值观从社会性别的角度来划分是男性价值观还是女性价值观。男性价值观的社会是以成就、金钱、英雄主义、自信武断在社会等价值观中居于统治地位。女性价值观的社会以相对的人际关系、谦逊恭敬、对弱者的关切及注重生活质量等价值观在社会中居于统治地位。现代社会,随着女权运动的兴起,传统的男性主义观念正面临挑战。尽管如此,工作的性别差异仍然是不争的事实。价值观中的性度差异对于了解跨文化管理中工作者的工作态度和方式仍然是十分重要的。

(5) 长期价值取向与短期价值取向。霍夫史蒂德认为,长期取向(儒家)的社会与短期价值取向的社会在以下价值观和信念上截然不同:喜欢储蓄、坚持目标、节俭、对社会关系和等级关系敏感、重实效的传统和准则适应现代关系、接受缓慢的结果等。两种取向与工作和组织之间的联系,主要表现出如下差异:在长期取向的文化中,管理注重成员的工作保障和组织的社会发展义务,短期取向的文化,管理更注重采用以工资和快速晋升为主的短期激励;长期取向的文化,组织设计首先是为了管理组织内部的关系,短期取向的文化,组织设计与管理是有目的地针对当前环境的压力而做出的反应;长期取向的文化,在组织的战略目标的设定上,将增长和长期回报放在更优先的位置,而在短期取向的文化中,组织更倾向于直接的财务收益。

(二)跨文化管理的实施

跨文化管理首先要求在识别文化差异的基础上,加强人们对不同文化环境的反应和适应能力,促进不同文化背景的人的沟通和理解,建立文化共性,并建设共同的经营观和组织文化。

1. 跨文化差异识别

首先,必须承认并理解文化差异的客观存在,克服狭隘主义的思想,重视他国语言、文化、经济、法律等的学习和了解,增强文化意识,缩小文化差距。当跨国企业的管理人员到具有不同文化的东道国工作时,往往会遇到很多的困难。反映了特有文化的语言、价值观、思维形式等因素,在跨文化管理中会形成障碍,产生矛盾,从而影响跨国经营战略的实施。理解文化差异是发展跨文化管理能力的必要条件,并要把握不同类型的文化差异,有针对性地提出办法,采取切实可行的措施来解决文化冲突。

其次,要把文化差异看成是一种优势。文化差异是把"双刃剑",若能够恰当、正确地认识分析母公司与东道国之间的文化差异,并充分利用文化差异,它将会给企业带来意想不到的发展契机。

2. 跨文化培训

跨文化培训的目的是使员工了解并学会尊重各国不同的文化以及由此导致的不同价值观念,要让他们能够不带有任何成见地观察和描述文化差异,并理解文化差异的必然性和合理性,最终能转化为企业的竞争优势。

跨文化培训是消除文化冲突、实现有效跨文化管理的主要手段,其作用在于:减轻驻外经理可能遇到的文化冲突,使之迅速适应当地环境并发挥正常作用;促进当地员工对公司经营理念及习惯做法的理解;维持组织内良好稳定的人际关系;保持企业内信息流的畅通及决策过程的效率;加强团队协作精神与公司的凝聚力,成为实现文化整合的有力工具。

在开展跨文化培训时,要避免只偏重对员工的纯技术培训,却忽视了对员工尤其是管理人员的跨文化培训的倾向。公司可以通过跨文化培训将具有不同文化背景的员工,尤其是非本地(本国)员工集中在一起进行专门的培训,打破他们心中的文化障碍和角色束缚,进行文化敏感性训练。

(1) 文化教育。请专家介绍有关国家的文化内涵与特征,指导员工阅读有关国家文化的书籍和资料,为他们在新的文化环境中工作和生活提供思想准备。

(2) 环境模拟。通过各种手段从不同侧面模拟有关国家的文化环境。将在不同文化环境中工作和生活可能遇到的情况和困难展现在员工面前,让员工学会处理这些情况和困难的方法,并有意识地按有关国家文化的特点思考和行动,提高自己的适应能力。

(3) 文化研究。通过学术研究和文化交流的形式,组织员工探讨有关国家文化的精髓及其对管理人员的思维过程、管理风格和决策方式的影响。这种培训方式可以促使员工积极探讨东道国文化,提高他们诊断和处理不同文化交融中疑难问题的能力。

(4) 语言培训。语言是文化的一个非常重要的组成部分,语言交流与沟通是提高对不同文化适应能力的一条最有效的途径。语言培训不仅可使员工掌握语言知识,还能使他们熟悉有关国家文化中特有的表达和交流方式,如手势、符号、礼节和习俗等。

3. 跨文化背景下的人才本土化

管理人才本土化使越来越多的跨国公司已意识到本地化对于在异国投资取得成功的重要性。本地化战略除了包括尽可能雇用本地员工,培养他们对公司的忠诚之外,最重要的是聘用能够胜任的本地经理,这样可以很好地避免文化冲突,顺利开展业务。在经济全球化经营环境中,人才本土化成为一种潮流,是解决文化冲突,文化整合问题的有效措施。由于本土的管理者对本土文化有深刻的了解,容易为员工所接受,同时为本土员工的晋升提供了明显的渠道,具有很强的激励作用。因此使用本土管理者进行管理成为跨文化人力资源管理中明显的特征。当然挑选这样的管理者时,一般选用在另外一方有学习和工作背景的员工,或者送他们到另外一方文化背景的环境中学习。

4. 跨文化沟通

跨文化沟通是指拥有不同文化背景的人们之间的沟通。从跨国经营管理的角度看,交往、合作中的不少问题和困难只能通过跨文化沟通来解决。一个成功的管理家需要在跨文化沟通上有较强的能力、较好的技巧和较高的水平。因此,了解跨文化沟通的影响因素、原则以及如何有效地进行跨文化管理沟通对跨文化管理实践至关重要。

跨国经营中的跨文化参与及融合,意味着通过跨文化沟通与跨文化理解,达到跨文化和谐的具有东道国特色的经营管理模式。正如德鲁克所言,"它应该使自己的跨文化性成为一种长处"。而"在管理结构、管理职务和人事政策上完全超越国家和文化的界限既不可能,也并不可取。真正需要的是在互相决定的各种需要和要求之间求得一种浮动的平衡"。

> **实践运用**
>
> ### 迪斯尼为何兵败巴黎
>
> 提起迪斯尼,人们自然会想起诡计多端的米老鼠和笨拙可爱的唐老鸭,这些形象作为美国文化的象征,征服了不同国籍、不同肤色的儿童,甚至也吸引了不少成年观众。1955年,占地30公顷的"迪斯尼乐园"在美国加利福尼亚州开放;1972年,"迪斯尼世界"在佛罗里达州建成;1983年,迪斯尼又走出国门,把迪斯尼文化推向了日本,建成了占地200英亩的东京迪斯尼。接二连三的成功,使迪斯尼公司的头脑膨胀了,他们企图把这些成功的套路再搬到欧洲,创造第四个奇迹。然而,事与愿违,巴黎不是佛罗里达州,"唐老鸭"终于碰了个大钉子。
>
> 在寻找建设迪斯尼的场所时,迪斯尼的管理者们考察了欧洲200多个地方,最后选中了巴黎。优越的地理位置成了最后的决定因素,乐观的是:欧洲人比美国人有更长的假期,法国和德国雇员的假期一般来说是5个星期,而美国雇员的假期只有两个星期或三个星期。
>
> 于是,一个庞大的计划产生了:这座欧洲迪斯尼乐园,将成为一家投资44亿美元的企业,它占据了巴黎以东20英里的5 000英亩土地,并准备配有6家饭店和5 200个房间。迪斯尼还将开发一个商用综合楼群,它的规模仅比巴黎境内法国最大的 La Defense 公司稍微小一点。计划将建成购物中心、公寓住房、高尔夫球俱乐部和度假村。欧洲迪斯尼将严格控制这些辅助工程的开发、设计与建设,近乎一切事情都由自身完成,最终将其出售来获取巨额的利润。迪斯尼的管理者们对于这个占地相当于巴黎面积五分之一的大型企业前景充满信心,他们所担

心的是这个公园还不够大,不足以应付欧洲蜂拥而来的游客。

然而,机灵的米老鼠最终还是在欧洲人面前栽了跟斗。法国的左派示威者们用鸡蛋、番茄酱和写有"米老鼠回家去"的标语来回敬远道而来的美国人。一些知识阶层的人士甚至将刚刚诞生的米老鼠和米老鼠公司视为对欧洲文化的污染,他们称公园为可恶的美国文化。主流新闻界对该公园也持反对态度,他们幸灾乐祸地描绘着迪斯尼的每一次失败。

除了公司主观判断的失误,文化差异也造成重大影响。比如,一项在公园内不准饮酒的规定,引起了午餐和晚餐时都要喝酒的欧洲人的不满。迪斯尼公司认为星期一比较轻松而星期五比较繁忙,因此也相应地安排了员工,但是情况却恰恰相反。他们还发现游客有高峰期和低峰期,高峰期的人数是低峰期的一倍。在低峰期减少员工的需求又违反了法国关于非弹性劳动时间的规定。另一个不愉快的问题是关于早餐。"我们听说欧洲人不吃早餐,因此我们缩小了餐馆的规模,"一位管理者回忆说,"你猜发生了什么?每一个人都需要早餐。我们要在只有 350 个座位的餐馆里提供 2 500 份早餐,队伍长得吓人。"

迪斯尼还有一个未考虑到的需求,这就是来自旅游汽车司机的需求。为司机们建造的休息室只能容纳 50 个司机,但是在高峰期每天有 2 000 个司机需要休息。难怪有人以讥讽的口吻说,"从不耐烦的司机到抱怨的银行家,迪斯尼乐园踩在欧洲人的脚趾上了。"

在 1993 年 9 月 30 日结束的财政年度里,这个娱乐公园已经损失了 96 亿美元,这意味着每天要损失 250 万美元,公园的前景值得怀疑。直到第二年春天,沃尔特·迪斯尼不得不筹措了 1.75 亿美元来挽救欧洲迪斯尼乐园。

分析提示:

☞ 法国本土和前来旅游的欧洲人为什么持有抵制迪斯尼的心态?

☞ 面对陌生的文化环境,跨文化经营应该注意哪些问题?

第二节 知识管理

随着知识经济的兴起,企业的管理方式正从工业社会的生产管理向知识经济时代的创新管理和知识管理转变,企业不再是通过单纯的金融资本或自然资源而是通过知识来获取竞争优势,这种新的变化要求一种新的管理方式也就是以知识为核心的管理,即知识管理。

一、知识与知识经济

对知识管理的深入研究和有意识的应用是从20世纪90年代初期开始的,是一个由许多因素推动的自然演化的过程。推动和促进知识管理形成与发展的因素非常复杂,包括人类知识总量的日益增加、知识经济的崛起、知识型组织及知识工作者的出现、经济全球化的力量、企业信息化的实施、管理学自身的不断演变与发展等。

小资料:知识的类型

所谓知识,应该包括人类迄今为止所创造的一切知识,最重要的部分是科学技术、管理及行为科学知识。1996年,世界经合组织发表了题为《以知识为基础的经济》的报告,这份报告中援用了在西方自20世纪60年代以来关于求知的"4W概念"将知识分为四大类:

"知道是什么"的事实知识(know-what),它是指关于事实方面的知识;

"知道为什么"的原理知识(know-why),它是指事物的客观原理和规律性方面的知识,属于我们通常所说的科学范畴;

"知道怎样做"的技能知识(know-how),它是指用于改变物质世界或做某些事情以满足人们某种需要的技艺、技巧和能力方面的知识,属于我们通常所说的技术范畴;

"知道是谁"的人际知识(know-who),它是指谁知道某事物或事实是什么和谁知道如何做某事的这一方面的知识,它包含了某种特定的社会关系以及社会分工和知道者的特长与水平，属于我们通常所说的经验和判断的范畴。

"知道是什么"的事实知识和"知道为什么"的原理知识，是记录于一定物质载体上的知识，人们称之为"显性知识"。"知道怎样做"的技能知识和"知道是谁"的人际知识，是存储于人们大脑的经历、经验、技巧、诀窍、体会、感悟等尚未公开的秘密知识，或者只可意会而难以言表的知识，人们称之为"隐性知识"。

（一）企业的知识资源

企业的知识资源是建立在是建立在知识基础上的，为企业所拥有和反复使用并为企业创造价值的这一类资源的总称。虽然在人类经济发展的任何阶段，知识经济对企业的经营都是重要的，但在工业经济时代，企业赖以生存和发展的决定性资源是物质资源即实物资产和金融资产，而在知识经济时代，虽然物质资源仍然是企业生产经营中不可或缺的稀缺资源，但企业创新的源泉是企业的知识资源，知识资源成为企业获取竞争优势的动力，决定企业生存和发展的是在物质资源背后起决定性作用的知识资源，随之而要求企业建立起自己的知识管理。

企业的知识资源不具有实体形态，往往是无形的，通常包括：

1. 市场资源

市场资源是企业创造和拥有的与市场有关、能够给企业带来利益和竞争优势的企业形象和市场关系方面的资源，如：企业的品牌形象、信誉和口碑、销售系统以及与包括顾客、政府和合作伙伴等在内的良好关系，对于企业来说，客户资源是最为重要的关系资源。

2. 权利资源

权利资源是企业拥有的各种权利。权利资源包括：企业创造和拥有的以智力劳动成果为形式的知识产权，如专利、版权、技术诀窍、商业机密；自己拥有的品牌和名称的使用权；他人资源的使用权，如特许经营权等。

3. 信息资源

信息资源是指通过信息网络可以搜集到的与企业生产经营有关的各种资讯。能否有效地搜集、获取和处理企业内外信息，最大限度地提高企业信息资源的质量、可用性和价值，并使企业各部分能够共享这些信息资源。这已经成为企业竞争成败的关键,因此,信息资源是企业的战略性资源。企业只有通过有效的信息资源管理,才能发挥信息的社会效益和潜在的增值功能,为完成企业的生产、经营、销售工作,提高企业的经济效益,同时也为提高社会效益。

4. 组织管理资源

组织管理资源是指企业能够保证自身正常运转和持续发展的管理能力资源,如企业的技术流程、业务流程、管理流程、管理模式与方法、信息管理系统等。

5. 智力资源

智力资源是指能够运用的存在于企业人力资源中的各类知识和创造性地运用这些知识研究和解决问题的能力,如技术专长、研发能力、战略能力、执行能力、创新能力等。

知识资源最能表现企业个性的资源,通过与物质资源的作用,使之发生质与量的变化,由此开发出替代性资源,使得匮乏的物质资源变得丰富,使得尚未发现的资源功能被挖掘使用起来;通过对它的利用,企业可以更好地将人力、物力、财力等有形资源进行有效协同,达到更合理、更充分的利用,充分开发和利用知识资源已经成为企业获取竞争优势的重要途径,因此,知识资源是企业最为重要的战略资源和竞争性资源。

(二)知识经济的特征

基本概念　知识经济与知识型企业

世界经合组织的报告将知识经济定义为建立在知识的生产、分配和使用(消费)之上的经济。

知识型企业是指运用新知识、新技术、创造高附加值产品的企业。

与工业经济时代相比,知识经济有一系列特征,这些特征概括起来主要是:

1. 经济发展可持续化

知识经济是促进人与自然协调、可持续发展的经济。传统工业技术发明都是单一地、尽可能地利用自然资源,以获取最大利润,全然没有考虑到环境、生态和社会效益之类的课题;工业时代建筑在自然资源取之不尽,环境能量用之不竭的假设上,甚至以向自然掠夺为目的。知识经济是在充分知识化的社会中发展的经济,它是促进人与自然协调,同时可持续发展的经济。知识经济的基本理念是科学、合理、综合、高效地利用现有资源,同时开发尚未利用的富有自然资源来取代已近耗竭的稀缺自然资源,如信息科技的软件、生命科学技术的基因工程等。

2. 资本投入以无形资产为主

知识经济是以无形资产投入为主的经济。传统工业经济需要大量资金、设备,有形资产能起决定性作用,知识经济的资产投入是以无形资产为主。当然知识经济也需要资金投入,对于高技术产业甚至需要风险资金投入,但是如果没有更多的信息、知识、智力,它就不是高科技产业。工业时代以开采有限的自然资源为主。知识经济时代则引进了开发无限的人力资源——人们头脑的可能性。

3. 高技术产业将成为支柱产业

高技术产业将取代工业经济时代的支柱产业(如钢铁、机械、纺织等)而成为知识经济时代的支柱产业。高技术产业指的是以知识中的高科技为其最重要依托的产业。由于这些高技术仍处于不断的探索和揭示其内在规律的过程中,因此,科学与技术的研究和开发将处于知识经济发展中的中心地位。信息技术尤其是其中的芯片技术、光通信技术、网络化技术以及软件技术将成为知识经济发展的基本条件和推动力量。

4. 产品和服务的知识含量增大

高科技对传统产业的强劲渗透将使得传统产业的产品和服务的知识含量大大增加,产品附加价值也将大大提高。传统产业的产品将与高技术产品和知识密集型服务一起,以比工业经济时代更多的产品、更高的质量和更好的服务来满足知识经济时代消费者的物质和文化需求。

5. 创新是知识经济的灵魂

知识经济时代是主动创新的时代。持续不断的知识创新是企业持续发展的原动力。在知识经济中,知识是企业经营的第一要素,创新是灵魂。因而掌握一定知识和技能的人是推动知识经济发展的源泉。随着知识经济时代对掌握一定知识和专长的人员和有高度熟练技能的工人的需求大大增加,学习将成为个人谋求发展和有所成就的最重要的途径。企业也将日渐变成一个学习的组织,为适应和领先于新的技术、新的市场、新的竞争环境而不断地改进其技术水平、组织结构、管理模式和管理方法。知识经济中知识生产速度的加快、知识扩散的全球化以及信息技术的进一步成熟,既为学习者和创新者创造了良好的条件,也更增添了学习者和创新者的紧迫感。

小资料：经济的发展阶段

从技术进步和生产力发展的角度来看，经济发展可以分为以下三个阶段：

一是劳力（以体力为主）经济。劳力经济阶段即经济发展主要取决于劳力资源的占有和配置。劳力经济是自人类文明之初一直到19世纪，在这一经济发展阶段中，人们采用的是原始技术，主要从事第一产业——农业，辅以手工业。

二是（自然）资源经济。资源经济阶段即经济发展主要取决于自然资源的占有和配置。由于科学技术不断发展，人类开发自然资源的能力不断增强，使得大多数可认识资源都成为短缺资源。19世纪以来，世界主要国家陆续完成了工业革命，科学技术取得了巨大发展，但仍不起决定性作用。这一阶段的经济发展主要取决于自然资源的占有。在资源经济阶段，进行了一次社会大分工，把商业劳动和生产劳动分离，出现了商人阶层，使产品交换的规模大大增加，交换的范围急剧扩大，交换的形式日趋复杂，从而使市场不只是一个空间的概念，市场成为买卖双方交换关系的总和。市场的形成大大促进了资源经济的发展。

三是知识经济。应该说，知识经济贯穿于人类社会发展的始终，只是到了现代，知识经济越来越成为先进发达国家经济增长的源泉。知识经济即经济发展主要取决于智力资源的占有和配置，20世纪下半叶以来，由于资源经济的高度发达，由于高新技术的飞速发展，资源经济开始向知识经济过渡。知识经济并非仅仅知识成为产业，也并非仅仅知识在生产中占有重要地位，而是知识在生产中占主导地位，知识产业成为龙头产业，知识经济是知识在生产要素中占主导、知识产业成为社会经济龙头产业的经济形态。

二、知识管理

知识管理是网络新经济时代的新兴管理思潮与方法，管理学者彼得·德鲁克早在1965年即预言：知识将取代土地、劳动、资本与机器设备，成为最重要的生产因素。德鲁克认为：21世纪的组织，最有价值的资产是组织内的知识工作者和他们的生产力。CIN思想库认为，"知识管理是为竞争优势而发掘和利用专门知识的一种训练方式"。BRINT知识库的创建人和知识总监马荷特（YogeshMalhotra）认为，"知识管理是在日益加剧的不连续的环境变化下服务于组织适应、生存和能力等关键问题的活动，其实质在于，它具体包容了信息技术处理数据与信息的能力以及人们创造和创新的能力有机结合的组织过程。"同时他还指出，知识管理是一个大的框架，在这一框架之下，组织把其所有过程视为知识过程，因而，包括知识的创造、传播、更新和应用等一切商务过程都与组织的生死存亡息息相关。美国德尔福集团创始人之一、企业知识管理咨询专家卡尔·弗拉保罗认为"知识管理就是运用集体智慧提高应变和创新能力"，"是企业为实现显性知识和隐性知识共享提供新的途径"。

知识管理产生于知识经济的大环境，是知识经济增长理论在管理领域的应用。作为经济组织的企业，是由全体员工的知识综合形成的知识活动主体，知识管理的对象是知识和知识活动。知识管理的目标是在企业内促进知识共享、鼓励知识创新，实现知识增值、提高企业的竞争能力。

基本概念　知识管理

> 知识管理就是在组织中建构一个人文与技术兼备的知识系统，让组织中的信息与知识，透过获得、创造、分享、整合、记录、存取、更新等过程，达到知识不断创新的最终目的，并回馈到知识系统内，形成组织的智慧资本，有助于组织做出正确的决策，以应对环境的变化。

（一）知识管理与信息管理

知识管理与信息管理之间既有联系又有区别。

1. 信息管理是知识管理的基础

信息管理理论是知识管理理论的基础，而企业的信息基础设施、信息意识和信息能力是企业知识管理的基础。通过信息管理所进行的信息收集、检索、分类、存储、传输和分析等工作以及所建立的信息网络，有助于知识管理系统的构建，成熟的信息管理的组织系统和控制技术为实质为知识管理实施提供了基础。

2. 知识管理实现了对信息管理的变革与超越

知识管理不同于信息管理的特点在于它不是仅仅侧重于对现有信息的收集与整理,而是更侧重于对于新知识的生产与创造,知识管理除了对显性知识的管理之外,更注重对隐性知识的开发和管理。知识管理的最高目标并非仅在现有知识的组织和系统化,更在于透过现有知识的重组、分析与反省,或与其他新知识产生联接,以达到创新知识、提高知识应用价值的目的。因此,知识管理是对信息管理的变革与超越。

(二) 知识型企业

知识经济对企业的生存和发展模式将产生深远的影响,一种新型的、以知识为主要资源的企业已悄然兴起,这就是知识企业。知识型企业实施知识管理、重视创新研发和学习,以知识产权战略和知识发展战略以及知识运营作为主要发展战略,以知识服务为导向,充分利用和组合先进的技术和管理工具,通过知识服务、创新和各种经营模式创造高附加值的产品和品牌。知识型企业被认为是知识经济条件下最具生命力和推动知识经济发展的核心经济单元。知识型企业具有以下显著特征。

1. 知识型企业大多数是知识型员工

知识的创造、利用与增值,资源的合理配置,最终都要靠知识的载体——知识型员工来实现。在知识型企业中占主导地位的不再是传统的管理者——白领阶层,而是具有创新能力的知识型员工。知识员工追求自主性和创新精神,具有较高的创造性、成就动机,其内在需求逐渐向高层次发展,参与感、自主性增加,知识型员工是企业永不枯竭的生命之源。由于在知识经济时代,知识飞速发展,知识的废旧率和更新速度加快,知识型企业必然将教育与培训贯穿于员工的整个职业生涯,使员工能够在工作中不断更新知识结构,随时学习到最先进的知识与技术,保持与企业同步发展,从而成为企业最稳定可靠的人才资源。培训与教育作为知识型员工不断成长的动力与源泉,因此,学习成为一项持续的修炼活动,教育将贯穿知识型人才一生的工作与生活。

2. 知识型企业的核心活动是学习、研究与开发

企业创新主要包括企业的技术创新和管理创新。技术创新适应并引导着市场需求,决定着企业的业务流程体系和产品的发展方向,是企业赢得市场份额的

根本所在。而企业技术优势的发挥离不开企业管理上的创新。管理创新是企业根据企业经营的内外部环境的变化，根据企业的生产力发展水平，及时调整和优化企业的管理观念和管理方式的过程。知识型企业的竞争优势主要取决于企业的技术优势和管理优势，而不是传统的资源优势和资金优势。知识经济时代企业间的竞争是企业创新能力的竞争，要提高竞争力，企业就必须提高获取知识和有效应用知识的能力，而学习、研究与开发正是获取这种能力的基本途径。知识型企业将学习、研究与开发活动当作企业的核心活动，知识型企业是一个学习型组织。

3. 知识型企业具有高度适应性的组织结构

知识经济对企业的灵活机动性提出了更高的要求。企业按照原有的节奏与原有的流程已经难以适应迅速变化的市场。企业再造成为知识型企业管理的一场革命。企业再造是针对传统的专业分工中只注重于单个作业效率的提高而忽视整体功效的问题，从根本上对原有的业务流程以及相应的管理流程进行重新认识和设计，根据市场需求的特点，再造新的业务流程和管理流程，使产品品质、生产效率以及经济效益获得较大程度的提高。企业再造使得企业内部的业务流程和管理流程进一步合理化，使建立在专业分工基础上的高耸的金字塔式组织结构逐渐地趋向扁平化，管理层次变得相对较少。按照并行工程建立的工作小组或团队组织，打破了以往传统的工种和车间的分工界限。组织结构的柔性化使企业组织中的集权与分权相结合、稳定性与变化性相统一、灵活性与多样性相协调，保证了企业充分地利用资源，为企业提供了对所面临的内外部环境变化的应变能力，从而提高了企业在市场中的竞争力。知识型企业是一个不断创新变革的适应性企业，它的组织结构呈现出扁平柔性的特征。

随着信息技术的高度发达和在企业中的广泛应用，面对日益激烈的市场竞争，企业一方面借助于外部的人才资源来弥补自身智力的不足，并借用外部力量来改善自身较弱的部门的功能，使之与企业其他的优势功能相结合以提高自身的竞争力；另一方面，企业通过与其他相关企业的合作，各自发挥自己的优势，联合开发一种或几种产品并最终把这些产品推向市场，由此，知识型企业呈现出虚拟化的特征，虚拟化模糊了企业的界限、拓宽了企业的管理视野，使企业内外资源相互配合，集成出更大的综合优势，促进了企业的快速发展。

施乐公司的知识管理

施乐公司在80年代就最先建立起基准测试（benchmarking）制度，向其他行业的优秀公司学习，提高了企业的竞争力。进入90年代后，施乐公司又以战略性的眼光，不惜投入，率先建立起较为完善的知识管理体系，展示了企业为迎接知识经济的到来而采取的发展战略。施乐公司在知识管理方面的实践包括：

（1）深入研究知识管理的发展趋势，为此启动了名为"知识创新"的研究工作，这项工作与施乐公司的长期战略，即"提供新的知识产品和服务以满足客户的需要"紧密相连。

（2）设立知识主管。知识主管的主要任务是将公司的知识变成公司的效益，知识主管的作用已大大超出信息技术的范围，进而包括培训、技能、奖励、战略等。因此，企业在设立知识主管时应避免将知识管理视为信息管理的延伸，从而试图把信息主管错误地改为知识主管，因为这将在不知不觉中把知识管理工作的重点放在技术和信息开发，而不是置于创新和集体的创造力上。

（3）建立企业内部网络。施乐公司专门建立了名为"知识地平线"的内部网络。这个网络在1997年11月首次亮相，实况转播了施乐和永安公司联合举办的"知识超越"会议，有1 500—2 000名职工访问了这个网络。将这个网络取名为"知识地平线"的原因是因为这个产业刚刚兴起，社会对知识管理的理解和行动刚刚开始。

（4）建立企业内部知识库。知识库建立在企业的内部网络上，该系统由安装在服务器上的一组软件构成，它能提供所需要的服务以及一些基本的安全措施和网络权限控制功能。员工可以利用该系统阅读公报和查找历史事件，并彼此在虚拟的公告板上相会。该系统解决了公司内部知识共享问题。

（5）对公司智力资源的开发和共享。公司总经理兼执行董事长保罗·阿尔莱尔（Paul A. Allair）认为："知识管理是从强调人的重要性，强调人的工作实践及文化开始的，然后才是技术问题。"为此，公司将人力资源状况存入知识库以方便知识主管及其他管理者对公司员工的管理。施乐公司在内部信息系统上还专开了一个网页,在网页上列出公司每个职位需要技能和评价方式、每个职员可匿名上网,利用该系统对自己的能力做出评价,公司还将员工的合理化建议经过专家评审之后存入知识库中,所有的员工都可以从知识库系统中看到这个建议。

分析提示:

☞ 知识员工的特征有哪些?知识员工的崛起,对管理提出了哪些创新要求?

☞ 在实施知识管理中,人的因素和技术的因素,哪一个更重要?为什么?

☞ 知识主管(知识总监)职责范围是不是局限在信息范围?为什么?在实施知识管理过程中,知识总监的作用有哪些?

三、知识管理的实施

知识管理通过知识共享,运用集体智慧提高应变和创新能力,提升企业的集体智慧,使企业更具环境适应能力和竞争能力,为此,企业必须围绕着知识的生产、反省、共享、传播与创新来实施知识管理,促进知识(尤其是隐性知识)共享、鼓励知识创新、实现知识的增值。

(一)构建企业的知识管理战略

知识管理战略作为一种职能战略,必须与企业的经营战略相一致。传统的经营战略或者以环境分析为依据,以产业(市场)结构分析为基础,知识管理战略强调企业内部条件对于保持竞争优势以及获取超额利润的决定性作用,这就要求企业通过对内部资源、知识、技术进行积累、整合之后,才能获取竞争优势。然而并不是企业所有的资源、知识和能力都能形成持续的竞争优势的,因此企业应分析自身的资源、知识和能力的状况,从全局、最大化企业价值的角度对企业内外知识进行管理。为此企业要考虑应如何获得知识资产,是由企业内部研发还是从外部取得。对于企业内外知识的管理,最重要的是控制企业内外的知识流,从而进行知识转移,同时对转移路径上存在的问题、困难进行管理,实现顺畅的知识共享,并将这些知识在组织层面上沉淀下来,实现知识的创新和增值。知识管理的实施还要考虑知识环境的稳定性,是否需要不断更新并创造新的知识,以及企业希望创造的竞争优势,是低成本优势、差异化优势或者其他优势等。对企业而言,建立在资源、知识和能力基础上的竞争优势与单纯建立在产品和市场定位基础上的竞争优势相比更具有可持续性。构建企业的知识管理战略有利于企业在复杂动荡的市场环境下制定其核心竞争力战略。

(二) 高层领导的支持

知识管理的实施需要高级管理者的支持,尤其是对于那些注重知识转移的知识管理活动而言更是如此。高层管理者提供的支持包括向企业所有员工进行宣传教育,鼓励全体员工参与;提供资金支持和其他需要的资源,动员全组织,从最高管理层到下属部门为知识管理投资,以保证知识管理活动的正常开展;明确对公司最重要的知识类型等。

(三) 构建支持知识管理的组织体系

知识管理具有责任分散的趋向,因此要建立一套有效的组织体系以支持企业的知识管理活动。在这一体系中,一是要有负责知识管理活动的领导人,承担制订管理计划和协调企业的各种知识活动;二是成立专门的小组完成与知识管理活动有关的任务;三是建立扁平化柔性化的组织结构。实施知识管理,不仅带来的是企业技术上的突破和产品的开发,更重要的是包括生产流程、组织结构、市场运作等方面的创新。扁平化柔性化的组织结构以其灵活性和适应性为企业的知识管理和创新活动提供了组织保障。

(四) 开发支撑知识管理的信息技术

迅猛发展的因特网和企业内联网技术为知识的识别、获取和利用提供了强有力的工具。企业应不断开发用于知识管理的数据库系统和其他信息技术,如统一的信息平台、数据库和图书馆等。有一些可以应用于知识管理方面的软件,如 Lotus Notes、Dataware 公司开发的软件包、互联网和企业内部网等;很多公司同时使用多种技术工具,例如美国的国民半导体公司,它们的工程师喜欢用网络,但是市场营销人员喜欢用 Lotus Notes。通过构建支持知识管理的知识体系来建立知识共享机制。"知识就是力量"的更准确的说法是"知识共享就是力量"。个人的或团队的知识转变成组织的知识后,共有的知识经由组织共享并恰当地加以使用,知识才能在组织中流动起来,创造新的知识才成为可能。而信息技术的发展为知识的交流开创了简单快捷的通道,扩大了共享的范围,并极大地降低了传播的成本。

(五)创造有利于知识管理的企业文化

有利于知识管理的企业文化包括:建立新的价值取向来引导知识成为分配最主要的要素;培养高技术产业化的人才群体;树立新的市场观念来适应以"网络经济"为新特点的市场环境和市场竞争;新的企业文化还应培养职业道德、企业荣誉感和团队精神等。

(六)设立知识总监

知识总监的地位居于行政总监和信息总监之间,知识总监与信息总监迥然不同,信息总监只具有监管信息的技术功能,其任务是监督信息技术的采用。而知识总监工作是组织中知识的创造、发现和传播的最大化。知识总监在业务运作过程发挥的作用如同信息总监在技术开发中的作用。最出色的知识总监往往成功地扮演 4 个角色:创业者——愿意支持风险大的新倡议;顾问——能够使新思想与经营需要相匹配;科技专家——对信息技术了如指掌;环境保护专家——能够设计环境和过程来使知识最大化。因此,知识总监应该是具有管理才能的科学家和技术专家。

实践运用

中国联通开放共享的知识库

中国联通与占据国内搜索引擎市场 70% 份额的巨头百度合作,推出了联通企业平台,致力于打造新型的开放知识库,为客户提供通信行业相关知识和手机业务知识的查询。中国联通开放知识库是集业务咨询服务、通信基础知识传播、品牌宣传与客服渠道支撑于一体的开放型知识平台。它改变了传统的客户服务模式,由客服服务客户转变成客户服务客户,即问题来源于客户,解答也来源于客户,是一个全民分享智慧的开放知识平台。借助该平台,不但可以将联通内部的知识开放共享到外部,减少客户咨询客服的次数,减轻人工服务压力,还可以吸收外部关于 App、手机终端等运营商缺失的知识内容,提高客服对相关问题解答能力和知识储备,最终提升客户服务的满意度。

开放共享知识库改变了传统的客户服务模式,创新应用"客户问、客户答"的 UGC(User Generated Content)模式。为了形成客户互助的氛围,中国联通还从社会上招募了几百名专家队伍,鼓励他们对客户问题进行解答。此外,中国联通组建了一支专业的互联网客服团队,负责对网友的答案进行审核。按照严格的多级审核制度对每一个答案进行严格把关,帮助提问的客户过滤垃圾答案,确保答案的正确性。

开放知识库通过创新的模式,主动适应客户的改变,努力让客户体验更好的服务。这种创新的开放思维模式,既有利于满足客户对知识的需求,同时也体现出中国联通以客户为本的服务精神,是运营商在互联网时代对更优质服务的深入理解,也是一次值得倡导、积极大胆的探索尝试。

分析提示:

☞ 中国联通开放知识库在客户服务方面的功能有哪些?对提高企业客户服务有哪些借鉴意义?

☞ 中国联通开放知识库的创新性表现在哪些方面?

第三节 组织学习

学习型组织理论是 20 世纪 90 年代中期的潮流。正如人要学习一样,组织也需要学习,这是组织维持其生存的基本条件。所有组织都在学习,不管它们是否有意识这么做。当然,也有一些组织比其他组织做得更好,比如施乐公司、科宁公司、联邦快递公司、通用电气公司、摩托罗拉公司等。

一、组织学习与学习型组织

（一）组织学习

 组织学习

组织学习（Organizational Learning）是指组织为了实现发展目标、提高核心竞争力而围绕信息和知识技能所采取的各种行动；是组织不断努力改变或重新设计自身以适应持续变化的环境的过程。

"组织学习"一词，最早出现在1953年西蒙在《公共行政评论》发表的《组织的诞生》一文中，西蒙强调了组织重组与发展的过程，即是学习的过程。此后，阿吉利斯、熊恩两人于1978年在《组织学习：行动理论之观点》一书中正式提出组织学习的概念，认为组织学习是组织发现错误并通过新的使用理论进行改造的过程。其他研究者也从不同的角度对组织学习的概念进行了不同的界定，归纳起来主要有以下4个方面的观点：

1. 工具论的观点

工具论的观点认为组织学习是在组织有限理性的限制下，通过认识到环境的不确定和风险性，使得决策行为及信息处理方式发生改变的整体循环过程，即组织学习是组织行为决策改进的主要工具与手段。

2. 系统论的观点

系统论的观点将组织学习看成为组织在竞争发展过程中根据其所获取的有关外在环境的知识与信息，而对组织内部相应活动作出调整的组织活动，组织学习活动的根本目的则在于使组织的输入、产出及环境反应之间保持动态均衡关系。

3. 结构论的观点

结构论的观点认为组织学习与组织结构的改变有关，它是当组织适应内外环境变化时所进行重组结构的活动，由此就产生了组织学习行为。

4. 自我管理的观点

自我管理的观点认为组织学习是组织进行错误检测及矫正的自我规制过

程,它主要包括组织对自己错误进行不断发现、认识、改进并进行规范的自我管理的过程。

系统的、全面的组织学习内涵应该包括以下几个方面的内容:

第一,组织学习与内外部环境密切联系,是组织对内外部环境的及时、快速的学习反应,是与内外部环境互动的一种行为。组织学习只有根据外部环境的变化,调整企业的发展战略和各职能策略,才能确保企业生产和发展,并最终企业持续发展的目的;

第二,组织学习是一个不断发现问题,分析问题和解决问题的过程,即识别错误和纠正错误的过程;

第三,组织学习过程与知识创造、积累与传递密不可分;

第四,组织学习是一个组织系统学习的过程,是一种过程及系列活动的组合;

第五,组织学习包括个人、团队、组织以及组织间不同层次的学习;

第六,组织学习与组织的持续改进、绩效提高以及竞争能力等结果密切相关。

(二) 学习型组织

关于学习型组织的定义,不同学者也有不同的看法。彼德·圣吉认为,学习型组织让人们得以不断突破自己的能力上限,创造真心向往的结果,培养全新、前瞻而开阔的思维方式,全力实现共同的抱负,以及不断一起学习"如何共同学习"。派得乐认为一个学习型组织是指一个激发它所有成员进行学习并不断变革它本身的组织。加尔文把学习型组织指善于获取、创造、转移知识,并以新知识、新见解为指导,勇于修正自己行为的组织。马恰德认为学习型组织是能够有力地进行集体学习,不断提高自身收集、管理与运用知识的能力以获得成功的一种组织。

综合以上观点,我们认为学习型组织应该是通过培养弥漫于整个组织的学习氛围,充分发挥员工的创造性思维能力而建立起来的一种有机的、柔性的、扁平的、符合人性的、能持续发展的组织。学习型组织具有如下特征:与外部环境保持警觉和互动,有共同的愿景;有以参与式作决策的团队,具有学习型的氛围,有持续学习的机会,不仅要重视学习,还要达到目标;组织成员要不断地创新和自我超越,破除个人成见,以整体系统性思考组织的情况。

（三）组织学习与学习型组织的关系

学习型组织与组织学习两者之间有紧密联系，但又有一定的区别，不能混淆两者的概念，组织学习不等于学习型组织。学习型组织是一种理想的组织形态，一种对外界保持高度适应性的具有自我更新能力的组织形态。而组织学习则是一个过程，是一种适应外部环境的过程，或是纠错的过程，或是知识创造的过程，学习型组织则是组织学习的结果，没有组织学习，也就没有学习型组织的建立。所以，任何组织要构建自身的学习型组织，必须要营造良好的学习氛围，进行组织学习。

二、组织学习的类型

（一）学习的层次

从学习的层次来看，组织学习包括组织学习和组织间学习。

1. 组织学习

在学习型组织中，组织学习的主体包括个人、团队和组织，相应地，组织学习可分为个人学习、团队学习与组织学习三个层次。

（1）个人学习。个人学习是通过教育、研究、观察和试验来获取或修正知识、心智模式、技能、习惯或态度，并使之向能力转化的行为过程。对个人学习来说，是从外界接收输入知识信息，经过大脑的加工处理，再向外界输出其反应。

（2）团队学习。团队是面向特定目标和任务的协同工作实体，通常是由不同部门成员组合而成的，它可以随着任务的出现而进行组建，当任务完成的时候，团队自然解散。所谓团队学习就是以团队为主体的，介于个人学习和组织学习之间的一种学习形式。

（3）组织学习。组织学习是一个组织的全体成员在组织运行过程中，通过各种途径和方式，不断从组织内部和外部获取知识，通过跨越组织的空间边界、层级结构的合作、交流而在组织成员间共享知识，从而增加组织知识库的知识积累、提升组织学习能力、带来组织整体行为或绩效改善的持续学习过程。

个人学习与组织学习之间存在着相互影响、相互制约的互动关系,个人学习只是组织学习的必要条件,而不构成充分条件。组织学习是超越个人学习的,有着个人学习所不能及的内容和影响,常常涉及组织设计、管理模式、领导风格,乃至组织的业务流程等方面。在理解两者关系时,必须明确:第一,个体是组织的有机组成部分,但组织不是个体的简单集合,组织学习也不是个人学习的简单累加;第二,个人学习是组织学习重要的前提和基础,只有通过个人学习,组织才能学习,组织学习只能通过个体的学习活动来实现;第三,组织内每个成员都在学习,并不表明组织在学习;第四,组织不只是被动地受个人学习过程影响,而且可以通过组织文化、激励机制、成员互动等主动地影响其成员的学习,在此过程中组织成员实现了知识的内化。

在一个庞大的组织中,将众多组织成员的个人学习整合为组织学习的难度极大,因此需要通过个人与组织之间的桥梁——团队进行运作。因此,在学习型组织中,个人、团队与组织均为学习的主体,个人是组织学习的基础单位,团队是组织学习的基本单位,组织的学习是从个人推进到团队,由团队推进到组织,再由组织反馈到团队和个人的循环,即组织通过群化和融合将个人知识转化为组织知识,个人再将获得的经验,以共享、学习心智模式或技术诀窍的形式内化为个人的隐性知识,在此基础上,再将个人层次上积累的知识转化、融合为组织的知识,从而为组织中的其他成员所学习、掌握,从而开始一个知识创造的新螺旋。在这个上升式的螺旋循环过程中,个人学习是组织学习的起点,团队学习是组织学习的基本形式。组织通过个人、团队而学习,但只有当个人学习成果可以对整个组织或某一部分产生影响时,组织学习才成为可能。因此组织应引导和规范其成员的学习方向与内容,使组织成员的学习朝着有利于组织学习的方向发展。

2. 组织间学习

组织间的学习是非常重要的学习层次。向竞争对手学习,与同行/同业者交流,都是组织间学习的重要方式。马奎特曾提出构建学习型组织5要素,其中的人员要素就谈到了组织间学习:把整个业务链上的利益相关者(领导、员工、顾客、合作伙伴、供应商以及社区等),都视为学习型组织不可忽视的重要角色。客户通过识别需求、接受培训等方式,与学习型组织之间建立联系,构成组织学习系统的一部分。业务伙伴和联盟、供应商和经销商、社区团体等都可以通过与企业分享知识、参与企业的学习项目而获益并有所贡献。很多组织忽视了组织学习和组织间学习,没有把握好学习型组织的这一核心要素。

(二)学习的过程

从学习的过程看,组织学习主要分为单环学习和双环学习。

1. 单环学习

单环学习发生在发现错误和立即纠正错误的过程中。它能够对日常程序加以改良,但是没有改变组织活动的基本性质。单环学习适合于惯例、重复性的问题,有助于完成日常工作。它是一种企业日常技术、生产和经营活动中的基本学习类型。

2. 双环学习

双环学习是指工作中遇到问题时,不仅仅是寻求直接解决问题的办法,而且要检查工作系统、工作制度、规范本身是否合理,分析导致错误或成功的原因。双环学习更多地与复杂、非程序性的问题相关,并确保组织在今后会有更大的变化。双环学习是一种较高水平的学习,它能扩展组织的能力,注重系统性解决问题,适合于组织的变革和创新。它不仅包括在已有组织规范下的探索,而且还包括对组织规范本身的探索。双环学习经常发生在组织的渐进或根本性创新时期。

所有的组织都需要单环学习和双环学习。只不过组织采用不同的创新模式,会选择不同的学习类型。如,组织在根本性创新的过程中,往往伴随着双环学习,这实际上是一个"学习如何学习"的过程,通过反思组织视野、组织学习方法以及学习中的不足,组织得以迅速把握技术机会和市场机会,从而能够不断地以新的产品和服务来为自己赢得生存空间。组织在渐进性创新过程中,单环学习经常是一种主导学习模式,在不改变系统的根本价值观的情况下,监测和纠正错误。

大多数组织进行的是单环学习。当发现错误时,改正过程依赖于过去的常规程序和政策。而学习型组织运用的是双环学习。当发现错误时,改正方法包括组织目标、政策和常规程序的修改。双环学习向组织中根深蒂固的观念和规范提出了挑战,其提出的截然不同的问题解决办法有利于实现变革的巨大飞跃。单环学习是一种适应性学习,双环学习则是一种创造性学习。南西·迪珂辛提出了学习循环过程的4个阶段:

第一,创造——即对知识信息的广泛创造;

第二，整合——是把新的信息整合到组织的情境之中；

第三，诠释——是对信息做出集体的解释和说明；

第四，行动——是授予成员采取可靠的行动。

（三）学习的功能

从组织学习的功能看，组织学习主要有适应型学习、预见型学习和行动型学习等。

1. 适应型学习

适应型学习是指团队或组织从经验与反思中学习。当组织为实现某个特定目标而采取行动时，适应型学习的过程是从行动到结果，然后对结果进行评价，最后是反思与调整。

2. 预见型学习

预见型学习是指组织从预测未来各种可能发生的情境中学习。这种方式侧重于识别未来发展的最佳机遇，并找到实现最佳结果的途径。预见型学习是从先见之明，到反省，然后落实到行动。

3. 行动型学习

行动型学习是从现实存在的问题入手，侧重于获取知识，并实际执行解决方案。它是一个通过评估和解决现实工作中存在的实际问题，更好、更快地学习的过程，即学习的过程就是解决工作难题的过程。学习型组织中的学习，重视学习成果的持续转化，学习的效果要体现在行为的改变上，因此，行动型学习就成为学习型组织创建过程中非常重要的学习类型和学习方法。

三、组织学习的环节和方法

（一）组织学习的环节

无论是单环学习还是双环学习，组织学习都要从信息和知识的搜集、吸收开始，经过传播、扩散到整合、共享，再通过应用、创新到储存、共用这样一个无限循环的过程。这个过程主要包括以下几个环节：

1. 学习准备

这个过程包括：尊重和激发员工、团队的学习愿望，强化学习的动机；识别学习需求、确定学习内容;将学习和变革与发展目标、工作过程有机结合;鼓励员工、团队开展自主性学习等。

2. 信息交流

这个过程可以使员工获得丰富的信息,改善其知识、技能和行为。它需要:营造开放的、协同共享、相互尊重的学习环境;提供信息交流的渠道和方法;开展调查研究,进行深度汇谈。

3. 知识的习得、整合、转换与增值

这个过程是将从各个方面获得的知识进行筛选、整合,应用到工作中。开拓思路、更新观念、创新知识。将学习的成果转换为工作的成果,进而实现创新。

4. 评价与认可

考察学习者的学习活动对工作绩效的改善情况,奖励和认可努力学习或通过学习改进知识、技能、行为的员工和团队。创建学习型组织的核心是实现组织学习,是通过组织学习实现组织知识的创新,这种知识即包括组织的外在,如结构、制度等,更包括组织的文化、组织成员的态度与技能等,也包括组织与组织、组织与成员、成员与成员之间的关系等非物质、软性的资源,而且后者更为重要。

(二)组织学习的方法

迄今为止,最有影响的组织学习方法是彼德·圣吉在《第5项修炼——学习型组织的艺术与实务》中提出的"5项修炼法"。这5项修炼是自我超越;改善心智模式;建立共同愿景;团队学习和系统思考。系统思考是5项修炼的核心,其他几项修炼都必须结合系统思考而进行,因此,圣吉将他的著作命名为《第5项修炼》。

1. 自我超越

自我超越是组织学习的基础。自我,可以是员工自我,也可以是企业的组织自我。通过个人学习,组织才能学习。通过个人的自我超越,才能实现组织的自我超越。自我超越是企业具有自我超越能力的动力。

(1)建立个人愿景。个人愿景是个人渴望达到的愿望景象。在加深个人真正愿景的基础上,客观诚实地面对现实真相,对现实状况要有清晰的了解。当愿望景象和现实状况之间存在一定的差距时,人们就会感到一股创造性张力(愿望－现状＝创造性张力)。为了缓解这股创造性张力,就必须不断地自我超越。

(2) 把"工具性"的工作观转变为"创造性"的工作观。"工具性"的工作观,即把工作作为达到目的的手段。"创造性"的工作观是寻求工作的内在价值。一个员工如果只是把工作看成是谋取报酬的工具,就不可能有极大的创造力。相反,如果他认为工作就是为了发挥自我才能,使生命变得有意义,这样,他就可能具有很大的创造力,他才可能不断超越自我,企业组织才可能不断发展。

2. 改善心智模式

心智模式是人们心中根深蒂固的影响人们如何了解这个世界以及如何采取行动的许多假设、成见,或者图景、印象。心智模式不仅决定人们如何认知周围世界,还影响人们如何采取行动。改善心智模式就是要发掘人们内心世界的图像,使这些图像浮上表面,并严加审视,及时修正,使其能反映事物的真相。改善心智模式的结果是使企业组织形成一个不断被检视、能反映客观现实的集体的心智模式。

(1) 学会首先把镜子转向自己。不能首先把责任推给别人,而必须学会首先把镜子转向自己,看看自己心智模式有哪些不妥的地方,自己不断"照镜子",不断改善心智模式,决策才能避免片面性。

(2) 开放心灵,容纳别人。每个人必须开放自我,与人沟通,在与人沟通中接纳别人的想法,从而改善自己的心智模式。

(3) 利用"情景企划"。情景企划是一群人一起商讨未来的情况可能会如何。在每个人提出的可能性中,其实披露了个人对公司优缺点、对整个大环境的看法,"情景企划"使每个人不同的思考与心智模式表露无遗。通过情景企划,企业组织重新建立一套全新的认知世界的假设。

(4) 行动中反思。即一面行动一面自我反省。反思是放慢思考过程,使人们因而更能察觉自己的心智模式如何形成以及如何影响我们的行动;通过跟他人进行面对面的交流,找出问题的真相。

3. 建立共同愿景

共同愿景,是组织中全体成员的个人愿景的整合。共同愿景由组织的共同目标和价值观组成。建立共同愿景就是建立一个为组织成员衷心拥护,并全力追求的愿望景象。

建立共同愿景的具体方法有：鼓励个人愿景；塑造整体愿景；杜绝官方说法；放弃单一问题的解答；学习聆听；注重奉献、反对顺从；忠于真相，等等。

4. 团队学习

在现代组织中，是团队而不是个人成为基本的学习单位。团队学习的目的是使个人的力量汇集。团队的智商远远大于个人智商，通过团队学习，使个人成长速度更快，而又使集体能形成"整体搭配"，从而发挥整体运作的效应。团队学习的关键是深度汇谈。即团队的所有成员全部谈出心中的假设，真正一起思考。它是自由和有创造性地探究复杂而重要的议题，深度汇谈的原意是思想在人们之间自由流动，就像流动在两岸之间的水那般。它与习惯意义上的"讨论"截然不同。讨论是各自提出不同的看法，并加以辩护。而深度汇谈的目的是要超出任何个人见解，而非赢得对话；如果深度汇谈进行得当，人人都是赢家，个人可以获得独自无法达到的见解。虽然深度汇谈与讨论截然不同，但两者并非完全对立而是互补的。因此，团体学习的修炼必须精于运用这两种不同的团体交谈方式。

5. 系统思考

系统思考是 5 项修炼的核心，其他 4 项修炼都必须结合系统思考来进行。系统思考是"看见整体"的一项修炼，要整体地、动态地、看清复杂状况背后的本质，避免孤立地、静止地、表面地看待问题。以下观点将有助于我们进行系统思考：今日的"问题"来自昨日的"解"；越用力推动，其反弹力越大；恶化之前常先好转；显而易见的"解"常常无效；权宜之计的对策可能比问题本身更糟；欲速则不达；因果在时空上并不紧密相连；寻找小而有效的杠杆解；鱼和熊掌可以兼得；系统具有整体性而不可分割；不要归罪于外。

四、学习型组织的创建

通过组织学习，组织形成一种开放的气度，一种随时适应变化的机制。组织学习使组织具有应变的竞争优势，也产生了一种新的组织形态——学习型组织。它具有以下结构特点：第一，基本结构是"扁平式"的；第二，企业组织的目标不再以"战略规划"为指导，而是由共同愿景驱动；第三，企业组织的决策权不再集中在最高层；第四，企业组织与个人之间不再通过"契约"而是通过"盟约"来联结。

（一）塑造组织学习文化

组织学习文化并非自行生成的。组织要塑造学习文化，首先需要凝聚组织成员的终身学习共识，然后再展开有效的策略与行动，并适时检视成效。组织学习的文化塑造，最终要在组织形成 8 种影响力。

1. 学习力

组织成员对于个人学习、团队学习，以及整体的组织学习，需要具有正确的观念及态度，并能发展出有效率的学习能力，且乐于在组织中进行各种形式与方式的学习。

2. 领导力

组织领导必须支持、倡导并鼓励组织学习的进行，并愿意将组织学习视为组织成员的一项必要工作，而组织领导者亦必须成为组织的学习领导者与组织变革的策动者。

3. 激励力

组织必须采取各种有效的激励方式持续激励组织成员的学习行为与活动，激励方式必须结合组织成员的实际需要，促使每一个成员能真正成为组织学习的行动者与拥护者。

4. 沟通力

组织学习文化的发展，有赖于组织沟通机制的完善，组织应该理顺内部关系，建立健全沟通机制，完善内部的沟通渠道，并在此基础上，培养成员的沟通习惯，提高成员的沟通技巧。

5. 凝聚力

组织的凝聚力，对于组织学习文化的发展，具有关键性的影响。这种组织的凝聚力，包括愿景的凝聚、团队学习的凝聚、团队默契的凝聚、组织成员的向心力与团队合作精神的发挥等。

6. 创新力

组织要不断创新并持续改善，必然要开展组织学习；组织学习的实践和成效，也必然推动组织的创新。作为组织学习文化的重要影响力，学习力与创新力是相辅相成的。创新力是学习型组织的动力来源，以学习力提升创新力，以创新力增强组织发展力，组织创新有助于塑造组织的学习文化。

7. 参与力

组织学习文化的塑造与发展,是在团体积极参与中逐渐形成的。在此过程中,需要全体组织成员的积极参与,否则,只是凭靠组织中部分成员的努力,则难以塑造出组织的优质文化。

8. 执行力

组织学习文化的塑造,亦是一种组织变革行动,而任何组织行动,均涉及组织的执行力,倘若组织只是具有宏远的目标与策略,但缺乏执行力,则一切的改革将毫无意义可言,且无成功之时。

学习力是其他组织学习文化塑造力的基础与核心,倘若组织缺乏学习力,则组织的发展将产生停滞现象。领导力、激励力、沟通力与凝聚力的推进,需要组织领导者应时时检视与反省;而学习力、创新力、参与力与执行力的发展,更需整体组织总动员,方能奏效。

实践运用

莱钢的学习型班组

在学习型组织的创建过程中,莱钢始终坚持从基础抓起,基础从班组抓起,经过多年探索,总结出"学习是基础,改善心智是关键,创新是核心,持续发展是目的"的"学习型组织莱钢化"创建模式及方法。

莱钢用"学习工作化、工作学习化"的学习新理念,引导员工全面学习和体验学习型组织的基本理论,形成了学习理论、运用理论、创新理论的良好环境,在班组中积极开展技术比武、岗位练兵、深度汇谈、每日一题、轮流讲课等活动。职工养成了善于思考问题、发现问题、解决问题的习惯,思维方式和工作方式发生了根本变化,业务技能提高,逐步由实干型向知识型转变,由单一型向复合型转变。

莱钢大力提倡"人人可以创新,事事可以创新,时时可以创新,创新存在于细节处,创新在于问题中"的创新理念,把解决实际问题作为创建工作的切入点,应用问题管理法,进行深度汇谈,分析现状,找出不足,设计和创新符合班组实际、符合学习型组织理论要求的创新载体,形成了全员、全过程、全方位创新的局面。

> 莱钢积极构建班组自主管理网络,班组成员积极参与班组管理,改变了过去只有班长一人管理班组的状况,人人参与班组管理,人人关心班组荣誉。
>
> 通过创建学习型班组,统一了班组的核心价值观,形成了完善的班组愿景体系,各班组自觉对照愿景,维护愿景,在实践愿景中把职工凝聚起来。各班组形成了凝聚人心的班组文化,班组发动职工参与班组文化建设,设计班组方针、服务承诺、工作理念、职业道德等富有特色的班组文化,对班组成员产生了强大的激励和凝聚作用,成为莱钢班组建设一道亮丽的风景线。
>
> **分析提示:**
> ☞ "莱钢化"学习型组织的特点是什么?
> ☞ 您如何理解"创新存在于细节处,创新在于问题中"?莱钢的问题管理法对管理创新有何启示?

(二) 构建学习型组织的系统

学习型组织的构成比较复杂,它由不同的子系统相互作用、相互影响,最终形成了一个有机的整体。那么学习型组织有哪些构成系统呢?

1. 领导和管理

在学习型组织中,领导者和管理者一般应通过以下五种方式达到支持个人和小组学习和发展的目的:建立学习行为的榜样;提供有利于学习的系统;鼓励员工创造新思想;确保知识和学习的传播;共享领导。

领导者对促成学习型组织的建立发挥着广泛的作用。因此,在学习型组织中,领导者首先必须不断地学习,其次是要有促进组织成员及整个组织学习的观念和行动。

2. 员工行为

改善员工行为包括建立组织共享的心智模式、价值观和员工的行为标准。首先要帮助员工树立正确的价值观;其次要求必须支持和鼓励学习和创新能力,鼓励员工的不耻下问以及员工之间互相进行交流;最后要在员工中提倡冒险精神和勇于实践的行为,允许员工犯错误,并把错误看成是最好的学习机会。

3. 知识交流系统

自由、开放的知识交流系统至关重要,它不仅能够创造有用的知识,使员工接触到战略信息,而且有利于在组织内传播,促进员工相互支持。

4. 组织结构

组织结构阐明组织内各项工作如何分配,表明组织内各部分的排列顺序、空间位置、聚散状态、联系方式等,是组织内各成员的互动模式。学习型组织的组织结构应克服组织内部部门划分的障碍,有利于跨部门、跨组织的工作和学习。学习只有在开放的环境下才能进行,因此组织结构的设计应有利于跨部门、跨组织的学习。

5. 支持系统

作为组织发展的知识器官,良好的业绩支持管理系统,能够跟踪员工个人的发展,从而确定员工有待发展的领域。

6. 技术

在学习型组织中,技术是至关重要的,它能改变工作和学习的方式,促进组织的学习。

上述六个子系统是相互影响、相互作用的,他们是有机的整体,是构建学习型组织的基础,缺一不可。

(三) 提升组织学习的能力

美国学者瓦特金斯与马席克提出了创建学习型组织的 7C 模型,7 个 C 是为有计划地考核组织的学习能力的成长而设计的,成为学习型组织是否建成的检查体系。

1. 持续不断的学习(Continuous)

持续不断的学习是系统地组织学习,而不是临时、突击性地进行。组织应根据组织需求,系统安排成员的培训;培训应结合实际工作中的问题;除了正规的脱产学习之外,组织可以通过其他各种方法,使员工和管理人员在工作中学习,如:工作轮换、设置助理职务、临时职务代理、设计具有挑战性的工作等。管理人员应既是学习的支持者,又应该成为学习的教员。

2. 亲密合作的关系(Collaborative)

亲密合作的关系是指通过共同学习,把组织成员成功地团结起来。建立亲密合作的关系应该是:

(1) 提倡共同学习。把个人学习与团队学习结合起来,通过共同学习,使成员学到共同合作的方法,提高完成共同目标的能力,特别是当纠纷发生时,避免相互之间推诿责任。

(2) 鼓励探讨和交流。在探讨和交流中,成员之间相互学习,促进了经验和知识的共享,超越了职能部门的壁垒,使组织构建起新的系统能力。

3. 彼此联系的网络(Connected)

要实现亲密的合作关系,组织必须建立具有高度互惠关系的组织结构,在这样的组织结构网络里,组织内的每一个部分都可能有效地结合起来。

(1) 建立"联机处理"。组织学习的作用在于把学习组合到组织之中,与人共享,使每一个人能够把学习到的东西得以推广。要实现这一目标,依靠成员的"人间交换",其效率是极其有限的,不能消除那些原来只作为个人自己的诀窍的保守行为。信息技术可以帮助企业建立一种高效率的技术模型,从而把学习纳入组织的"联机处理",使组织成员把学习到的东西积存在组织中,提高形成产生新的设想的组织能力。

(2) 建立共同的利益机制。一个优秀的组织应当不只是提供高质量的产品和服务,还应当把重点放在向员工提供高质量的劳动生活上。在学习型组织中,应该建立一种组织成员之间相互长期互惠的联系,使人们感到他们并不是为了短期性利润(或个人的经济利益)而是为了长期性的目标(包括个人的长期发展)而工作,这就需要组织学习型组织建立这么一种组织结构,保证成员的努力与其工作和生活的质量的联系。学习型组织还应该致力于建立组织与环境的依存共生关系,改善企业的外部社会环境,承担企业的社会责任,这最终也改善了人的生存环境。

4. 集体共享的观念(Collective)

亲密的合作关系和彼此联系的网络,都必须建立在集体共享的观念的基础上。集体共享观念的建立关键在于建立共同愿景。

(1) 个人愿景的提升。个人愿景是个人学习的最初动力。学习型组织的领导应该积极帮助成员设定个人目标,重视提升他们追求自我愿景的能力。

(2) 个人愿景的整合。学习型组织的领导还应该将个人愿景整合为组织的共同愿景,支持成员去创造整个组织所信仰的共同愿景,使共同愿景成为全体成员的鼓舞力量。

5. 创新发展的精神(Creative)

学习型组织理论把创造性定义为新的方法思考,它典型地表现为使自己的顾客满意时的方法。只有有了创造性，才能超越种种界限把组织调动起来，导向没有想象过的未来。创造性可以从以下标准来测定，即：周密性（构思的详细和推敲程度）、独特性（概念的独创性）、纯粹性（创造性思考的绝对量）。组织学习系统的创造性，可以从以上三个标准验证。

6. 系统存取的方法(Captured and Codified)

系统存取的方法就是通过系统地建立制度、计划和信息系统，使组织成员能够有效地存储、获取和共享学习资源。通过构建制度和政策，保证学习能够持续不断地进行。建立员工合理化建议制度、领导班子议事制度；成立专门的委员会和工作小组，加大对组织学习和研究开发工作的领导力度；把对个人的能力开发计划纳入组织计划之中；明确各个成员的职业生涯的开发以及为此而必须的培训计划；保证组织内的电子信息系统和其他交流系统能够应用与组织学习。

7. 建立能力的目的(Capacity building)

组织学习的目的在于全面整合和提升组织变革的能力，使组织能够具有不断适应突破生存变局，勇于变革，善于变革，持续发展。为此组织必须：加大对教育培训的硬件投资；保证研究开发所必需的资金；加强组织文化建设，将学习、研究与开发活动当作企业的核心活动，形成倡导学习和研发、鼓励组织变革和创新的组织文化氛围。

【创新视频】

通过自我批评学习；
通过信息反馈学习；
通过交流共享学习。
——微软学习三理念

观看光盘视频《微软的组织学习》，思考讨论：微软组织学习的特点是什么？微软组织学习的理念和经验对我们开展组织学习有何借鉴？

第四章 管理方式创新

我们无法驾驭改变,只能走在变革之前。

——彼得·德鲁克

市场上只有供应链而没有企业,21世纪的竞争不是企业和企业之间的竞争,而是供应链和供应链之间的竞争。

——克里斯多夫

随着由工业经济时代进入知识经济时代,企业组织内外环境发生了许多深刻的变化,面临许多前所未有的新情况、新问题。工业经济时代以亚当·斯密的分工理论为基础,以泰罗科学管理为核心的管理理论和管理模式越来越不能适应瞬息万变的市场经济条件下的竞争环境,越来越不能适应生产力发展的需要。经济学家、管理学家、企业家都在孜孜不倦地研究、探索,以寻找一种能适应时代发展要求的新的管理理论和管理模式。正是在这样的时代背景下,出现了许多全新的方式。

第一节 企业再造

企业再造是 20 世纪 90 年代在美国出现的关于企业经营管理的一种新的理论和方法。美国管理学家迈克尔·哈默和詹姆斯·钱皮对企业再造的定义中含着 4 个关键词：根本的、彻底的、显著的、流程。企业再造的基本对象是流程；企业再造的相关对象包括 IT 系统、组织结构等；企业再造的目标是显著提高企业绩效；企业再造的途径是根本的、彻底的变革。

> **基本概念　企业再造**
>
> 企业再造（Business Process Reengineering，BPR）是指对企业流程进行根本性的再思考和彻底性的再设计，以便在成本、质量、服务和速度等衡量企业绩效的重要指标上取得显著性的进展。

一、企业再造理论产生的背景

（一）外部环境的挑战

20 世纪六七十年代以来，信息技术革命使企业的经营环境和运作方式发生了很大的变化，企业面临着全新的挑战，这种挑战主要来自以下三个方面。

1. 顾客（Customer）

买卖双方关系中的主导权转到了顾客一方。竞争使顾客对商品有了更大的选择余地；随着生活水平的不断提高，顾客对各种产品和服务也有了更高的要求。

2. 竞争（Competition）

技术进步使竞争的方式和手段不断发展，发生了根本性的变化。越来越多的跨国公司走出国门，在逐渐走向一体化的全球市场上展开各种形式的竞争。

3. 变化(Change)

随着市场需求日趋多变,产品寿命周期的单位已由"年"趋于"月",技术进步使企业的生产、服务系统经常变化,传统的企业经营管理模式已无法适应快速变化的市场。面对这些挑战,企业只有在更高水平上进行一场根本性的改革与创新,才能在低速增长时代增强自身的竞争力。

由于这三个方面的英语单词都是以 C 开头,所以又称 3C。这些挑战使得市场也由原来供不应求的卖方市场转向供过于求的买方市场,因此企业越来越注重顾客满意度。面对这些挑战,企业必须站在企业外部审视现有流程的问题,在更高水平上进行一场根本性的变革与创新。

(二)内部科层化的弊端

外部市场环境变化多端,而企业内部的科层化阻碍着企业的成功运作。一个刚成立的企业总是充满活力的,随着企业经营走上正轨,企业中人与人之间、部门之间的关系逐步稳定,管理者的权力开始相对固定,人们的正常工作变成例行公事,企业在人们的惰性之中不知不觉变成一个官僚机构,这就形成了企业内部的科层化。科层化是企业发展的必然产物,它使企业失去了变革的勇气和创新的活力,基于传统分工理论的科层制度给企业带来了以下弊端:劳动分工提高了劳动生产率,却使管理成本日益增高;"金字塔"式的科层组织结构,使管理效率严重降低;由于没有任何人经历并全程负责整个流程,各职能或生产部门的人员通常只对所在部门负责,从而使部门间冲突、部门内员工冲突不可避免;由于产品或服务涉及众多活动和人员,出错几率大;传统企业组织形态和管理模式体现了生产主导型而非客户主导型的经营倾向,缺少创新意识。所有这些弊端要求在管理理论和方法上变革,使企业适应新的买方市场环境,企业再造理论便应运而生。

二、企业再造的核心思想

(一)以顾客为导向

传统的分工理论将完整的流程分解为若干任务,并把每个任务交给专门的人员去完成,在这种思想的影响下,工作的重点往往会落在任务上,从而忽视了最终的目标——满足顾客的需要。再造恢复了流程的整个面貌,带来的直接好处就是使每位负责流程的人员充分意识到,流程的出口就是向顾客提供较高的价值。

(二) 以员工为中心

企业再造将直接导致组织结构发生变化,扁平化成为替代传统的金字塔形结构的新模式,再造后的企业主要以流程小组为主。小组中的成员必须是复合型的人才,需要具备全面的知识、综合观念和敬业精神,这一客观要求推动员工不断学习,实现挑战性的目标。

(三) 以流程为对象

企业再造强调管理要面向业务流程,将决策点定位于业务流程执行的地方,在业务流程中建立控制程序。从而大大消除原有的各部门间的摩擦,降低管理费用和管理成本,减少无效劳动和提高对顾客的反应速度。

(四) 以效率和效益为目的

重组流程可推动企业生产效率和效益的提高,例如,IBM 信贷公司通过重组流程减少了 9 成的作业时间,并大大降低了人工成本,而且增加了 1 倍的业务量。

(五) 以现代信息技术为基础

企业再造的应用应是发挥信息技术的优势,由信息流取代物流,在企业中间层管理上采用信息技术,使决策层与操作层之间的信息更加流畅。特别是中层管理中部分数据统计与分析工作完全可由计算机所替代;同时,由于信息技术的采用,有效地改变了企业管理与作业方式,使企业大幅度地提高管理效率。

三、企业再造的实施

(一) 实施的程序

企业再造就是重新设计和安排企业的整个生产、服务和经营过程,使之合理化。通过对原来生产经营过程的各个方面、每个环节进行全面的调查研究和细致分析,对其中不合理、不必要的环节进行彻底的变革。

1. 分析诊断

根据企业现行的作业程序,绘制细致、明了的作业流程图。一般地说,原来的作业程序是与过去的市场需求、技术条件相适应的,并由一定的组织结构、作业规范作为其保证的。当市场需求、技术条件发生的变化使现有作业程序难以适应时,作业效率或组织结构的效能就会降低。可以从以下三个方面分析现行作业流程的问题:

(1) 必要性。随着技术的发展,原来的作业流程或者变得支离破碎,增加管理成本,或者核算单位太大造成权责利脱节,所有这些都会造成组织机构出现功能障碍,制约企业的发展。对原有流程进行全面的功能和效率分析,发现其存在问题,这是进行流程再造的必要性分析,是整个流程再造的出发点。

(2) 重要性。不同的作业流程环节对企业的影响是不同的。随着市场的发展,顾客对产品、服务需求的变化,作业流程中的关键环节以及各环节的重要性也在变化。

(3) 切入点。根据市场、技术变化的特点及企业的现实情况,分清问题的轻重缓急,找出流程再造的切入点。为了对上述问题的认识更具有针对性,还必须深入现场,具体观测、分析现存作业流程的功能、制约因素以及表现的关键问题。

2. 设计评估

为了设计更加科学、合理的作业流程,必须群策群力、集思广益、鼓励创新。在设计新的流程改进方案时,可以考虑:将现在的数项业务或工作组合,合并为一;工作流程的各个步骤按其自然顺序进行;给予员工参与决策的权力;为同一种工作流程设置若干种进行方式;工作应当超越组织的界限,在最适当的场所进行;尽量减少检查、控制、调整等管理工作;设置项目负责人(Case Manager)。

在此基础上提出的多个流程改进方案,并从成本、效益、技术条件和风险程度等方面进行评估,选取可行性强的方案。

3. 全面规划

制定与流程改进方案相配套的组织结构、人力资源配置和业务规范等方面的改进规划,形成系统的企业再造方案。企业业务流程的实施,是以相应的组织结构、人力资源配置方式、业务规范、沟通渠道甚至企业文化作为保证的,所以,只有以流程改进为核心形成系统的企业再造方案,才能达到预期的目的。

（1）设定基本方向。设定基本方向指设定流程改造的总目标、总方向、总思路，以免多走冤枉路，浪费资源。这是再造流程的第一个步骤，具体包括如下一些工作：明确组织战略目标，将目标分解；成立流程再造的组织机构；设定改造流程的出发点；确定流程改造的基本方针；给出流程改造的可行性分析。

（2）现状分析并确认改造目标。对现有流程、外界环境、顾客、组织核心能力等状况进行深入细致的调查分析，寻找问题之所在，以便设定具体的改造目标及标准。具体包括如下一些工作：组织外部环境分析；顾客满意度调查；现行流程状态分析；改造的基本设想与目标；设定改造成功的判别标准。

（3）确定再造流程的具体方案。具体的流程改造方案可行与否很大程度上决定了流程改造的成功与否，具体的方案涉及以下一些工作：流程设计创意；流程方案设计；改造的基本路径确定；设定先后工作顺序和重点；宣传流程再造；人员配备。

（4）制定解决问题的计划。这是流程再造的辅助性步骤，主要是制订一个对近期问题解决的计划，以便在再造流程的过程中解决一些近期问题，从而使组织员工可以看到改革的效果。要挑选出近期应解决的问题；制定解决此问题的计划；成立一个新小组负责实施。

（5）制订详细的再造工作计划。当改造方案设定并通过后，需要有一个详细的工作计划，其中包括如下要点：工作计划目标、时间等的确认；预算计划；责任、任务分解；监督与考核办法；具体的行动策略与计划。

4. 组织实施与持续改善

实施企业再造方案，必然会触及原有的利益格局。因此，必须精心组织，谨慎推进。既要态度坚定，克服阻力，又要积极宣传，形成共识，以保证企业再造的顺利进行。

（1）实施再造流程方案。这一步骤就是具体展开流程再造的工作，这些工作有很多，是完成流程再造的关键。这些工作主要有：成立实施小组；对参加改造人员进行培训；全体员工配合；新流程实验性启动、检验；全面开展新流程。

（2）继续改善的行动。流程改造后，还要对改造的流程进行修正、改善等工作，以保证新的流程全面达成改造的预定目标，使组织的核心能力有所增强，使组织的效率大大提高。这一步骤包括以下一些主要的工作：检测流程运作状态；与预定改造目标进行比较分析；对不妥之处进行修正改善。

（二）实施的策略

1. 围绕最终结果而非具体任务来实施再造工作

过去的工作设计思想是围绕任务来设计员工的工作，如根据产品的采购任务而设立采购岗位，根据产品的外观设计而设立设计人员岗位。而流程再造却主张围绕某一个特定产品，由一个人或一个小组来完成原料采购、设计、制造、包装、推广等全过程中的所有步骤，其组织结构应该以产出为中心，而不是以任务为中心。因此，流程再造的企业组织结构应该以产出为中心，而不是以任务为中心。

2. 让后续过程的有关人员参与前端过程

企业再造理论把企业的内部或外部的业务流程看成一条有机结合、环环相扣的链条，下一道工序的生产者对前一道工序的产出质量最有发言权。如果让后续过程的有关人员参与前端过程，对产出品的生产质量、交货时间、技术规格等方面提出建议或者要求，将有助于两道工序之间的信息交流、工作衔接，最终有利于产品质量的提高。

3. 将信息处理融入产生该信息的实际工作中去

过去大部分企业认为低层组织的员工没有能力处理自己产生的信息，因此都建立了专门的信息收集和传输部门。这些部门只负责搜集别的部门产生的信息。按照价值链的观念，这种部门对企业的最终产出的增值贡献很小，应该予以撤销。而今随着 IT 技术的运用和员工素质的提高，信息处理工作完全可以由一线员工自己完成。

4. 将地域上分散的资源集中化

集权和分权的矛盾是长期困扰企业的问题，集权的优势在于规模效益，而缺点是缺乏灵活性；分权，即将人、设备、资金等资源分散开来，能够满足更大范围的服务，却随之带来冗员、官僚主义和丧失规模效益的后果。有了数据库、远程通信网络以及标准处理系统，企业完全可以在保持灵活服务的同时，获得规模效益。

5. 将平行工序连接起来而不是集成其结果

推进并行工程有两种形式：一种是各独立单位从事相同的工作；另一种是各独立单位从事不同的工作，而这些工作最终必须组合到一起。新产品的开发就属于后一种的典型。并行工作的好处在于将研究开发工作分割成一个个任务,同时进行,可以缩短开发周期。但是传统的并行流程缺乏各部门间的协作,因此,在组装和测试阶段往往会暴露出各种问题,从而延误了新产品的上市。通过各项信息技术,如网络通信、共享数据库和远程会议,企业可以协调并行的各独立团体的活动,而不是在最后才进行简单的组合,这样可以缩短产品开发周期,减少不必要的浪费。

6. 决策点下移并将控制融入过程

在大多数企业中,执行者、监控者和决策者是严格分开的。传统的管理思想认为一线员工既没有时间也没有意愿去监控流程,同时他们也没有足够的知识和经验去做出决策。而今,信息技术能够捕捉和处理信息,专家系统又拓展了人们的知识,于是一线工作者可以自行决策,在流程中建立控制,这就为压缩管理层次和实现金字塔式组织结构向扁平组织转变提供了技术支持。

7. 在源头获取信息

具体地讲,就是旧流程中的信息要在不同地方由不同人员进行多次输入,结果往往产生同一个数据有不同值的数据失真的情况。如今,在企业规划和建立新的业务流程时,可以利用大型数据库和网络平台建立一次性处理和共享机制,实现信息的一次输入、多次读取,最终实现信息从以往的纵向传播转向纵横向的结合传播。

小资料:企业实施流程再造的成功范例

IBM信贷公司通过对提供融资服务过程的改造,利用专家系统,将每个融资申请的处理时间缩短了90%(由原来的7天减少为4小时),大大提高了工作效率和顾客满意度。柯达公司对新产品开发流程实施再造,结果把35毫米焦距一次性相机从概念到产品生产所需要的开发时间一下子缩短了50%,从原来的38周降低到19周,一次性相机的工具设备和制造费用也由此降低了25%。波音公司通过实施"企业再造"方案,一架波音737飞机的生产周期由原来的13个月减少到6个月,经营成本也降低了20%—30%。American Express(美国运通公司)通过再造,每年减少费用超过10亿美元。德州仪器公司的半导体部门,通过再造,对集成电路的订货处理程序的周期时间减少了一半还多,提高了顾客的满意度,由最坏变为最好,并使企业获得了前所未有的收入。

四、企业再造实践的突破

通过企业再造，使得新流程的目标与外部顾客的目标相一致，使外部顾客的需求得到满足；而新流程的目标与内部顾客的目标相一致，就消除了本位主义，省去了在职能部门之间转移等待的时间而大大提高流程的效率；流程的组成人员为共同的目标和顾客密切合作，提高了产品改进特别是创新的可能性，同时也提高了满足顾客的灵活性。因此再造工程在欧美的企业中受到了高度的重视，因而得到迅速推广，带来了显著的经济效益。

企业再造最终能够获得成功还要取决于两个因素。一是要依靠有效的团队，企业再造的过程中会遇到各种各样的阻力，包括来自员工个人、组织群体和社会等方面，克服这些阻力是企业再造的关键性要素。通过建立高效率的团队，可以加强个体之间的沟通，引导员工朝着共同的目标努力，从而彻底消除企业再造过程中的障碍。二是需要有魅力的领导，约翰·科特认为，企业再造失败在很大程度上是由于领导和组织上的不得力。因此，魅力型领导最适合担当这个重任。由于下属对领导者的能力和品德的崇拜而愿意接受魅力型领导的指挥，而这类领导者又往往不拘泥于理性和传统，所以会成为推动变革的主要力量。

在企业再造的过程中，失败的例子比比皆是。这样的现实无疑激发了哈默的重新思索。在《企业再造》出版后3年，哈默又出版了《超越再造》，这是哈默在再造理论席卷全球、喜忧参半的情况下所做的全新思考。应该说，失败并不是由理论本身造成的，而在于企业实施再造的过程中忽视了一些相匹配的因素。

小资料：对流程再造的质疑

1993年，麦肯锡咨询公司对流程再造提出质疑。他们调查了20个流程再造项目，统计结果显示成功率为40%；后来，英国的FCD调查机构调查了全球600个流程再造项目，结果是22%的企业有效，78%的企业则效果不明显，部分甚至是负效益。

哈默起初提出的企业再造,是指企业流程再造(也称业务流程重组)。通过对流程的重新设计,使企业更加迅速和灵活地应对市场变化,激发和增进企业的竞争力。自从20世纪90年代初哈默提出业务流程再造的思想以来,业务流程再造的内涵得到了深层次的延伸,企业再造贯穿于企业的各个环节、各个方面,从原先单纯针对企业内部流程再造转变为与经营战略集成、企业能力再造、企业文化再造相结合对企业进行整体的再造,并随着企业的发展进一步延伸至对企业外部业务网络再造。因此,作为一个新的管理理论和方法,企业再造仍在继续发展之中。

(一)业务流程再造与经营战略

早期的业务流程再造理论并没有考虑业务流程再造与企业经营战略之间的关系,甚至根本没有考虑组织的战略方向,这往往会导致业务流程再造的失败。有学者认为将再造只用于战术层次,而没有考虑战略层次是导致再造失败的重要原因。事实上,企业组织的经营战略能给再造的实施提供方向上的指导,而且组织资源的分配与其企业再造之间存在着密切联系。企业应以战略的眼光,从企业内、外部资源的角度,而非像过去从产品的角度选择业务流程再造项目。因而,以企业经营战略指导业务流程再造是未来流程再造发展的趋势。

(二)从业务流程再造到企业能力再造

过去许多企业将业务流程再造作为一个项目来对待,当项目完成后,组织又恢复到原来的状态。实践证明应该避免这种错误的观点,BPR必须成为21世纪企业的核心能力,成为一种企业的决定力量。目前,企业界和理论界正在关注对后流程再造(post-BPR)的管理,包括组织如何管理再造的结果、如何管理再造对企业带来的影响等,这就要求不仅仅要对业务流程进行再造,更需要对企业的各种能力进行再造,通过培育企业的核心竞争能力并保持持续的竞争优势来使绩效获得显著性改善。

(三)从业务流程再造到企业文化再造

业务流程再造的失败往往来自企业文化的阻力,企业经常过分满足于渐进式变革所取得的成果,而无法将此成果全面扩展。在以新流程为导向的组织中要求员工以团队的形式工作、被充分授权、掌握多种技能、报酬与顾客满意度密切相关,这种转变意味着对围绕工作设计组织结构的传统观念进行挑战,但由于流程再造往往忽略人的因素,没有对员工的动机、态度、技能、知识和工作时间进行及时转变,从而缺少组织文化模式转换的相应配合,导致企业再造难以达到预期效果。因此,业务流程再造不应该仅仅再造流程的运作方式,更应该强调再造中文化模式的重要性,改善再造管理人员和其他员工的思想和工作方式,使其以积极的态度参与到业务流程再造中来。

(四)从内部流程再造到外部业务网络再造

由于企业外部市场环境的快速变化以及信息技术的发展,现代企业超越了传统企业组织的边界,延伸到顾客、供应商和联盟合作伙伴,形成了将企业内、外业务进行全面整合及有机运行的业务网络。网络中的每个成员企业提供不同的业务流程服务,通过网络的不断重构对满足顾客要求的每一个商业机会进行管理。由于顾客角色的转变,企业只有与顾客、供应商密切联系并共同工作才能确定顾客需求的产品和服务。这就要求企业不仅要对内部业务流程进行再造,也要对外部业务网络进行持续的再造以创造出业务上的战略优势。

实践运用

海尔的企业再造

1998年的海尔,已经实现了销售收入超100亿元。海尔开始考虑实施国际化战略,但是,海尔同国际大公司之间还存在很大的差距。在企业再造前,海尔是传统的事业部制结构,集团下设6个产品本部,每个本部下设若干个产品事业部,各事业部独立负责相关的采购、研发、人力资源、财务、销售等工作。1999年,海尔在全集团范围内对原来的业务流程进行了重新设计和再造,并以"市场链"为纽带对再造后的业务流程进行整合。

海尔的再造方案,将原来各事业部的财务、采购、销售业务分离出来,实行全集团统一采购、营销和结算。将集团原来的职能管理部门整合为创新订单支持流程 3R(R&D——研发、HR——人力资源开发、CR——客户管理),和保证订单实施完成的基础支持流程 3T(TCM——全面预算、TPM——全面设备管理、TQM——全面质量管理)。推动整体业务流程运转的主动力不再是过去的行政指令,而是把市场经济中的利益调节机制引入企业内部,将业务关系转变为平等的买卖关系、服务关系和契约关系,将外部市场订单转变为一系列的内部市场订单。

海尔的OEC管理模式为再造工程提供了保障。OEC是Overall Every Control and Clear的英文缩写,O即Overall——全方位;E即Every(one,day,thing)——每人、每天、每件事;C即Control and Clear——控制和清理。OEC的含义是全方位地对每人、每天所做的每件事进行控制和清理,做到"日事日毕,日清日高"。

通过再造,海尔的交货时间降低了32%,到货及时率从95%提高到98%,出口创汇增长103%,利税增长25.9%,应付账款周转天数降低54.79%,直接效益为3.45亿元。

分析提示:

☞ 海尔公司在1999年实施再造前采用的是什么类型的组织结构?这种结构的弊端是什么?

☞ 海尔公司再造后的3R与3T流程与传统的组织结构相比较,在业务流程方面有何差异?

☞ 请查阅文献,总结海尔公司的OEC管理模式,并说明这种模式的管理意义。

☞ 请总结海尔公司再造的实效,并分析说明再造工程的管理价值。

第二节 标杆管理

标杆管理,又称基准管理,是20世纪70年代末兴起的一种新型管理方法。美国生产力与质量中心对标杆管理的定义是:标杆管理是一个系统的、持续性的评估过程,通过不断地将企业流程与世界上居领先地位的企业相比较,了解其产品、服务或流程方面的行业最高标准,以获得帮助企业改善经营绩效的信息。

标杆管理不仅是组织和企业寻求变革的前奏,还是帮助企业获得世界一流的竞争力的力量和源泉。

一、标杆管理方法的形成和演变

基本概念　　标杆管理

标杆管理就是确立一个具体的先进榜样,解剖它的各个指标,不断向它学习,发现并解决自身问题,最终赶上和超过它的这样一个持续渐进的学习、变革和创新过程。

标杆管理的思想可以追溯到 20 世纪初泰勒所倡导的科学管理理论,当时泰勒提出要通过动作研究来确定工艺流程和设备操作、具体工作动作的最佳做法,并要求管理者通过制定定额、制定管理制度来将这种最佳做法标准化、制度化,以使其成为进行科学管理的依据。相比"科学管理"仅仅停留在生产操作层面上而言,真正意义上的最早的标杆管理活动是在企业层次开始的。在企业层次,标杆管理基本上经历了一个循序渐进、不断深入和提高的发展过程。

(一) 竞争产品的比较

第一个阶段为进行竞争产品的比较阶段。大约从 20 世纪 70 年代初开始,长期处于领先地位的美国企业,产品和市场受到了来自竞争对手的挑战。美国企业发现自己所生产的产品在功能、质量和使用方便性等方面都不如日本企业的产品好,于是他们便开始了以瞄准竞争对手产品、拆解竞争对手产品为基本做法,以赶超竞争对手为主要目标的比较、复制和学习过程。应该说这一过程日本和欧洲从 60 年代就已经开始了。例如,丰田公司所开发的"准时生产"技术,是基于分析和改进大型超市的供应链管理技术之后形成的。

(二) 工艺流程的标杆管理

第二个阶段为进行工艺流程的标杆管理阶段。大约从 20 世纪 70 年代中期,许多美国企业发现拆解竞争对手的产品也不能解决问题,关键的问题是在生产工艺流程方面和竞争对手差距太大,而这些方法的差距是无法通过产品的拆解所能弥补的,必须深入企业实际,进行深入细致的工艺流程分析和研究,才能掌握要领,追赶竞争对手。于是他们便将分析比较范围从产品本身扩大到工艺流程,进行工艺流程的标杆管理。施乐公司的实践成为这一阶段标杆管理的典范。

(三) 最佳企业管理实践

第三个阶段为标杆管理最佳企业管理实践的阶段。大约从 20 世纪 80 年代开始,人们认识到不仅可以在同行业企业标杆管理中学习最佳做法,提高企业竞争力,而且可以从其他行业的标杆管理中也能学习到最佳管理实践和流程改造方面的做法。人们发现,在生产工艺、技术和作业流程方面,越来越多的最佳做法、最佳实践来自行业之外,向别的行业最佳企业学习最佳做法成为这一阶段的主要趋势。

(四) 战略性标杆管理

第四个阶段为战略性标杆管理阶段。它是在确定、了解和掌握成功者(包括竞争对手)的战略做法的基础上,重新进行自己企业环境、战略和业绩评估与改造的一个系统过程。在这一阶段,竞争对手之间的差别,已从工艺流程、管理实践方面转移到企业布局、生产结构调整、外部供应链重组、核心能力塑造等战略性领域,进行战略性领域的标杆管理是企业进一步提高竞争力、赶超竞争对手的客观需要。通常在这一阶段,标杆管理的问题比较集中,但调查了解的范围却比较广泛,如对上下游关系的调查、对企业研究与开发相关机构的调查等,目的在于进行战略思路、战略决策方面的标杆管理。

(五) 全球标杆管理

第五个阶段为全球标杆管理阶段。在这一阶段,寻找最佳企业、寻找最佳做法的范围已经扩展到全球范围内进行,成为发达国家企业进行标杆管理的主要趋势。目前,标杆管理的应用范围也超越了企业层次,扩展到产业层次和政府(国家)层次上。进行全球范围内的标杆管理,所涉及的问题更加广泛,不仅包括企业工艺流程、生产技术方面的最佳做法,而且包括企业文化、企业所处环境、政府行政管理、教育制度和自然环境等影响企业战略定位、战略布局方面环境的评估和研究。

实践运用

施乐公司的标杆瞄准研究活动

1976年,作为世界复印机市场霸主的施乐公司在市场、产品、技术等方面遭遇到以日本佳能、NEC等公司发起的全方位挑战。面对强劲的竞争攻势,施乐公司开展了一系列标杆瞄准研究活动。

施乐公司的管理层率先发起向日本佳能、NEC公司的学习运动,并对其中存在的问题进行深入细致的标杆分析。通过全方位的集中比较分析,施乐公司发现日本佳能、NEC的产品开发周期、开发人员平均比施乐少50%,在其他性能方面也有着明显的优势;另外还发现施乐交付订货工作的水平低,在处理低值货品时存在大量浪费现象。通过比较,施乐公司找出了与佳能、NEC等公司主要对手的差距,开始全面调整经营战略、战术,改进业务流程。在业务流程重组过程中,施乐公司充分利用标杆管理方法对14个经营同类产品的公司逐一进行考察,很快找出了问题的最佳解决和实施方案,有效地使生产成本下降了20%,把失去的市场份额重新夺了回来。1982年,施乐公司将自己的库存系统、分销系统跟比恩公司进行标杆瞄准(比恩公司是一家与施乐公司有着完全相同的库存与分销系统但是利用邮件订单来组织生产的服装企业)。1989年,施乐公司开始对其物流领域展开标杆瞄准。在确认的13家标杆瞄准合作伙伴当中,西恩尔公司做得最好,其物流成本占销售额的11.4%;另一合作伙伴的物流成本为销售额的25%;而施乐公司的物流成本为销售额的19%。通过对业务流程以及生产制造流程实施标杆瞄准,施乐公司计划在未来的5年内将物流成本降为销售额的12%,实际结果是物流成本从以前的4亿美元降为1.5亿美元。

除了在产品流程、业务支持流程中运用标杆瞄准法之外,施乐公司还将标杆管理方法应用于企业组织的其他活动领域当中,形成了一个将产品、服务和实践与最强大的竞争对手或是行业领先者相比较的持续流程。

分析提示:
- 施乐公司在哪些领域进行了标杆瞄准研究活动?为什么?
- 施乐公司是如何确定标杆目标、选择标杆目标企业的?

二、标杆管理的阶段

罗伯特·C·坎普是标杆管理最著名的倡导者和先驱人物之一,他在《标杆瞄准——寻找产生卓越业绩的行业最佳管理实践》中所提到的标杆管理理论得到了广泛的认可。按照罗伯特·坎普的划分,标杆管理可以分为5个阶段,包括计划、分析、整合、行动和完成。

(一)计划

1. 确定标杆目标

企业在实施标杆管理目标之时,首先要对标杆目标进行选择,并确认对某个流程还是全部流程进行标杆管理变革。企业在对流程进行筛选时,应设定必要的标准和依据,以保证企业能够以较低的成本获得最好的收益。企业的流程具有多样化的特征。企业的产品、服务、物流和信息流等方面构成了不同层面的流程。企业在实施标杆管理时,可以把企业的整个流程分解为不同层面的流程、子流程,甚至是单项的活动。

2. 选择标杆目标企业

企业实施标杆管理必须对作为标杆目标的企业进行比较和选择,需要对标杆目标企业进行标杆管理分析,迅速找出问题所在,并依据标杆目标开发一套对目标企业的研究策略。其中包括:第一,实地考查,搜集标杆数据;第二,处理、加工标杆数据并进行分析;第三,与企业自身同组数据进行比较,进一步确立企业自身应该改进的地方。在选择作为比较的公司的过程中,企业也可以根据自身在整个市场中的形势和地位实施标杆防御和攻击战略。

3. 收集目标企业的资料

企业实施标杆管理需要收集大量的相关资料,进行比较分析、跟踪学习、重新设计并付诸实施等一系列规范化的程序。目标企业的资料来源可能是多渠道和多方面的,但必须对资料进行甄别,要尽量保证资料搜集的效果和效率。对成功企业优势方面的资料一定要通过各种渠道收集和掌握到,只有这样才能把握企业的标杆目标,为企业提出明确的管理变革方向,并根据企业的自身实力积极主动地去实施管理变革。

（二）分析

资料分析的好坏直接关系到企业的标杆目标，如果分析准确得当，就可以顺利实施好标杆管理，把企业各个部门与最佳企业的组织结构、市场、产品和企业文化进行对比，寻找出适合本企业的最优、最有价值的流程。在这个阶段要分析自己目前的做法与最好的做法之间的绩效差异，并在此基础上拟定未来的绩效水准。

（三）整合

标杆管理往往涉及企业业务流程的重组，并要求改变管理层及员工的一些行为方式，甚至还会涉及个人的利益。因而，实施标杆管理需要整合企业内部资源，解除实施标杆管理将面临的各种阻力，创建一组最佳的实践和实现方法，以赶上并超过标杆对象。

1. 发现问题和解决问题

标杆管理不是一次性的行为，而是一个在实施过程中不断变革的过程。因此，在实施过程中发现问题和解决问题显得尤为关键。标杆管理因为是对先进企业的优秀方法和经验进行学习，所以把先进企业的管理方法、理念嫁接过来时，不会马上完全适应，而是会出现各种各样的不适应症状，这就需要企业在标杆管理过程中发现问题，在企业内部交流、处理出现的问题，从而逐渐形成适合本企业的管理方法。

2. 确立部门目标

标杆管理往往涉及企业内部的各个部门，可能是最优秀的运营机构也可能是绩效不太好的部门。因此在进行标杆管理的时候，首先要确立实施标杆管理的部门。值得注意的是，一些大型企业在某一地方或是全球范围的不同地方都有同时运行相同业务的机构和部门，因此，必须考虑到各个部门及不同地区对标杆管理变革目标的执行能力，最好在绩效比较好、创新程度高的部门推行标杆管理变革。

（四）行动

企业在整合各标杆管理部门的资源之后，就可以着手制订标杆管理的行动计划了。制订行动计划的第一步，需要管理层召开相关的会议，从而确立公司的标杆管理目标,并确立具体的各项履行的步骤。第二步是成立标杆管理项目小组,对整个标杆管理过程进行有效的监测和领导。标杆管理项目小组可以由企业内部专家——一些技术十分熟练而且还经常参与各种专业性社交活动的人士组成,因为标杆管理不仅要求管理人员具备一定的技术储备,也需要管理人员与企业外部经常进行联系,为企业提供较多的标杆信息,从而方便数据收集和分析的各个阶段的经常更新。另外,与作为标杆瞄准对象的企业相比较的同时,企业可以对实施效果的监测进行分析,帮助企业从竞争者和最好公司的动作中获得思路和经验,从而在激烈的市场竞争中冲出竞争者的包围,超越竞争对手。

(五)完成

企业绩效的好坏,是对标杆管理考核的关键所在。绩效考核的目标有很多,比如对企业进行会计核算、财务管理,看企业在生产成本方面是否满足了标杆管理目标要求,但企业的宗旨之一就是看企业在市场中是否具备了优势,处于领先地位。

1. 对标杆管理进行考核

企业标杆管理将促使企业管理和人员关系变得更加清晰透明,促使企业员工集中精力做好工作,从而促进企业在某些方面处于整个行业的领先地位。处于领先地位是标杆管理的目标和方向。从多数企业的管理实践来看,要想使企业处于整个行业的领先地位需要解决一些关键问题,比如:企业的生产能力和生产绩效是否实现了最大化;企业的市场定位和市场战略、策略是否符合了市场发展变化的规律;企业内部对推行标杆管理变革的力度和执行能力如何等。

2. 全面整合各种活动

标杆管理整合需要对整个管理流程进行严密、有效的控制。只有全面整合企业的各类资源和各种标杆管理行为,才能确保企业顺利实施标杆管理计划。严格、有效的管理,需要一套行之有效的方法,如标杆管理的介绍会议、指令、报表制度等,需要形成一套成熟的绩效考核系统、质量控制体系,及时准确地掌握企业信息资源。全面整合企业资源能有效保证企业在实施过程中调度有序,从而进一步保证计划的执行。

3. 重新调校标杆

标杆管理是一个动态的过程,区别于一般的绩效管理。只有适合企业和市场竞争需求才是真正合适企业的标杆管理。实施标杆管理是一个长期的渐进过程，需要企业对标杆管理进行不断校准并进行评价，从而提高标杆管理目标。实施标杆管理还是一个不断学习的过程，在每一轮学习过程中，需要重新检查和审视对标杆管理研究的假设和标杆管理的目标，以不断提升实施效果。

三、标杆管理的局限性及其实施偏差

（一）标杆管理的局限性

作为一种管理方法或技术，标杆管理可以有效地提升企业的竞争力，但实施标杆管理未必就一定能够将竞争力的提高转化为竞争优势。标杆管理还存在以下局限之处：

1. 可能导致企业竞争战略趋同

实施标杆管理的企业都企图通过采取诸如提供更广泛的产品或服务以吸引所有的顾客、细分市场等类似行动来改进绩效，在竞争的某个关键方面超过竞争对手。但是模仿的结果必然使各个企业战略趋同，各个企业的产品、质量、服务甚至供应销售渠道大同小异，市场竞争趋向于完全竞争，造成在企业运作效率上升的同时，利润率却在下降。以美国印刷业为例，实施标杆管理之前，利润率维持在7％以上，在普遍实施标杆管理之后，到1995年已降至4％—6％，并且还有继续下降的趋势。所以说标杆管理技术的运用越广泛，其有效性就越是受到限制。

2. 容易陷入标杆管理陷阱

由于科技的迅速发展，使得产品的科技含量和企业使用技术的复杂性日益提高，模仿障碍提高，从而对实施标杆管理的企业提出了严峻的挑战：能否通过相对简单的标杆管理活动就能获得、掌握复杂的技术和跟上技术进步的步伐？如果标杆管理活动不能使企业跨越与领先企业之间的"技术鸿沟"，单纯为赶超先进而继续推行标杆管理，则会使企业陷入繁杂的"落后→标杆→又落后→再标杆"的"标杆管理陷阱"之中。

（二）实施中的偏差

由于标杆管理是一个涉及很多方面的过程，因此实施中往往出现一些偏差。一方面，人们往往将注意力只集中于数据方面，而标杆管理的真正价值应该是弄明白产生优秀绩效的过程，并在本企业实施，不应该只注重某几个财务数据本身。另一方面，在标杆管理实施的过程中往往由于受到成员的抵触，增加了实施的成本，降低了活动的收益。标杆管理典型问题如表4-1所示。

表4-1 标杆管理的典型问题

错 误	可 能 原 因	可能解决办法
标杆内容错误	对本公司了解不够	深入研究以确定关键因素
瞄准企业错误	研究不适合	更详细地进行初始研究
标杆管理未能转化成具体行动	高层管理者没有足够的承诺	说服高层管理者主动参与标杆管理项目
高层管理者缺少信心	缺乏信息或理念	把标杆管理与公司商业计划联系起来；举例说明标杆管理的优势
缺乏标杆管理所需资源	缺乏高层管理者支持，缺乏标杆管理小组承诺	标杆管理应被视为公司整体的管理方法
信息不相关	数据不够多，数据未挖掘	缺乏对评估的关注，检验评估方法的基础
信息错误或不精确	过分相信公开的或竞争对手的信息	检查各种信息来源的准确性
标杆管理项目不能吸引可能的合作伙伴	怀疑主义和防备性态度	阐明双方的利益，审视整个过程以选择合作伙伴
流程过分关注与合作伙伴之间的相似性	缺少明确的选择合作伙伴的标准	审视关于最佳实践的研究
太多标杆	未能定义好优先次序	把标杆管理与商业战略联系起来
合作伙伴不能提供有用信息	合作伙伴太相近	通过流程而不是组成部分来审视合作伙伴研究

四、标杆管理的实施要求

实施标杆管理需要企业管理层对整个企业、市场、产品等要素环境进行深度和总体把握，紧紧抓住标杆管理实施的关键因素，突破企业资源配置的限制，从而取得标杆管理实施的成功。在向标杆企业学习的过程中,应该注意避免讨论定价或竞争性敏感成本等方面的内容;不要向竞争者索要敏感数据;未经许可不要分享所有者信息;选择一个无关的第三者在不公开企业名称的情况下来集成和提供竞争性数据;不要基于标杆数据向外界贬低竞争者的商务活动。

(一)高层管理者的支持和推动

一个成功的标杆管理行为必然需要获得高层管理者的支持和推动。高层管理者要为标杆管理的实施提供充足的资金和下放足够的权力,在标杆管理实施的过程中,形成一种不断学习的企业文化,为标杆管理的顺利实行提供精神保证。如果没有得到高层管理者乃至整个管理层的支持,标杆管理就会成为无源之水、无本之木。

(二)对标杆管理进行正确的定义

标杆管理不是对标杆对象进行简单的比较分析,也不是对标杆对象一些成功的经验进行简单的复制和模仿。企业对标杆管理必须要结合自身的特色进行正确的定义。标杆管理不是一块万能试金石,它在实施过程中会有风险,会让企业付出一定的交易成本,会改变企业的管理习惯和管理方式,这些都要求企业在实施标杆管理之前,对实施标杆管理进行一个明确的定义。只有当企业对标杆管理有了一个清晰明确的界定之后,才能有效开展标杆管理,并取得标杆管理的成功。

(三)建立规范、系统的管理机制

企业在执行标杆管理的过程中,必须严格按照标杆管理计划进行。一套规范、系统的管理流程机制,可以帮助企业减少困难,有效提升管理效率和生产绩效。标杆管理是在实施过程中不断改进的一种管理模式,标杆管理中的每一环节、流程都是不可相互脱节的。企业在进入下一个步骤之前务必要先审慎地确认是否已经完成了这个阶段所有应该完成的任务,而且只有做好了这一点,企业才能顺利执行接下来的各个环节。

(四)鼓励员工主动参与标杆管理活动

标杆管理不仅是整个管理层的职责,而更是全体员工的事情。管理层对离他们较远的流程,特别是生产服务的第一线不如员工了解得多,等到管理层重视和注意到问题之时,问题往往已经很大了,这时再进行标杆管理,不但耗时太多,而且面临的问题解决起来也很麻烦。而员工往往是最先发现企业各个流程所存在的一些问题的,如果在问题较小的时候即通过实施标杆管理来解决,那么对于企业来说,将获得时间上的主动权,这将更有利于保持企业的竞争优势和地位。所以,应该鼓励企业员工主动地发起并参与标杆管理活动。

（五）致力于持续的标杆管理

标杆管理的学习对象也是处于一种持续不断的改善状态,因此向标杆对象学习也必定是一个不间断的过程,对标杆对象应该采取一种谦虚的态度,并保持与标杆对象长期合作。因为向优秀企业学习不仅是获得先进管理理念的方式,也是获取市场信息的重要渠道,向标杆对象持续学习是标杆管理文化的价值体现。

（六）在学习中创新

很多企业以竞争对手为标杆对象,甚至把竞争对手的各项管理措施全部复制过来,而不因地制宜地进行创造性的借鉴和改进,结果不仅没有获得竞争优势,而且还失去了自己独特的个性和价值。因而不能全盘照搬竞争对手的做法,而必须有自身的创新和改进。对企业而言,如果想获得将来的竞争优势,就必须以比标杆对象更快的速度发展,才能超越标杆对象成为优胜者。企业执行标杆管理活动,必须形成独特的创新精神。

第三节 联盟管理

20世纪80年代以来,在全球经济一体化、竞争多样化的发展趋势下,战略联盟的发展日益迅猛,战略联盟成为管理学界和企业界关注的焦点。联盟成员保持着既合作又竞争的关系,联盟成员虽然在部分领域中进行合作,但在协议之外的领域以及在公司活动的整体态势上仍然保持着经营管理的独立自主,相互间可能是竞争对手的关系。

一、联盟管理的产生

> **基本概念** 战略联盟
>
> 战略联盟指的是由两个或两个以上有着共同战略利益的企业,为达到共同拥有市场、共同使用资源等战略目标,通过各种协议、契约而结成的优势互补、风险共担的松散型组织。

战略联盟作为一种新的合作竞争模式,其产生和发展并不是偶然的,既有着深刻的政治经济背景,又有着企业自身内在的动因。

(一)时代背景

1. 世界经济一体化

世界经济一体化是在世界各国经贸联系愈来愈紧密的基础上产生的。随着各国经济对国际贸易和国际投资依赖度的提高,国际市场的开放程度也大大提高。多年以来,在WTO等国际组织的推动下,一些国家过去没有开放的市场,如金融、投资、电信等市场也逐步开放,统一的世界市场正在逐步形成,无国界经济正在迅速发展。经济全球化和开放的统一市场,使各国企业面临着更为广阔的市场容量,使它们更有可能展开大规模的全球生产和销售,以充分实现规模效益。

2. 全球化竞争日趋激烈

随着国际商品、资本和人力资源流动的不断加速,世界经济的相互联系和相互依存日益增强,经济活动和经济生活逐步超越了国界,全球化的体系渐趋形成。世界经济一体化的发展,使得纯粹意义上的国内市场基本不复存在,各国经济实际和实质上都不同程度地融入了国际大市场,也使企业面临着全球范围内更加激烈的竞争,原有的垄断割据不断被打破。因此,任何企业面对全球市场空前激烈的竞争,都感到势单力薄,必须加强联盟和合作,从而为企业战略联盟的形成和发展提供了强大的推动力。随着经济开放度的不断提高,一些原来相对封闭的国内市场也初步开放,迎来了众多的新竞争者,使企业间的竞争变数增加,也更加激烈。复杂的竞争环境促使原来的企业打破既有的竞争规则,把目光转向企业外部,试图通过联盟的形式,借助联盟伙伴的力量增强自身的竞争实力。对于新竞争者,也面临着在全球化的市场上与其他新老竞争对手重新划分市场的问题,往往也需借助外部的力量,以求在竞争中扩大自己的势力范围。

3. 国际分工的新发展

国际分工的发展促进了企业间的合作。世界市场和科学技术的迅猛发展,加速了产业结构、产品结构以及企业组织结构的调整。任何一个国家都无法包揽一切。西方国家为了利用其他国家的技术优势,纷纷开展行业间、企业间乃至生产流水线上的水平分工合作,从产品专业化到零部件专业化,再到工艺流程的专业化,从而导致分工的范围和领域更加广泛,各个生产工序已延伸到了几个,甚至几十个国家。分工越发展,各国企业间的相互依赖和协作的关系就越密切,越发促进了企业战略联盟的形成与发展。企业战略联盟适应了需求多样化和经营多元化的内在要求,现代企业的经营环境正在从稳定的连续成长向复杂的非连续方向变化,企业必须紧跟需求多样化的步伐,实现技术、产品和销售渠道的多元化。为此,依靠增设分支机构、组建子企业来扩展产销体系是远远不够的,即使企业有能力建成多元化体系,也很难做到反应敏捷、转换灵活。而建立国际战略联盟,除了具备协调一致的网络功能外,联盟内成员的转置成本较低,进入和进出的壁垒也较小,因而保持了较高的灵活性。

(二)企业动因

对企业而言,建立战略联盟也有其迫切的内在需求。由于市场的不完备性,很多资源无法通过市场交易的方式有效获得,采取兼并或收购的方式又容易在获取有用资源的同时为无用的资源付出较大的收购成本,而且容易受到自身实力的约束。因此,通过战略联盟,企业可以根据自身需要,选择拥有自己所需资源的企业作为自己的合作伙伴,从而实现资源获取的多样性,强化企业核心竞争优势,实现联盟企业之间资源的互补性。

1. 促进技术创新

全球竞争已进入高科技竞争时期,企业都把竞争力建立在高科技基础之上。新技术的突破,往往带动新产品、新工艺、新材料的全面发展,并可以为企业开辟新的经营领域,使企业的效率和效益得到提高。但是企业技术创新的难度在加大。一方面,企业的技术创新的速度在加快。速度已成为企业竞争的关键,企业必须在最短的时间内开发出新的产品和工艺,才能获得领先的利润。另一方面,技术创新需要的资本投入越来越大。由于技术创新的复杂性、速度性和开发费用投入大，使得单个企业的技术能力和资本实力无法承担，必须通过建立战略联盟来共同完成。

企业间通过建立战略联盟促进技术创新已成为一种新模式。特别是在航空、电子、信息、自动化、汽车等高科技产品领域，更是如此。这些战略联盟常常是交叉、网络式的，技术创新的需要使一些企业从激烈竞争对手的关系转变为既是对手又是合作伙伴的关系。战略联盟还有利于避免技术创新风险。分散研发风险也是采用战略联盟从事技术开发的动因。企业通过建立战略联盟，可以扩大信息传递的密度与速度，减少信息不对称，以避免单个企业在研究开发中的盲目性和因孤军奋战而引起的全社会范围内的创新资源浪费，并降低技术创新的风险。

2. 避免经营风险

在现代市场经济条件下，单个企业要想进入新的市场，不仅需要巨额的投资，还可能遇到许多意想不到的市场进入限制。而且，企业如果仅依赖于内部的增值链体系，就要承受越来越大的经营风险，因为所有新的增值都要在最后产品的销售上得到实现，一旦受阻则全线陷入困境。同样，多元化经营作为企业发展的一种有效战略，需要承担相当大的市场风险，这是因为新业务对某一个企业来说通常是一个陌生的领域，存在行业进入壁垒。而采用战略联盟的好处在于：联盟可以实现优势互补，拓展经营范围，从而分散经营风险；同时联盟还能够以更为广泛的网络掌握更多的市场渠道，平抑市场风险。

当今国际化竞争变化迅速，许多因素的变化方向与变化速度都具有很大的不确定性，难以正确地预期，对企业尤其是跨国公司形成了巨大的竞争压力。跨国公司采用战略联盟，建立其高度灵活的经营结构和组织结构，以避免经营风险。

3. 避免过度竞争

过度竞争，不仅会降低各自的盈利水平，而且往往会造成两败俱伤的结果。通过建立战略联盟，可以使企业共同维护有效的竞争秩序，减少用于竞争的高昂费用。战略联盟是一种合作竞争关系，并不否认竞争的存在，而是使竞争以新的形式在新的层次上展开，即各自发挥优势的竞争。建立战略联盟，可以促使联盟伙伴共同开拓新的市场，提高各自的市场销售额，从而创造并分享一个更大的市场。如航空公司为争取更多的客源往往采取相互压价等恶性竞争手段，导致航空公司全行业亏损的局面。近几年来，各大航空公司纷纷建立战略联盟，走出不惜血本过度竞争的"陷阱"。如中国国际航空公司与美国西北航空公司结成联盟伙伴,实行代码共享、旅客资源共享、计算机网络信息共享,合作经营泛太平洋中美航线,新加坡航空公司、瑞士航空公司等也建立了类似的联盟。

4. 实现资源互补

企业在实现自己的战略绩效目标与依靠自身所拥有的资源和能力所能达到的目标之间存在一个"战略缺口"。通过建立战略联盟,可以弥补这种"战略缺口",实现资源共享,优势互补。战略联盟有利于企业在实现资源互补中分摊高昂的开发投资费用,各合伙人可以在各自承担的环节上充分利用各自已有的技术、人才和设备等,减少了重复投资,降低了投资成本与投入开发费用。同时,战略联盟可以借助同类产品生产者的联合,使各自的相对优势在生产规模扩大的条件下,得到更大程度的发挥,降低生产成本和投资成本,增强企业竞争实力。

5. 开拓新的市场

企业为了使其在激烈的市场竞争中立于不败之地,就必须不断地开拓新的市场。建立战略联盟,可以比较迅速地在全球建立起生产经营网络,在最短的时间内,在最广泛的市场上应用新的技术成果,加速技术创新的成本回收与盈利。跨国公司利用战略联盟实现了经营范围的多样化和经营地域的扩张。利用战略联盟还可以克服大量的国家政策和贸易壁垒,从而达到开拓新市场的目的。很多和中国企业合作的跨国公司都是为了克服当时中国贸易壁垒而建立合资或合作公司的。

二、战略联盟的形式

(一) 根据联盟的目标取向区分

根据联盟的目标取向来分,战略联盟有技术开发联盟、合作生产联盟、市场营销与服务联盟、多层次合作联盟、单边与多边联盟。

1. 技术开发联盟

常见的技术开发联盟形式有:技术商业化协议,它是由大企业提供资金与市场营销力量等,而由小企业提供新产品研制计划,合作进行技术与新产品开发;合作研究小组,即各方将研究与开发的力量集中起来,在形成规模经济的同时也加速了研究开发的进程;联合制造工程协议,即由一方设计产品,另一方设计工艺。

2. 合作生产联盟

合作生产联盟由各方集资购买设备以共同从事某项生产。联盟可根据不同的需要,在各参与者之间进行劳动力、传输制造技术、操作技巧等要素的调配。这种联盟可以使各方分享到生产能力利用率高的好处,因为各参与方既可以优化各自的生产力量,也可以根据供需的不同对比状况迅速及时地调整生产量。

3. 市场营销与服务联盟

合作各方共同拟定适合于合作者所在国或某特定国家市场的市场营销计划,从而使加盟各方能在取得当地政府协助的有利条件下,比其他潜在竞争对手更积极、更迅速地占领市场;加盟各方也可经由这种联盟形成新市场,使竞争不致因各方力量相差悬殊而趋于窒息。

4. 多层次合作联盟

这种联盟实际上是上述各种联盟形式的组合,即由加盟各方在若干领域内开展合作业务。企业加入这种联盟可采取渐进方式,从一项业务交流发展到多项合作。

5. 单边与多边联盟

单边联盟还是多边联盟,是按所处地域以及合作网络的形式而区分的战略联盟。市场营销与服务联盟大多为单边联盟,即两国、两企业的联合,因为市场营销协议总是针对某个特定国家和地区的消费及其市场的。而技术开发联盟与合作生产联盟则可能是多国、多企业参与的多边联盟,因为工艺技术与生产操作方法一般是可以适用于不同国家的。

实践运用

北京经济技术开发区成立三大创新联盟

北京经济技术开发区(也称亦庄开发区)云计算创新联盟、诊断试剂创新联盟、高技术服务业(钢铁行业)创新联盟三大行业知识产权创新联盟于2010年成立。联盟内企业将建立产学研信息、知识产权等资源共享机制,以加快科技成果的产业化,提升产业的整体竞争力。

云计算创新联盟是由宽带资本/北京天云融创科技有限公司、中金数据系统有限公司、北京中企开源信息技术有限公司、北京北工大软件园发展有限责任公司联合发起的。该联盟将关注和积极参与国家标准、行业标准的制定以及知识产权的保护工作,并协助开发区政府制定相关的产业政策。

> 诊断试剂创新联盟主要由北京金豪制药股份有限公司、北京利德曼生化股份有限公司、北京义翘神州生物技术有限公司、北京旷博生物技术有限公司、北京诺赛基因组研究中心有限公司、北京大基康明医疗设备有限公司等公司联合发起。该联盟成立后,可以充分发挥技术创新要素的集成作用,突破共性关键技术,不断增强开发区生物医药行业自主创新能力和国际竞争力。
>
> 高技术服务业(钢铁行业)创新联盟是以亦庄开发区从事钢铁行业高技术服务企业为主体组成。该联盟由中冶京诚、凤凰工业炉、京诚科技、瑞信长材、瑞达电气、京诚鼎宇、京诚泽宇、科林环保等开发区内从事钢铁工程技术服务和研发服务的高新技术企业发起建立,均为国家高新技术企业。该联盟的成立将通过优势互补加快行业重大共性技术攻关和科研成果转化的进程,从而提升北京钢铁工程服务企业的市场竞争能力,打造盟员单位的合作共赢局面。
>
> **分析提示:**
> ☞ 北京经济技术开发区成立三大创新联盟的动机是什么?
> ☞ 三大创新联盟分别属于什么类型的联盟?
> ☞ 您认为联盟运作过程中应注意哪些问题?

(二) 根据联盟成员的主体地位区分

根据联盟成员的主体地位不同,战略联盟有互补型和授受型两种。

1. 互补型联盟

互补型联盟处于联盟发展的高级阶段,多出现于同行业同等发展水平的企业之间,其特征为强强联合。联盟的出发点在于取得优势互补,提高市场竞争力,以期在对抗性极强的市场竞争中立于不败之地。这类联盟的成员大多是西欧、北美和日本这类发达国家的企业。他们为了应付全球性的竞争而在技术设计、加工过程和市场营销服务方面进行技术、资金和人员等方面的相互补充与配合,以分摊产品开发与生产投资的成本,并迅速、有效地进入目标市场国市场与分销网络。

2. 授受型联盟

授受型联盟处于联盟的初级阶段,多出现于差异性显著的企业之间,其目的在于实现对一方的市场进入而不是为了对付市场竞争。这类联盟按经济体制的不同和经济发展水平的不同,还可以进一步细分为东西方联盟和南北方联盟。发达国家的合作者向相对欠发达国家的合作者转让技术和设备及其操作方法、相对不发达国家的合作者则向对方的合作者开放某一部分市场或支付技术转让和人员培训等方面的费用。

(三) 根据联盟的组成方式区分

根据联盟的组成方式不同,战略联盟可以分为股权式联盟和非股权式联盟。

1. 股权式联盟

这种联盟更像是合资经营,即由加盟各方通过相互购买并持有彼此的少量股份,或单方持股,来达到建立起一种长期的相互合作关系。股权式联盟可分为对等占有型和相互持股型两种。对等占有型战略联盟是指合资生产和经营的项目分属联盟的局部功能,双方母公司各拥有一半的股权,以保持相对的独立性。相互持股型战略联盟是指各成员为巩固良好的合作关系,长期地相互持有对方少量的股份。与合资、合作或兼并的方式不同的是,这种方式不涉及设备和人员等要素的合并。这种联盟方式突出了联盟合伙人之间的长期合作关系,同时作为一种防御性举措,它又向市场发出了强烈的信息,表明有关各方已经联合起来,以此来增强对敌意收购的防御能力。但是这种联盟可能会因为投资各方希望加快投资回报率而滋生追求短期报酬率、多分利润和减少投资等短期行为。另外,对股权投资的过分依赖或过高期望都是要承担风险的,股权投资代替不了架构良好的契约式战略联盟。

2. 非股权式联盟

这种联盟是借助契约建立的、不涉及股权参与的合作形式,也称契约式战略联盟。实践表明,大量新建的非股权式联盟比股权式联盟更具有小型、灵活性和战略上的意义。非股权式的联盟在经营上的灵活性、自主权和经济效益等方面比股权式联盟具有更大的优越性。

非股权式联盟与股权式联盟相比,主要的不同之处在于:首先,股权式联盟要求组成具有法人地位的经济实体,对资源配置、出资比例、管理结构和利益分配都有严格的规定。而非股权式联盟无需组成经济实体,也无常设机构,结构比较松散,协议本身在某种意义上只是无限制的"意向备忘录"。其次,股权式联盟出资多少有主次之分,且对各方的资金、技术水平、市场规模、人员配备等有明确的规定,出资多少决定着发言权的大小。而在非股权式联盟中,各方一般都有平等的地位和相互依赖的关系,在经营中都保持相对的独立性。再次,在利益分配上,股权式联盟要求按出资比例进行分配。而非股权式联盟中各方可根据各自的情况,在各自承担的工作环节上从事经营活动,获得各自的收益。最后,股权式联盟的始初投入较大,转置成本较高,撤资较难,灵活性差,政府的政策限制也较严格。而非股权式联盟则不存在这些问题。非股权式联盟的缺点是:企业对联盟的控制能力差,缺乏稳定性和长远利益等。

三、战略联盟的特征

战略联盟是在全球性市场的形成和组织网络化、虚拟化等背景下出现的企业组织之间的一种全新的合作形式。它的最根本的特征在于它是一种竞争性的合作组织,是一种介于市场与企业之间的特殊的组织结构。联盟企业之间虽然签署了超出了正常市场交易的长期协定,但它只是以市场机遇和契约为纽带,而非以资本为纽带,并未达到合并的程度。它是一种扩大市场范围和产业范围而不扩大企业的方法。

(一) 组织的松散性

战略联盟是个动态的、开放的体系,是企业间松散的一体化组织形式。战略联盟是以共同占领市场、合作开发技术等为基本目标的,它所建立的并非一定是独立的公司实体,联盟成员之间的关系以市场机会为联系纽带,一旦机会丧失,成员会各奔前程,为了各自的利益,他们又会与其他企业结成新的联盟。近年来,这种松散性正在向虚拟化方向发展,出现了所谓的"虚拟联盟"。"虚拟联盟"是并不涉及所有权的、没有法律约束力的、彼此相互依存的"联盟"关系。如在相同或相关产品的行业中,通过对行规的塑造,对知识产权的控制以及对产品或技术标准的建立等来协调联盟各方的产品和服务。

(二) 关系的平等性

战略联盟是联盟各方在资源共享、优势互补、相互信任、彼此独立的基础上,通过实现所达成协议而形成的一种平等的合作关系。这就从根本上改变了以往合资、合作企业之间依赖股权多少或其他控制能力强弱来决定彼此在联盟中的地位的局面。当然这并不排除联盟成员之间在实力上可能的差异。

(三) 管理的复杂性

认为战略联盟之间没有任何形式的管理体系的观点是错误的。战略联盟既然是各方企业之间合力协作取得发展的一种形式，它就必然涉及如何协调管理的问题。这些问题包括：由谁来经营联合体？联合体经营的利益和损失如何分担？怎样组织和管理联合体经营所需的人员？战略联盟的经营风险是否已确认？联盟之间如何建立有效的沟通机制和信任机制？等等，所有的问题将使对战略联盟的管理显得更为困难和复杂。

四、战略联盟的运作误区

对联盟的管理的好坏是能否实现联盟目标的重要保证。而联盟企业的管理同以往的管理相比有着更高的要求。联盟如果合作顺利，能给各方带来巨大的经济收益和竞争收益。然而，成功地进行联盟并非易事。很多企业往往忘记联盟的宗旨而使联盟失去合作的意义。联盟过程中的许多问题使得联盟难以发挥应有的作用，这些问题表现在以下 6 个方面。

(一) 错误地选择对象

很多企业在寻求合作对象时忽视了对合作者的资信和经营能力的评估，有时往往只注重其资金力量的雄厚与否，而没有考虑作为一个企业最重要的素质是其经营管理水平和技术先进的程度，没有考虑合作对象所能做出贡献的大小，而合作对象在产品创新和市场创新方面的能力通常又是难以直接估量的。

(二) 成员间的差异

联盟内各成员的差异性主要来自以下几个方面：

第一，社会文化差异。由于联盟成员来自不同的地区和国家，因此各自的非经济背景如文化、法律等因素深刻地影响着成员企业的行为，而且不同国家的企业有自身不同的贸易习惯和经营原则，从而容易造成联盟各方在合作过程中出现由于文化差异而带来的摩擦，难以发挥耦合效应。

第二，企业文化差异。各个企业在长期的经营过程中，往往容易形成独特的个性,有着不同的价值观和行为方式,而一旦联盟,不同成员的企业文化冲突将是难免的。

第三,战略导向差异。当联盟的最初目标实现以后,各成员在能力和战略目标方面有了新的变化和要求,联盟始初的战略组合可能被打破。

第四,管理方式和组织结构差异。联盟中各成员在管理方式和组织结构上的差异,使联盟内很容易出现领导权限不清、沟通交流不畅和决策迟缓等问题,并直接威胁着联盟的效率和持久性。

以上差异如果没能在联盟过程中通过学习和彼此融合而得到缓解和缩小的话,将严重妨碍联盟效益的发挥,进而影响联盟的巩固和发展。

(三) 技术优势的丧失

一般而言,战略联盟是一方利用自身的技术优势与另一方的其他优势相结合而构成的。在这种情况下,其中一方为了自身的利益不得不拿出先进技术,哪怕在技术有了改进时,它仍会继续提供改进了的技术。但由于战略联盟实际上有很大一部分是处于劣势的企业为了避免遭到市场淘汰的厄运、寻求新技术而暂时委身于联盟这种形式。一旦这些企业掌握了生产的诀窍,往往会脱离联合体,以求得自身的发展,成为市场上有力的竞争者。因此,技术优势的丧失容易导致联盟解体。

(四) 沟通不畅

有效的沟通是联盟永续发展的保证。而联盟各成员在企业文化、管理方式和组织结构上的差异,可能造成联盟内的沟通交流不畅,使成员之间缺乏应有的理解和信任。在联盟初期对各方的资信信息了解不足,使成员之间相互猜疑、窥探情报、试探行动等;如果在联盟过程中,再加上沟通的不畅,初始的不信任就可能演变成彼此的敌意。沟通不畅是联盟发展过程中的潜在隐患。

(五) 短期的利益目标

战略联盟有别于传统的合资形式,最主要的差异在于合资仅仅是为了解决某一难题推出的权宜之计,属于一种短期性的战略措施。而战略联盟是企业在与竞争对手比较的过程中显示出独到的相对优势,以此优势寻求合作,寻求更好地满足消费者需求的一种经营方式。因此,联盟是一种长期的发展措施。另外,几个企业组成战略联盟实体,相互之间尚有一段彼此调整、适应的过程。由上述原因所决定,战略联盟的收益不可能在一个较短时期内立即见效。而在实际合作中,很多企业对联盟期望值过高,这样,一旦在战略联盟的初期没有能够得到期望的结果,企业势必以联盟破裂来结束虚幻的发展规划。可以说,短期的利益目标是联盟发展过程中的直接障碍。

（六）不平等的结盟

战略联盟的最大特点是企业自身利益与联盟共同利益相一致。合作方之间的关系应是平等的、相互信任的,这种关系不受成员之间经济实力差异的影响。但在实际的联盟中,尤其是中小企业与大企业的联盟,双方的地位难以均衡。原因在于一般战略联盟的建立,要求双方都有相同或类似要素的对等投入,而中小企业在发展联盟的进程中,由于缺乏一定的实力,要素的投入不能跟上联盟发展的要求,最终只能重新被置于有关的战略联盟之外。因此,不平等的结盟是联盟破裂的前兆。

> **实践运用**
>
> ### 标致雪铁龙称与东风合作不影响其他结盟
>
> 据美国《汽车新闻》2014 年 4 月 15 日消息,标致雪铁龙(简称PSA)首席执行官卡洛斯塔瓦雷斯(Carlos Tavares)表示,中国东风汽车的加入并不会影响公司与其他合作伙伴结成联盟。公司将继续与通用、丰田和菲亚特汽车保持合作,以实现盈利。塔瓦雷斯表示,PSA与通用、丰田和菲亚特合作,在每年共同制造约 125 万辆汽车的基础上,会使 PSA 每年节省约 1 亿欧元。
>
> PSA 同时表示,其与福特汽车在柴油发动机方面的合作将继续下去。两家公司正在研发能够满足欧 7 排放规则的新引擎。目前,PSA 和福特汽车每年合作制造 230 万台柴油发动机。
>
> 尽管 PSA 与通用欧宝终止了制造微型轿车的计划,他们仍将在各自法国和西班牙的工厂制造小型货车。PSA 还将与菲亚特共同打造商务货车,并考虑与宝马成为共同研发汽油发动机的合作伙伴关系,将在今年年底前作出决定。

塔瓦雷斯表示，PSA 与东风的合作将有助于公司在中国市场的快速增长并迅速拓展东南亚市场，他说，"东风是我们一个非常热情的合作伙伴"。塔瓦雷斯指出，去年 PSA 在中国市场售出 557 000 辆汽车，而公司计划是到 2016 年年销量增长至 970 000 辆，到 2018 年年销量增至 120 万辆。

维持现有的产业联盟是塔瓦雷斯重组 PSA 计划的关键，但这一计划之前因欧洲市场的低迷而受到重创。在过去的 2 年半中，亏损的累计净利润可能已经超过 75 亿欧元（约 104 亿美元）。

55 岁的塔瓦雷斯今年 3 月底成为 PSA 的 CEO，负责公司的重组。他的振兴计划要求 PSA 到 2018 年为止，营业利润率从去年的亏损 3% 增至盈利 2%。PSA 已将公司盈亏平衡点从去年的 260 万辆下调至 200 万辆了。不过去年 PSA 全球销量为 230 万辆，其中还不包括在中国市场售出的 50 万辆汽车。260 万辆的销售目标与 230 万辆的销售差异应该就是 PSA 汽车部门去年亏损 10.4 亿欧元的主要原因。

塔瓦雷斯表示公司将削减无盈利性的车型："我们不应该为了覆盖成本而亏损售车。"他给了一些 PSA 如何降低其盈亏平衡点至 200 万辆汽车的例子。根据 2013 的销售情况，PSA 将需要将固定成本降低 2.5 亿欧元，净价提高 2%，生产成本降低 4%。而车企联盟有助于促进规模效益，进一步降低生产成本。

分析提示：

☞ 请归纳 PSA 与不同合作伙伴之间的合作项目和联盟类型。

☞ PSA 与不同的合作伙伴联盟，其联盟合作的策略什么？这种策略对 PSA 有什么好处？

☞ 为什么 PSA 在维持现有的产业联盟的基础上还要寻找新的联盟伙伴？

五、联盟合作应该注意的问题

企业战略联盟的优势正在为人们所认识，众多企业正在和准备利用战略联盟实现新的发展，但决定企业战略联盟成功与否的重要因素在于战略联盟的治理与管理。对战略联盟的有效管理应注意以下 6 个要点。

(一) 选择理想的联盟对象

在组建联盟时,首先应选择在研究开发与产品生产上实力相当的企业组成联盟的核心。联盟核心建立后,要积极吸收销售商、供应商以及学术研究机构加入联盟。这些类型的联盟成员,在其所专长的销售、供应或学术研究上具有的能力,应当与联盟核心企业在研制、生产上所具有的能力相对应。这种对应性主要从各企业的资产实力、经营水平、人员配备以及其在同行业中的地位来衡量。

选择理想的联盟对象时,还须充分研究联合的可行性。要分析本企业的资源、生产能力和市场潜力,评估现有企业的优势,还要在此基础上,广泛了解合作对象的战略,以便使双方在短期目标与长期目标上都达到一致。

(二) 建立联盟治理结构

由于联盟不是一体化的组织,合作伙伴之间仍保持着各自的独立地位。因此,在联盟内存在道德和机会主义风险。联盟的过渡性质和特定的目标任务,也容易使联盟各方面产生损人利己的动机,发生如"免费搭车"、以联盟名义盗用等问题。从博弈论的观点看,参与联盟的企业如果都追求自身的成本最小化、利益最大化,结果就会使联盟陷入"囚徒困境",甚至"掏空"联盟。因此,联盟治理结构的建立必须有效地防范道德和机会主义风险。不仅要建立合理的治理结构形式,形成新型的组织体系,而且还须健全信息网络系统,保持联盟组织结构必要的弹性;并且要完善联盟协议保护性条款,保护联盟成员的长远利益。

(三) 建立沟通和信任机制

联盟企业之间的有效的沟通机制,可以确保各种信息能在联盟伙伴之间的交流与传播,以提高成员企业对联盟的兴趣和支持,促进知识的相互增长,形成学习的优势,并缓解和缩小成员企业之间的差异,减少矛盾,避免冲突,最终增加彼此的信任。

对于联盟内的任何一个成员来说,只有在确信其他成员会信守诺言的情况下,它才会表现出很强的可信度。这就需要在联盟内建立一套行之有效的防止相互欺骗和机会主义行为的机制,提高欺骗成本,增加合作的收益。联盟可以通过成员企业之间的不可撤回性投资,提高退出壁垒来消除欺骗得益的可能性;通过保护性合同,消除机会主义行为,对不合作的行为或违约行为进行惩治。增加信任的另一个举措是使联盟拥有一定的无形资产,使联盟在整个行业中占有一定的特殊地位,从而增加合作的收益。信任机制的建立能促成合作伙伴之间本着对联盟负责的精神,履行承诺、按章办事,稳定合作伙伴关系。信任作为合作关系中的一项重要的战略资产,是联盟得以成功的前提条件。

(四)重构新的企业文化

不同文化交流的过程,也是不同的文化相互撞击和磨合的过程。因此,在战略联盟的管理中,如何排除文化冲突,进行文化融合,使不同文化背景的联盟企业之间、管理人员之间,相互尊重对方的文化,吸收对方文化的长处,并创造出各种相容度很高的合作,这对联盟的长期发展将是极其重要的。

(五)保护各方的技术资产

在结成战略联盟后,加盟的各方都要投入资金、技术、人力等生产要素,这便产生了各方之间的技术资产分享的问题。在联盟的初创阶段,必须分析各方技术资产的性质,区分独家或专有技术,以及来自其他技术供给方的一般技术。专有权的要素,一般可通过法律手段获得,而独特的生产技术、工程技术和材料加工诀窍等,则可采取对等交换的方法,实行部分让渡。从长远来看,保持联盟内技术公平的最佳措施是坚持研究与开发活动,实行技术吸收政策,只有不断发展新的技术,才能在联盟中保持相对优势。

(六)发展多边联盟

多边联盟的形式,能最大限度地减少任意两方联盟解体带来的危机,而且比单一联盟能更广泛地、更好地运用多方位的联盟合作关系和综合优势,以优化技术水平,共同开拓市场。

第四节 供应链管理

20世纪90年代以来,随着科学技术的进步和生产力的发展,顾客消费水平不断提高,消费需求日益多样化和个性化,更新管理理念、工具和方法就成为企业必然的选择。竞争日益激烈的全球化经济所产生的各种需求促使每个企业都在关注供应链以及如何更好地管理供应链。超越单个企业,跨企业协作以分享市场机会的供应链管理模式备受企业的重视。

一、供应链与供应链管理

(一)供应链概念的演变及特征

供应链的概念是20世纪80年代初提出的,但其真正发展却是在90年代后期。早期的观点认为供应链是制造企业中的一个内部过程,它是指把从企业外部采购的原材料和零部件,通过生产转换和销售等活动,再传递到零售商和用户的一个过程。传统的供应链概念局限于企业的内部操作层上,它所涉及的主要是物料采购、库存、生产和分销诸部门的职能协调问题,注重企业自身的资源利用。

进入90年代后,人们开始注意供应链的概念与其他企业的联系,注意供应链的外部环境,尤其是消费者的地位得到了前所未有的重视,认为供应链是一个通过链中不同企业的制造、组装、分销、零售等过程将原材料转换成产品,再到最终用户的转换过程。相对于早期的观点,这是一个更大范围、更为系统的概念。供应链不再只是一条生产链了,而是一个涵盖了整个产品运动过程的增值链。

随着信息技术的发展和产业不确定性的增加,今天的企业间关系正呈现出日益明显的网络化趋势,因而,人们对供应链的认识也更加注重围绕核心企业的非线性网链关系,即核心企业与供应商、供应商的供应商的一切向前关系,与用户、用户的用户及一切向后的关系。供应链的概念已经跨越了企业界限,从扩展企业的新思维出发,并从全局和整体的角度考虑产品经营的竞争力,使供应链从一种运作工具上升为一种管理方法体系、一种运营管理思维和模式。

> **基本概念** **供应链**
>
> 供应链是围绕核心企业,通过对信息流、物流、资金流的控制,从采购原材料开始,到产品送达用户手中所涉及的原材料供应商、制造商、批发商、零售商以及最终用户所连成的一个整体功能的网链结构,即由商品的需求到生产,再到供应过程中各经营实体(供应商、制造商、经销商和用户)和活动(采购、制造、运输、仓储和销售)及其相互关系动态变化的网络。

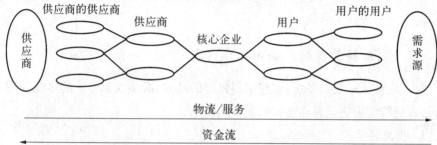

图 4-1　供应链的网链结构

从图 4-1 中可以看出,每一个企业在供应链中都是一个节点,而其中一般都有一个核心企业(可以是制造企业,也可是零售企业),节点企业间是一种需求与供应的关系,各节点企业通过供应链的职能分工和合作,以资金流、物流/服务流为媒介实现整个供应链的不断增值。所以它也是一条增值链。

供应链的网链结构,表明供应链是一个高度一体化的提供产品和服务的增值过程,具有物流、信息流和资金流三种表现形式,其特征主要表现在以下 4 个方面。

1. 复杂性

组成供应链的节点企业都与外部环境之间存在着信息、物质或能量的交换,并且在供应链中相对于核心企业的跨度或层次也是不同的,所以纵横交错组成的复杂状态,也决定了供应链结构和运作模式的复杂性。

2. 动态性

供应链的构建是为了企业战略发展和适应市场需求变化的需要,因此,供应链构建后不可能一成不变。虽然,供应链上的各节点企业在契约框架内形成了一种相对稳定的合作关系,但随着市场环境的变化,企业内部组织和其他因素的变化,原有供应链可能会出现这样或那样的问题,因此,供应链上各节点企业动态调整的频率就会比较高,使得供应链具有明显的动态性。

3. 面向用户需求

供应链的形成、存在、重构,都是基于一定的市场需求而发生的,并且在供应链的运作过程中,用户的需求拉动是供应链中信息流、物流、资金流运作的驱动源。

4. 交叉性

企业常常不只参与一个供应链,并且在不同的供应链中担当不同的角色,所以,一个节点企业既可以是这个供应链的成员,又可以是另一个供应链的成员。供应链之间形成交叉结构。

(二)供应链管理的内涵和工作内容

对供应链这一复杂系统,要想取得良好的绩效,必须找到有效的协调管理方法,供应链管理思想就是在这种情况下提出的。

1. 供应链管理的内涵

> **基本概念　供应链管理**
>
> 供应链管理(Supply Chain Management,SCM)是为了满足顾客的需求,在从原材料到最终产品的过程中,为了获取有效的物资运输和储存,以及高质量的服务和有效的相关信息所做的计划、操作和控制。简单地说,是对供应链上各个相关企业、组织和部门之间的业务联系进行规划、控制、协调和平衡,以提高其效率和效益。

供应链管理是一种集成的管理思想和方法,它利用系统的观点,执行供应链中从供应商到最终用户的物流的计划和控制等职能,从而寻求建立供、产、销企业以及客户间的战略合作伙伴关系,最大限度地减少内耗与浪费,实现供应链整体效率的最优化,并保证供应链中的成员取得相应的绩效和利益,来满足顾客的需求。由此,我们可以从这样几个方面来理解供应链管理的内涵:

第一,供应链管理把对成本有影响和在产品满足顾客需求的过程中起到作用的每一方都考虑在内了,包括从原材料供应商、制造商经过仓库和配送中心再到零售商和商店。

第二,供应链管理的目的在于追求整个供应链的效率和整个系统的成本有效性,力图使系统总成本达到最小。这个成本包括从运输和配送成本到原材料、在制品和产成品的库存成本。因此,供应链管理的重点不在于简单地使运输成本达到最小或减少库存,而在于通过采用系统方法来协调供应链成员,以使整个供应链系统处于最流畅的运作中。

第三,因为供应链管理是围绕着把供应商、制造商、仓库和商店有效率地结合成一体这一问题来展开的,因此它包括公司许多层次上的活动,从战略层次到战术层次,一直到作业层次。

第四,供应链管理的目标是提高顾客的满意程度,即做到将正确的产品或服务,按照合适的状态与包装,以准确的数量和合理的成本费用,在恰当的时间送到指定地方的确定的用户。

2. 供应链管理的内容

供应链管理主要涉及 4 个主要领域,即供应、生产计划、物流、需求(如图 4 - 2 所示)。供应链管理是以同步化、集成化生产计划为指导,以各种技术为支持,围绕供应、生产计划、物流和需求来实施的。因此,企业之间不仅共享库存信息和通过电子数据交换传递信息,而且还支持将各个企业的市场营销、产品设计、生产物流计划和在各个企业中存在的其他活动集成起来,形成一个密切联系且增值的供应链。由此可见,供应链管理的内容包含了各企业的全部活动。如果我们在供应、生产计划、物流、需求 4 个领域的基础上,从职能领域和辅助领域作进一步的细分,那么,职能领域包括产品工程、产品技术保证、采购、生产控制,库存控制、仓储管理和分销管理,辅助领域则包括客户服务、制造、设计工程、会计核算、人力资源和市场营销。

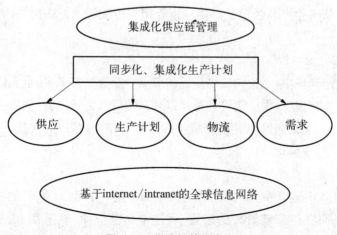

图 4 - 2 供应链管理内容

由此可见,供应链管理关心的并不仅仅是物流实体在供应链中的流动,除了企业内部与企业之间的运输问题和实物分销以外,供应链管理还包括:

(1) 战略性供应商和用户合作伙伴关系的管理;

(2) 供应链产品需求预测和计划;

(3) 供应链的设计(全球节点企业、资源、设备等的评价、选择和定位);

(4) 企业内部和企业之间物流供应与需求管理;

(5) 基于供应链管理的产品设计与制造管理,生产集成化计划,跟踪和控制;

(6) 基于供应链的用户服务和物流管理;

(7) 企业间资金流管理(汇率、成本等问题);

(8) 基于 internet/intranet 的供应链交互信息管理。

供应链管理注重总的物流成本、与用户服务水平之间的关系,为此要把供应链各个职能部门有机地结合在一起,从而最大限度地发挥出供应链整体的力量,达到供应链企业群体获益的目的。

二、供应链管理的特征和原则

(一) 供应链管理的特征

供应链管理是一种先进的管理理念,它是以客户为经营导向,以满足客户的最终期望来从事生产和供应的。供应链管理与传统管理方法比较,有以下 4 个特征。

1. 以客户为中心

在供应链管理中,无论构成供应链的节点企业数量有多少,也无论供应链节点企业的类型有多少,供应链管理都是以客户的需求为导向的,供应链管理的核心是客户价值,它通过降低供应链成本的战略,实现对客户的快速反应,以此提高客户满意度,获得竞争优势。

2. 跨企业合作的双赢理念

传统的企业运营中,供销之间互不相干,是一种敌对争利的关系,系统协调性差。而在供应链管理的模式下,链中由供应商、制造商、分销商、销售商、客户和服务商等组成的各环节不是彼此分割的,而是环环相扣的一个有机整体。供应链管理把物流、信息流、资金流、业务流和价值流的管理贯穿于供应链的全过程。它覆盖了整个物流,从原材料和零部件的采购与供应、产品制造、运输与仓储到销售各种职能领域。它要求各节点企业之间通过合作,建立具有共同利益的合作伙伴关系,实现信息共享、风险共担、利益共存,从而真正实现整体的有效管理。可以说,合作是供应链与供应链之间竞争的一个关键。

3. 集成化管理

供应链管理的关键是采用集成的思想和方法。通过网络技术和信息技术,重新组织和安排业务流程,将企业内部供应链与外部的供应商和用户集成起来,形成一种从供应商开始,经由制造商、分销商、零售商直到最终客户的全要素、全过程的集成化管理模式。管理的重点是以面向供应商和用户取代面向产品,增加与主要供应商和用户的联系,增进相互之间的了解(产品、工艺、组织、企业文化等),相互之间保持一定的一致性,实现信息共享等。

4. 全新的库存观念

传统的库存思想认为:库存是维系生产与销售的必要措施,是一种必要的成本。但是在供应链管理模式下,更强调零库存,库存不是必要的,而变成了一种平衡机制。这是因为供应链管理始终从整体和全局上把握物流的各项活动,把从供应商开始到最终客户的物流活动作为一个整体进行统一管理,从而使整个供应链的库存水平最低,实现供应链整体物流最优化。

以客户为中心,将客户服务、客户满意作为管理出发点的供应链管理的确具有多方面的优势。但是由于供应链是一种网状结构,一旦某一局部出现问题,它会马上扩散到全局。所以在供应链管理的运作过程中就要求各个企业成员对市场信息的收集与反馈要及时、准确,以做到快速反应,降低企业损失。

(二)供应链管理的原则

供应链管理是一个复杂的系统,涉及众多目标不同的企业,牵扯到企业的方方面面,因此实施供应链管理必须遵循一定的原则和方法,确保厘清思路、分清主次,抓住关键问题。

1. 面向最终市场

企业应针对不同的最终市场需求群体,建立相应的供应链系统,强调根据客户的状况和需求,采用不同的服务水平和方式。

2. 适应客户个性化需求设计

美国著名供应链管理教授 Hau L. Lee 提出适应客户个性化需求设计的两个重要思想——延迟化和大规模定制。延迟化是指通过设计产品和生产工艺,使某种具体产品差异化的决策延迟,直至接到订单时为止。大规模定制是指在系统思想指导下,用整体优化的观点充分利用企业已有的各种资源,在标准技术、现代设计技术、信息技术和先进制造技术的支持下,根据客户的个性化需求,以大批量生产的低成本、高质量和效率提供定制产品和服务的生产方式。

产品个性化的实施要把差别化的时间和位置尽可能地靠近用户的位置,由于接近最终市场,可提高需求预测的准确性,减少库存成本和运输费用,获得更快的市场响应速度和敏捷性。实施延迟化和大规模定制,要求制造商与分销商合作,制造商只生产产品的主要组成部分,运到下游分销商,由分销商和零售商根据用户需求随时分配、随时包装,从而提高分销渠道中各方的收益,达到共赢的目标。

3. 重视物流网络重构

物流网络是保证适当的产品在适当的时间和适当的地点,以适当的量满足客户需求的基础。企业一般把库存、仓库、运输和包装等物流网络上的活动统一起来,以满足所有客户的需求,但这种方法忽略了客户需求的差异化。例如,一家造纸企业发现,它的两个客户群存在着截然不同的服务需求,大型印刷企业允许较长的提前期,而小型的地方印刷企业则要求 24 小时内供货。所以,相同的物流网络系统很难满足不同的需求特征,必须对物流网络系统进行重构。物流网络的设计既要体现出合理型,又要体现出灵活性。

4. 一体化需求计划的协调性

企业业务的开展建立在市场的需求信息基础上。企业必须随时搜集、分析市场信息,把握市场需求的动态变化并进行科学预测,在预测的基础上,由供应链中的成员企业共同协调需求计划,决定供应链中的采购、生产、销售等行为,以及时适应需求的变动。

5. 供应链企业间建立双赢的合作

供应链中的大多数节点企业既是供应商又是客户。作为客户,企业享受到与供应商讨价还价的乐趣;作为供应商,企业也必会感受到由自己的客户讨价还价所带来的痛苦。如果供应链中的企业追求这种相互间的成本转嫁,最终会使整条供应链缺乏竞争优势。为此,采购企业在对供应商提出较高要求的同时,为了降低市场价格和增加利润,必须共同担当减少整个供应链成本的目标,就是利益要共享。也就是说通过与供应商的相互协作,降低整个供应链的成本,获取长期双赢收益。

6. 公共信息平台支持

从供应链角度建立公共信息平台,使企业能清楚了解供应链中产品流、服务流、工作流和信息流的执行过程,支持企业多层次、分布式群体决策。

7. 建立整个供应链绩效考核的标准

供应链管理认为绩效产生利润,为了协调整个供应链的运行,要从整体角度去考核供应链的绩效,建立供应链所有成员认可的绩效考核标准。统一的标准可以保证企业间的相互监督,为供应链管理提供共同的参照。整体绩效水平考核的关键标准是客户的满意度。

三、供应链管理的方法

供应链管理理论的产生远远落后于具体的技术与方法。供应链管理最早多是以一些具体的方法出现的。

(一) 快速反应(QR)方法

1. QR 的含义

基本概念　　**快速反应(QR)**

QR 是指在供应链中,为了实现共同的目标,零售商和生产厂家建立良好的伙伴关系,利用 EDI 等信息技术,进行销售时点以及订货补充等经营信息的交换,用多频度、小数量配送方式连续补充商品,最大限度地提高供应链的运作效率。

QR 是美国零售商、服装制造商以及纺织品供应商开发的整体业务概念。

运用 QR 的目的是实现销售额增长、客户服务的最佳化，以及库存量、商品缺货、商品风险和降价最小化。

QR 是物流企业面对多品种、小批量的买方市场，不是储备"产品"，而是准备了各种"要素"，在用户提出要求时，能以最快的速度抽取"要素"，及时"组装"，提供随需服务或产品。

虽然采用快速反应的方法后，单位商品的采购成本会增加很多，但通过频繁地小批量采购商品，顾客服务水平就会提高，零售商就更能适应市场的变化；同时其他成本也会降低，如库存成本和清仓削价成本等，最终提高了利润。

> **实践运用**
>
> **沃尔玛的垂直型 QR 系统**
>
> 1986 年沃尔玛与塞米诺尔公司和米尼肯公司在服装商品方面开展合作，建立垂直型的快速供应系统。为了促进行业内电子化商务的发展，沃尔玛与行业内的其他商家一起成立了 VICS 委员会来协商确定行业统一的电子数据交换技术（EDI）标准和商品识别标准。VICS 委员会制定了行业统一的 EDI 标准并确定商品识别标准采用商品通用条码 UPC。沃尔玛基于行业统一标准设计出信用卡联机自动授权的终端设备 POS 数据的输送格式，通过 EDI 系统向供应方传送 POS 数据。供应方一方面可及时了解沃尔玛的商品销售状况及需求动向，并及时调整生产计划和材料采购计划；另一方面，供应方可利用 EDI 系统在发货之前向沃尔玛传送预先发货清单（ASN）。这样，沃尔玛可以省去货物数据的输入作业，使商品检验作业效率化。沃尔玛在接收货物时，用扫描读取机器读取包装箱上的物流条形码 SCM，把扫描读取机器读取的信息与预先储存在计算机内的进货清单 ASN 进行核对，简化了检验作业。在此基础上，利用电子支付系统 EFT 向供应方支付货款。在与供应商不断合作的基础上，沃尔玛又把零售店商品的进货和库存管理的职能转移给供应方，采用生产厂家管理的库存方式（VMI），供应方对 POS 信息和 ASN（预先发货清单）信息进行分析，把握商品的销售和沃尔玛的库存动向，并决定什么时间，把什么类型

商品,以什么方式向什么店铺发货。发货的信息预先以 ASN 形式传送给沃尔玛,以多频度、小数量进行连续库存补充,即采用连续补充库存方式(CRP)。由于采用供应商管理库存 VMI 和商业租赁计划 CRP,供应方不仅能减少本企业的库存,还能减少沃尔玛的库存,实现整个供应链的库存水平最小化。

分析提示:
☞ 成功进行 QR 活动的前提条件是开发和应用现代信息处理技术,沃尔玛采用了哪些信息处理技术?
☞ 这些技术对提高供应链的运作效率发挥了哪些作用?

2. QR 的成功条件

(1)革新企业的经营意识,改变传统的经营方式。企业要树立通过与供应链各方建立合作伙伴关系,努力利用各方资源来提高经营效率的现代经营意识;要发挥零售商在垂直型 QR 系统中的主导作用;要探讨垂直型 QR 系统内各个企业之间的分工和协作范围及形式,消除重复业务和作业,建立有效的分工协作框架;要通过 POS 数据等销售信息和成本信息的相互公开和交换,来提高各个企业的经营效率。

(2)开发和应用现代信息处理技术。这是成功进行 QR 活动的前提条件。这些技术包括商品条形码技术、物流条形码技术(SCM)、电子订货系统(EOS)、POS 数据读取系统、EDI 系统、预先发货清单技术(ASN)、电子支付系统(EFT)、生产厂家管理的库存方式(VMI)、连续补充库存方式(CRP)等。

(3)与供应链各方建立(战略)伙伴关系。一是积极寻找和发现战略合作伙伴;二是在合作伙伴之间建立分工和协作关系。合作的目标既要削减库存,又要避免缺货现象的发生,降低商品风险,避免大幅度降价现象发生。

(4)改变传统的对企业商业信息保密的做法。在销售信息、库存信息、生产信息、成本信息等方面与合作伙伴交流分享,并在此基础上,要求各方在一起共同发现问题、分析问题和解决问题。

(5)供应方必须缩短生产周期,降低商品库存。具体来说,供应方应努力缩短商品的生产周期,进行多品种、少批量生产和多频度、小数量配送,降低零售商的库存水平,提高顾客服务水平。在商品实际需要将要发生时采用 JIT 生产方式组织生产,减少供应商自身的库存水平。

(二) 有效客户反应(ECR)方法

1. ECR 的含义

 **基本概念　ECR**

> ECR是一个由制造商、批发商和零售商等供应链组成各方相互协调和合作,以更低的成本,更好、更快地满足消费者需要为目的的供应链管理系统。

ECR是1992年从美国的食品杂货业发展起来的一种供应链管理策略。ECR强调供应商和零售商的合作,以满足顾客要求和最大限度降低物流过程费用为原则,使提供的物品供应或服务流程最佳化的一种供应链管理战略。

小资料:宝洁的"持续补货系统"

宝洁是全球最大的日用品制造企业,沃尔玛是全球最大的商业零售企业。1987年,为了寻求更好的手段以保证沃尔玛分店里"帮宝适"婴儿纸尿布的销售,宝洁和沃尔玛开始了协同商务流程革命。开始时,宝洁开发并给沃尔玛安装了一套"持续补货系统",该系统使得宝洁可以通过电脑监视其产品在沃尔玛各分店的销售及存货情况,然后据此来调整自己的生产和补货计划。此项措施很快在客户服务水平的提升和双方库存的下降方面取得了效果,接着宝洁又和沃尔玛合力启动了CPFR(协同计划、预测与补货)流程。这个流程从双方共同的商业计划开始,到市场推广、销售预测、订单预测,再到最后对市场活动的评估总结共9个步骤,构成了一个可持续提高的循环。

2. ECR 实施的条件

ECR流通模式的核心内容是管理,要从传统的流通模式向ECR流通模式转化,就必须对整个商品供应链进行彻底的"4R"革命,即 Restructure(组织构架再造)、Reposition(策略再定位)、Revitalization(企业文化再造)、Reengineering(流程再造)。

(1) 组织构架再造。ECR 是以消费者需求为系统动力,而零售商是第一位置和第一时间与消费者接触的,因此零售商自身的组织化程度至关重要。另外,要在流通全过程中寻找新的组织结构改善方案,制造商、批发商、零售商和社会物流之间,可以通过广泛的合并、合作,形成新的企业集团或战略联盟,通过采用连锁经营的方式提高商业组织化的程度和增强规模经济的效应,以促进供应链的整体优化。

(2) 策略再定位。就是对竞争环境、竞争对手、合作伙伴和竞争策略进行再认识和再定位。实施 ECR 的重点,在于以满足消费者需求为出发点,供应链的上下游之间应彼此分享资讯,共同改进各个流程和经济活动。因此,企业之间的相互信任非常重要,通过企业间的合作,明确阶段性目标和长远目标,并对其所需要的资金和人力投入进行仔细的投资效益评估。

(3) 企业文化再造。实施 ECR 会对企业原有的经营理念、思维方式、管理激励、绩效评估、商品采购等带来冲击。为此,企业内部各部门的作用和关系也需要作重新的调整。要更多地倡导合作精神和团队精神。

(4) 流程再造。要实施 ECR,首先应对整个供应链上所涉及的各方,包括供应商、分销商以及零售商,健全和改善业务流程,使其最合理有效;然后,再以较低的成本,使这些业务流程自动化,以进一步降低供应链的成本和时间。具体地说,实施 ECR 需要将条码、扫描技术、POS 系统和 EDI 集成起来,在供应链(由生产线直至付款柜台)之间建立一个无纸系统,以确保产品能不间断地由供应商流向最终客户;同时,信息流能够在开放的供应链中循环流动。这样,才能满足客户对产品和信息的需求,即给客户提供最优质的产品和适时准确的信息。

3. ECR 方法的运用策略

ECR 是一种把以前处于分离状态的供应链联系在一起来满足消费者需要的工具。ECR 活动是一个过程,这个过程由贯穿于供应链各方的 4 大要素构成,即有效的店铺空间安排、有效的连续补货、有效的促销活动和有效的新产品开发与市场投入(如图 4-3 所示)。

(1) 有效的新产品投入。由于传统的流通模式获取商业信息缓慢和信息传递不通畅,使企业对新产品的导入,投入大笔试销费用,造成很大浪费,并有很高

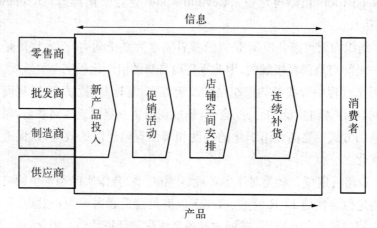

图 4-3 ECR 和供应链过程

的失败率。如果信息收集充足,处理及时,企业就能进行准确市场定位,分析消费趋势,引入有效商品,有针对性地展开促销活动。所以,有效的新产品投入需要零售商和制造商为了双方的共同利益密切合作,通过新产品在一些店铺试销,分析试销的结果,然后根据结果决定如何处理这种新产品,包括淘汰或改进新产品、改进营销技术或策略。

(2) 有效的连续补货。这是通过努力降低系统的成本,从而降低商品的售价。有效的连续补货机制有两种。一是采用小批量、连续的即时补货制。零售商总部根据 POS 系统获取的信息,以及对销售量的预测,利用电脑辅助订货系统向供应商订货,由供应商提供小批量的即时补货,拉动制造商进行产品生产,形成销售和配送的同步运转。这样,即在零售商和供应商之间形成了一套连续补货系统。二是最短距离的商品实体配送制。可以由供应商直接向各零售分店进行配送,也可由区域物流中心或前方物流中心向各零售分店进行接驳式转换配送(Gross-docking)或共享码头转换配送(X-docking),以共享物流中心的设施和仓库资源,降低配送成本。有效的连续补货,其目的就是将正确的产品在正确的时间和正确的地点以正确的数量和最有效的方式送给消费者。

(3) 有效的店铺空间安排。这是通过有效地利用店铺的空间和店内布局,来最大限度地提高商品的盈利能力。零售商可以利用计算机化的空间管理系统,提高货架的利用率,加强商品品类管理和品质管理。在有限的店铺空间内,选择最佳的陈列方式,增加畅销商品和减少滞销商品。通过品质管理,加强商品周转和周转合理化,在供应商的帮助下,不断引进新商品,促进消费需求。

(4) 有效的促销。这是通过简化分销商和供应商的贸易关系,将经营重点从采购转移到销售,使贸易和促销的系统效率最高。食品行业常见的促销活动方式有:消费者广告、消费者促销和贸易促销。

4 大策略的相互关系如图 4-4 所示。

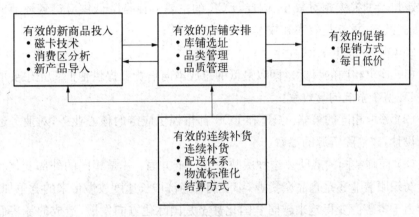

图 4-4　ECR 4 大策略的相互关系

(三) QR 和 ECR 的比较

1. QR 和 ECR 的差异

(1) 侧重点不同。QR 侧重于缩短交货提前期,快速响应客户需求;ECR 侧重于减少和消除供应链的浪费,提高供应链运行的有效性。

(2) 管理方法的差别。QR 主要借助信息技术实现快速补发,通过联合产品开发缩短产品上市时间;ECR 除新产品快速有效引入外,还实行有效的商品管理、有效的促销。

(3) 适用的行业不同。QR 适用于产品单位价值高、季节性强、可替代性差、购买频率低的行业;ECR 适用于产品单位价值低、库存周转率高、毛利少、可替代性强、购买频率高的行业。

(4) 改革的重点不同。QR 改革的重点是补货和订货的速度,目的是最大限度地消除缺货,并且只在有商品需求时才去采购。ECR 改革的重点是效率和成本。

QR 和 ECR 之所以有这些差异，是因为商品的特性不同。QR 主要集中在一般商品和纺织行业，而 ECR 主要以食品杂货业为对象。纺织服装业经营的产品多属创新型产品，每一种产品的寿命相对较短，如果订购数量过多（或过少）造成的损失相对较大，因此，QR 主要目标是对客户的需求做出快速反应，并快速补货，最大限度地消除缺货，重点是补货和订货的速度。而杂货业经营的产品多数是一些功能型产品，每一种产品的寿命相对较长（生鲜食品除外），订购数量过多（或过少）的损失相对较小，因此，ECR 的主要目标是降低供应链各环节的成本，提高效率，重点是效率和成本。

2. QR 和 ECR 的共性

（1）追求相同的目标。即以最低的总成本向消费者提供他们真正想要的商品，实现整个系统的高效率。

（2）采取相同的策略。QR 和 ECR 都重视供应链的核心业务，对业务进行重新设计，以消除资源的浪费。

（3）面临共同的威胁。这种威胁来自三个方面：一是相同的外部变化。无论是纺织服装业还是食品杂货业，都受到了经济增长速度放慢带来的竞争加剧，以及由于零售商变得越来越向全国化甚至是国际化方向发展，造成的零售商和供应商之间的交易平衡发生变化的影响。二是供应商和零售商或批发商的关系。双方都各自追求自己的目标，而忘记了经商的真正原因——满足顾客的需要。三是新的贸易方式的出现，如大型综合超市、仓储俱乐部、折扣店等。

四、供应链管理的几个关键问题

具体地说，在实施供应链管理中需要注意的关键问题主要有以下 6 个方面。

（一）配送网络的重构

配送网络是配送过程中相互联系的组织与设施的集合。由于配送网络中的元素是属于不同企业所有的，这些企业之间都有着自己的利润和风险诉求。因此，他们会从自己的利益出发，采取相应的措施以使自己的利润最大化。为此，要实现整个系统物流配送的无缝连接，达到降低成本、提高客户服务水平的目的，就需要对配送网络进行重构，以供应链的协调和整合机制作为指导思想，从而把供应链中的不同企业作为一个整体来进行规划,从而实现整个系统的配送网络的优化。

(二)供应链集成与战略伙伴关系的构建

建立战略合作伙伴关系是供应链战略管理的重点之一,也是集成化供应链管理的核心,供应链管理的关键就在于供应链各节点企业之间的连接与合作,以及相互之间在设计、生产、竞争策略等各方面的协调,各企业之间要通过互信机制的建立,树立共同的价值观与合作共赢意识,做到相互信任、信息共享、风险共担和利益分享,从而形成长期的战略合作伙伴关系,共同为实现最终顾客满意的目标协同合作。

(三)库存的控制

库存控制是供应链管理中的重要内容,在某种程度上可以说是实现供应链效益的关键。供应链下的库存控制是把视野从一个经营实体扩大到由供应商、制造商、批发商和零售商组成的供应链范围来考虑库存问题,实现供应链企业之间充分交换库存信息,相互协调共同管理库存,使得整体库存的水平下降,甚至有可能实现零库存,从而减少资金积压和库存维持成本,而且还可以提高客户的满意度。

(四)产品的设计

迅速发展的技术、全球竞争以及富有经验的顾客已经促使许多产业增加了产品品种,然而简单增加产品品种并不能保证增加长期利润,而事实上可能损害企业的竞争力。因此,在产品设计与新产品开发中,要综合考虑各种因素,运用适当的策略,如模块化与延迟决策不必相互独立做出,而联合考虑两者会扩大运作优势。同时应该在新产品开发领域,更多地强调供应商的参与,使产品在开发初期就可以充分利用先进的材料、创新的加工方法,从而缩短交货周期和上市时间。

(五)信息技术的支持

供应链管理的关键是充分应用现代信息技术,通过建立信息平台,实现信息的集成、同步、共享与快速响应,使得整个供应链的各环节都能够清楚了解供应链上的物流、资金流、信息流和工作流,以便成员组织之间更好地协调和沟通,从而降低供应链的整体运作成本,减少环节间的延迟时间,改变信息滞后和扭曲现象。

（六）顾客价值的衡量

顾客价值是衡量一个企业对于其顾客的贡献大小的指标。而供应链管理是价值增值和顾客满意的管理思想的体现。供应链管理通过对整个供应链中各参与组织与部门的物流、资金流、价值流与信息流进行计划、协调和控制,优化提高所有相关过程的速度与确定性,从而提高组织的运作效率与效益;通过供应链中的价值增值活动,可以使企业清楚顾客的真正需求所在,取消不增加价值的活动过程,即供应链通过降低顾客成本和增加顾客效益达到顾客价值的最大化。

【创新视频】

通过感知、互联、智能管理优化供应链管理。

——蔡运明

观看光盘视频《供应模式的转型与创新》思考讨论：

1. 传统的供应链企业的转型可以从哪些方面着手？

2. 供应链管理的技术和方法有哪些？

第五章　经营方式创新

在变革的年代里,怎么做比做什么更容易过时。

——彼得·德鲁克

不管你现在做什么或者是有什么想法,你必须要迎接互联网,然后适应互联网,除此之外你别无选择。21世纪,要么电子商务,要么就无商可务。

——比尔·盖茨

世界经济全球化、一体化的趋势对传统工业社会产生了巨大冲击,传统的经营方式已经越来越不适应现代经济发展的需求。信息技术的发展推动了工业型经济向知识型经济转换,也不断推动企业经营模式的突破与创新,从而确保企业在知识经济时代的经营与竞争中不断地发展和壮大。

第一节 精益生产

在全球激烈竞争的市场环境下,制造企业已经实施百年的大批量的生产模式已不能满足当今客户多品种、小批量的需求。被誉为手工生产、流水线生产之后的第三种生产方式精益生产引起了普遍关注。通过精益管理和精益生产方式的相互融合,可以持续改进生产流程和业务流程,减少生产运营中的浪费,降低企业运营成本,从而为企业在市场中形成竞争优势奠定坚实的基础。

一、精益生产的背景

第二次世界大战以后,日本汽车工业开始起步,但此时统治世界汽车工业的是以美国福特为代表的大批量生产方式。当美国汽车工业处于发展的顶点时,日本的汽车制造商无法与其在同一生产模式下进行竞争,丰田汽车公司从成立到1950年的十几年间,总产量甚至不及福特公司一天的产量。与此同时,因为日本国土狭小,原材料、能源、资金及熟练工人都严重短缺。特别是二战后不久,百业待兴,困难重重。正是在这种环境下,丰田开始寻求适合日本需要的生产方式的革新。公司副总裁大野耐一首先在自己负责的工厂实行一些现场管理方法,在取得初步实效的基础上,大野耐一式的管理在更大的范围内得到应用,并通过对生产现场的观察和思考不断加以改进,提出了一系列革新,最终建立起一套适合日本的丰田生产方式。从20世纪50年代到70年代,丰田公司以这种独特的生产方式取得了显著的成就。1973年石油危机后,日本经济开始下滑,但丰田公司的业绩却出乎意料地上升,逐渐拉开与同行的差距。由此,丰田生产方式开始受到重视,在日本得到了普及推广,并体现了巨大的优越性。

小资料

20世纪70年代到80年代,日本制造业迅速崛起,其产品大量涌入美国和欧洲市场,对美国和欧洲构成了极大的威胁。例如,1955年美国的汽车产量占世界的 3/4，到 1989 年则下降为 1/4，而日本却占 30% 以上；电视机是在美国诞生的，但是到了 1987 年，美国生产电视机的工厂只剩下一家，其产品仅占国内市场的 15%，其他主要为日本货；60 年代，美国是机床第一生产大国，而从 70 年代中期开始，日本就超过美国而遥遥领先。

20 世纪 80 年代，美国麻省理工学院在丹尼尔·鲁斯教授的领导下，耗资 500 万美元，启动了"国际汽车计划"（MVP）研究项目，组织 50 多名专家、学者，用了近 5 年的时间，对 14 个国家的 90 家汽车厂进行考察，对大批量生产方式与丰田生产方式进行对比分析，于 1991 年出版了《改造时间的机器》一书，书中第一次把丰田生产方式定名为 Lean Production（即精益生产方式），对其管理思想的特点和内涵进行了详细的描述。该研究成果立即引起轰动，并在企业界掀起了学习精益生产方式的热潮。

二、精益生产的特点

精益生产是综合了大量生产与单件生产方式的优点，力求在大量生产中实现多品种和高质量产品的低成本生产。精，即少而精，不投入多余的生产要素，只是在适当的时间生产必要的数量；益，即所有经营活动都要有效益，具有经济性。精益生产就是及时制造，消灭故障，消除一切浪费，向零缺陷、零库存进军。

> **基本概念　精益生产**
>
> 精益生产又称精良生产，是企业通过系统结构、人员组织、运行方式和市场供求等方面的变革，使生产系统能很快适应用户需求的不断变化，并能使生产过程中一切无用、多余的活动被精简，最终使包括市场供销在内的生产的各方面达到最好结果的一种生产管理方式。

精益生产概念的提出，把丰田生产方式从制造领域扩展到产品开发、协作配套、销售服务、财务管理等领域，贯穿于企业生产经营活动的全过程，使其内涵更为全面、丰富，对指导生产方式的变革更具针对性和可操作性。精益生产作为满足市场需求多元化的现代化管理方法和手段,其特点主要体现在以下4个方面。

(一)以精简为手段,消除生产中一切不增值的活动

精益生产把生产中一切不能增加价值的活动都视为浪费。在生产过程中,采用先进的柔性加工设备,减少非直接生产员工的数量。另外,采用准时生产制和看板方式管理物流,大幅度减少库存甚至实现零库存,也减少了库存管理人员、设备和场所。

(二)以人为中心,充分发挥一线员工的潜力

精益生产把工作任务和责任最大限度地转移到直接为产品增值的员工身上,而且任务分到小组,由小组内的员工协作承担。为此,要求员工精通多种工作,减少不直接增值的员工,并加大员工对生产的自主权。当生产线发生故障,员工有权自主决定停机,查找原因,做出决策。小组协同工作使员工工作的范围扩大,激发了员工对工作的兴趣和创新精神,更有利于精益生产的推行。

(三)适度自动化,提高生产系统的柔性

精益生产方式并不追求制造设备的高度自动化和现代化,而强调对现有设备的改造和根据实际需要采用先进技术。按此原则来提高设备的效率和柔性。在提高生产柔性的同时,并不拘泥于柔性,以避免不必要的资金和技术浪费。柔性生产是全面的,不仅是设备的柔性,还包括管理、人员和软件的综合柔性。

(四)持续改进,实现精益求精

精益生产把"完美"作为不懈追求的目标,即持续不断地改进生产,消除废品,减少库存,降低成本和使产品品种多样化。而富有凝聚力、善于发挥主观能动性的团队,高效灵活的生产柔性,六西格玛的质量管理原则等,都是追求完美的有力保证。完美就是精益求精,就是要求企业永远致力于改进和不断进步。

从生产方式的演变过程来看,任何一种生产方式都有一个产生、发展和衰退

的过程。每种生产方式有其优点,也有其缺点。精益生产方式与传统生产方式相比,显示了比传统生产方式更为明显的特征差异,见表 5-1。

表 5-1 精益生产与传统生产比较

比较内容	精益生产	传统生产
安排生产进度的依据	顾客的订单(看板拉动计划)	预测
产成品的流向	及时满足顾客的需要,及时发货	入库,等顾客来了再卖
生产周期	以小时或天计算	以周或月计算
批量生产规模	小,连续生产流程,单件产品生产	大,批量生产,排队供应
生产布局	按照生产流程来确定设备的布局,安排紧凑,节省空间和运输费用	工艺专业化/对象专业化
质量保证措施	质量贯穿在生产中,不先靠检查,六西格玛的质量管理原则确保质量	通过大量的抽样检查
员工工作配置	一人多机	一人一机
员工权利	有权自主处理生产中的异常问题	无权处理生产中存在的问题
存货水平	低,仅存在于工序之间,交货频繁	高,产成品积压,在制品库存多
存货周转率	高,每年超过 20 次	低,每年 6—9 次,甚至更少
生产柔性	高,容易调整和实施	低,难于处理和调整
制造成本	稳定,或者降低,易于控制	成本增加且难以控制

三、精益生产的基本原理

(一)精益生产的指导思想

持续改善是精益生产的指导思想。在事物不断发生变化的今天,每天会出现新事物、新问题,任何先进的生产方式和方法都有自身缺陷,都有待改善的方面。谁持续改善,谁就赢得竞争,赢得用户的信赖和满意,吸引源源不断的新老客户。因此,持续改善就是追求理想境界,永远不满足于现状,不断发现问题,寻找原因，提出工作分析方法和改善措施，使工作质量不断提高。

持续改善的基本原则是发现和消灭耗费了资源而很少产生价值的活动，实现准时生产。因而，持续改善是一种渐进式的进步，通过细微的改变，连续的过程，日积月累，一步一个脚印，从而获得成功。同时，持续改善也是众人努力、全员参与的过程。为此，通过营造一个全员参与改善的氛围，来充分挖掘员工潜能就显得尤为重要。在良好的氛围中，每位员工犹如一个充满活力的细胞，使整个企业能源源不断地获得员工提出的合理化提案，这些提案将帮助企业改善各个局部运营能力，达到企业最终运营目标。持续改善的企业，最重要的就是要有紧张感，一个安逸的企业，永远没有变革的希望。

（二）精益生产的目标

消除一切浪费是精益生产的基本目标。精益生产中的浪费是指超出增加产品价值所必需的绝对最少的物料、机器和人力资源、场地和时间等各种资源的部分。这里包含两层含义：一是一切不增加价值的活动都是浪费。不增值活动是指对最终产品及顾客没有意义的行为。二是即使对那些增加价值的活动，如果其资源超过了"绝对最少"的界限，也是浪费。资源占用和企业资源优势利用是一个相对参数，企业应以越来越少的投入——较少的人力、较少的设备、较短的时间和较小的场地创造出尽可能多的价值，快速适应客户需求的不断变化，同时也越来越接近用户，提供符合他们确实需要的东西，并能使生产过程中一切无用、多余的东西被剔除。因此，以精益生产的浪费观点来审视，就会发现企业存在各种不同的浪费，包括产品开发流程、接受订单流程和办公室管理流程等。具体有以下7种表现。

1. 制造过剩浪费

制造过剩浪费是指制造过多或过早造成库存而产生浪费。制造过多是指生产量超过需要量，制造过早是指比预定的需求时间提前完成生产。制造过剩的浪费被视为最大的浪费，精益生产强调准时生产，就是在必要的时间，生产必要数量的必要产品。由其他理由而生产出来的产品，都是浪费。

2. 库存浪费

库存是企业经济活动中的重要组成部分。它具有双重性：库存一方面占用资金，减少企业利润，甚至导致企业亏损；另一方面能防止短缺，有效缓解供需矛盾，使生产尽可能均衡进行。因此大批量生产方式认为库存是必要的。但是在精益生产中几乎所有的改善行动都会直接或间接地与消除库存有关。而且,精益生产正是依靠不断地减少库存量,使各种问题不断地被暴露出来,并设法解决,以此来不断提高管理水平。

3. 搬运浪费

生产中搬运是一种常见的现象。但不管如何搬运,都不会产生附加价值。研究发现,工业品在全部生产过程中平均只有5%—10%的时间是处于直接加工制造过程,其余90%都处于搬运、储存状态。在我国,一般企业的搬运费用占生产成本的20%—30%。由此可见,消除搬运的浪费将会产生较大的经济效益。之所以会产生搬运浪费,主要是因为搬运增加物料在空间上的移动时间,多耗费人力,占用搬运设备与工具;另外,在搬运过程中,还会因碰坏等原因造成不良品等浪费。

4. 加工浪费

超过需要的作业被称为加工浪费。加工浪费分为两种:一种是质量标准过高的浪费,即过分精确的加工浪费;一种是作业程序过多的浪费,即多余的加工浪费。加工浪费将导致产品成本增加。在产品的制造过程中,有很多加工工序是可以通过取消、合并、重排和简化改善四原则方法进行改善的。

5. 动作浪费

不产生附加价值的动作、不合理的操作、效率不高的姿势和动作都是动作的浪费。常见动作浪费包括:两手空闲、单手空闲、左右手交换、步行过多、移动中变换方向、伸背动作等,因此,设计好作业,可以省掉很多多余的动作,既节约了时间,又可以减轻员工的劳动负荷。

6. 等待浪费

由于某种原因造成的机器或人员的等待被称为等待浪费。造成等待浪费的原因通常有:生产线的品种切换、计划安排不当导致的忙闲不均、缺料使机器闲置、机器设备发生故障等。

7. 不良品浪费

不良品的浪费是由于工厂内出现不良品,在进行处置时所造成的时间、人力、物力上的浪费,以及由此造成的相关损失。这类浪费具体包括:不良品不能修复而产生废品时的材料损失;设备、人员和工时的损失;额外的修复、鉴别、追加检查的损失;有时需要降价处理产品,或者由于耽误出货而导致工厂信誉的下降等。精益生产提倡"零不良率",要求及早发现不良品,确定不良品发生的源头,从而杜绝不良品的产生。

小资料:

美国的线模公司通过5年的精益生产管理实践,其产品开发时间从3年缩短到3—6个月,一般产品生产时间由原来的4—6周,缩短到1—2天,销售额是实施前的215倍,营业利润是实施前的6倍。

(三) 精益生产的主要内容

1. 主查制的开发组织,并行式的开发程序

精益生产的产品开发组织是比较紧密的矩阵工作组,由主查负责领导。所谓主查就是产品开发项目负责人。由于并行式开发要求产品开发人员从一开始就考虑产品整个生命周期中从概念形成到产品报废的所有因素,包括质量、成本、进度计划和用户要求。因此,产品工作组内有来自不同部门、不同专业的工作人员,包括来自设计、工艺、销售、核算、现场工人等有关的各职能部门的人员。他们协同工作,消除了专业间的隔阂,主查虽不具有行政权力,但具有权威性,这样有利于从项目开发的需要出发,统筹规划,有权灵活地调用人力、物力、财务资源,大大缩短了产品的开发周期和产品的上市时间。

2. 拉动式的生产管理

拉动式生产是一种全新的生产管理系统。精益生产组织生产制造过程的基本做法是用拉动式管理代替传统的推动式管理。

> **基本概念 拉动式生产**
>
> 拉动式生产是从市场需求出发,由市场需求决定产品组装,再由产品组装拉动零部件加工。即每道工序或每个车间都是按照当时的需要向前一道工序或上游车间提出需求,发出工作指令,上游工序或车间完全按照这些指令进行生产,整个过程相当于从后工序向前工序拉动。

按照拉动式生产的原则，每道工序都按下道工序的要求，在适当的时间，按需要的品种与数量进行生产，就不会出现计划产量和实际产量不符的现象了，也就不会出现中间库存。拉动式生产可以真正实现按需生产，因此，精益生产采用拉动式生产系统，生产指令由最后一道工序开始，在需要的时候依次向前传递，这就使得准时化生产成为可能。特别是在采用看板这种管理工具之后，看板就成为精益生产方式中最为显著的管理工具，在保证适时适量生产中起着至关重要的连接作用。

3. 以人为本的管理体制

人是精益生产的核心，人在精益生产中起着决定性作用。因此，精益生产方式自始至终坚持人本管理，把开发人力资源放在首要位置，认为人是最主要的生产要素，取代了过去那种"机器中心论""全盘自动化"和"无人工厂"的思想，把人看成比机器更为重要的固定资产，对雇员实行"终身雇用制"，消除了雇员的后顾之忧，每个员工都将自己看作企业的主人。同时在企业中强调团队精神，建立共同的价值观，培养集体荣誉感，让全体员工参与企业的建设与管理，有效调动了员工的工作积极性。

4. 简化产品检验环节，强调一体化的现场质量管理

精益生产方式对产品质量的观点是：质量是制造出来的，而不是检查出来的，认为一切生产线外的检查把关及返修都不能创造附加价值，而把保证产品质量的职能和责任转移到直接生产操作人员，要求每一个作业人员尽职尽责，精心完成工序内的每一项作业。由于将问题解决于成品之前，使成品的返修率大大减少，并减少了总装厂内检修面积，降低了产品成本。

5. 总装厂与协作厂的相互依存

精益生产方式主张在总装厂与协作厂之间建立起一种相互依存的信任关系，以代替单纯订货式的买卖关系。这种协作关系是总厂有相对固定的协作厂，总厂和协作厂都相互拥有对方的股份，使双方利益相关，总厂经常派人对协作厂进行指导，协作厂也会想办法对所供零件改进工艺性，提高质量，降低成本。如果总厂在竞争中获利，协作厂也会从中得到利益。因此，这种伙伴协作关系，提高了整体的灵活性和竞争力，使生产向更有效的方面发展。

6. 以顾客为中心的销售策略

精益生产改变了由经销人员在经销点坐等用户上门购买的被动销售方式，

而是采取主动销售,由经销人员主动登门拜访推销产品。一旦成交,企业会不遗余力地维护这种关系,用户的一切情况都将被存入信息系统,以待用户更换产品时推荐适合的产品。由于得到了良好的售前、售后服务,用户一般都满意这种关系。

四、精益生产的保障措施

精益生产的保障措施,反映了实现精益生产的各种方法,以及它们之间的相互关系。

(一)品质保证

1. 全面质量管理

全面质量管理是以质量为中心、以全员参与为基础,使顾客和所有相关方受益而达到长期成功的一种管理途径。精益生产以"零不良"为目标,强调质量是生产出来而非检验出来的,由生产中的质量管理来保证最终质量。生产过程中,在每一道工序上都进行质量的检验与控制。质量保证的特点是:第一,建立"动态小组",对于出现的质量问题,能随时处理,并查出根源,以便杜绝类似的问题;第二,重视每位员工质量意识的培养,生产线上的员工,如果在生产过程中发现质量问题,根据情况,可以立即停止生产,直至解决问题,从而保证不出现对不合格品的无效加工。

2. 自働化

自働化是精益生产的支柱之一,是品质保证的一个重要手段。精益生产的自働化不是单纯的自动化,而是包括人的因素在内的自动化。它是具有自动监视和管理异常状况、防止产生不合格品的装置、方法和机制的自动化。在丰田汽车公司,其被称为"带人字旁的自动化",简称为自働化。

自働化在生产组织中融入这样两种机制:一是建立了使设备或生产线能够自动检测不良产品,一旦发现异常或不良产品可以自动停止设备运行的机制。为此在设备上安装了各种自动停止的装置和加工状态检测装置。二是建立了生产第一线的操作工人发现产品或设备的问题时,有权自行停止生产的管理机制。因此,它不同于一般意义上的自动化。两者的比较见表5-2。

表 5-2　自働化与自动化的比较

自　働　化	自　动　化
机器自身可以发现异常并及时停机	出现异常须有人停机,否则将连续运行
不产生不良品,可以防止设备、模具、夹具等出现故障损坏	不能及时发现不良品生产,易造成设备、模具、夹具出现故障损坏
容易发现异常原因,防止再次发生	难以发现异常原因,也难以防止再次发生
省人	省力

由此可见,自働化是实现精益生产基本目标的重要手段,自働化和准时化生产是精益生产的两大支柱。

(二) 准时化生产

1. 准时化生产的目标

　**准时化生产**

准时化生产(Just In Time, JIT)就是在必需的时刻按必需的数量生产必需的产品。

精益生产的基本目标是消除一切浪费。准时化生产采用灵活的生产组织形式,根据市场需求的变化,及时、快速地调整生产,依靠严密细致的管理,通过"彻底排除浪费",防止过量生产,从而实现企业目标。因此,它成为精益生产的支柱之一。但是要实现这一基本目标,准时化生产必须很好地实现三个子目标,即零库存、高柔性和无缺陷。

(1) 零库存。在畅通的生产系统中,在制品和成品库存被视为一种资产,代表系统中已累积的价值增值。但在准时化生产方式中,库存被认为是一种浪费,一个充满库存的生产系统,会掩盖系统中存在的各种问题。例如,设备故障造成停机、工作质量低造成废品或返修、横向扯皮造成工期延误、计划不周造成生产脱节等,都可以动用各种库存,使矛盾钝化、问题被淹没。表面上看,生产仍在平衡进行,实际上整个生产系统可能已千疮百孔,因此,准时化生产是要通过不断减少各种库存来暴露生产管理中的问题,找出这些问题的根源,并采取相应的措施解决这些问题,来不断消除浪费,进行持续改善。"零库存"也就成为准时化生产追求的主要目标之一。

(2) 高柔性。高柔性是指企业的生产组织形式灵活多变,能适应市场需求多样化的要求,及时组织多品种生产,以提高企业的竞争能力。由于企业面临多品种、小批量生产的问题,实现系统的高柔性就显得非常必要。高柔性包括设备的柔性、流程的柔性和人员的柔性。设备的柔性是指在同一台设备上可以生产多种产品,并且机器在切换生产不同产品所需的准备时间很短。人员的柔性就是要对人员进行多种技能的培训,使人员能够掌握操作多种设备,从事多种工种,即成为"多面手"。流程的柔性就是对生产设备进行合理的布置,使物料在整个生产过程中保持连续。通过提高系统的柔性,实现高柔性与高生产率的统一。

(3) 零缺陷。高质量来自零缺陷的产品,"错了再改"得花费更多的金钱、时间与精力,强调"第一次就做对"非常重要。每一个人若在自己工作中养成了这种习惯,凡事先做好准备及预防工作,认真对待,防患于未然,在很多情况下就不会有质量问题了。因此,追求产品质量要有预防缺陷的观念,凡事第一次就要做好,事后的检验是消极的、被动的,而且往往太迟。各种错误造成需要重做零件的成本,常常是几十倍的预防费用。因此要建立"零缺陷"质量控制体系,在缺陷预防上下工夫。

2. 准时化生产实施的前提条件

(1) 生产流程化。生产流程化的主要目的是减少库存或在制品,是实现生产均衡化的前提。

> **基本概念** 生产流程化
>
> 生产流程化是按生产所需的工序从最后一个工序开始往前推,确定前面一个工序的类别,并依次恰当安排生产流程,根据流程与每个环节所需库存数量和时间先后来安排库存和组织物流,尽量减少物资在生产现场的停滞与搬运,让物资在生产流程上毫无阻碍地流动。

对于企业来说,各种产品的产量必须能够灵活地适应市场需要量的变化,而生产过剩会引起人员、设备、库存费用等一系列的浪费。因此,避免这些浪费的手段就是实施适时适量生产,只在市场需要的时候生产这些产品。

为了实现适时适量生产，首先需要致力于生产的同步化。即工序间不设置仓库，前一工序的加工结束后，使其立即转到下一工序去，实现一个流生产。对铸造、锻造、冲压等必须成批生产的工序，则通过尽量缩短作业更换时间来缩小生产批量。生产的同步化通过"后工序领取"的方法来实现。这样，制造工序的最后一道即总装配线成为生产的出发点，生产计划只下达给总装配线，以装配为起点，在需要的时候，向前工序领取必要的加工品；而前工序提供该加工品后，为了补充生产被领走的量，必须向再前道工序领取物料，这样把各个工序都连接起来，实现同步化生产。

另外，同步化生产的实现还需相应的设备配置方法以及人员配置方法。即要按照产品加工顺序来布置设备和弹性配置作业人数。具体方法是实施独特的设备布置，以便能够在需求减少时，将作业所减少的工时集中起来，以整顿削减人员。但这从作业人员的角度来看，意味着标准作业中的作业内容、范围、作业组合以及作业顺序等的一系列变更。因此，为了适应这种变更，作业人员必须是具有多种技能的"多面手"。

（2）生产均衡化。在生产中有时会出现工作量超出人员或机器设备负荷的情况，有时也会出现工作量不足的情况。这种不均衡的问题来自不合理的生产日程，或是因为内部问题而导致的产量波动。可见，消除不均衡是杜绝浪费问题的基础。

基本概念　生产均衡化

生产均衡化是指总装配线在向前道工序领取零部件时，应均衡地使用各种零部件，混合生产各种产品，使单位时间的品种和数量保持恒定。

均衡不仅是数量，而且包括品种、工时、设备负荷的全部均衡。为此，在制订生产计划时就必须加以考虑，然后将其体现于产品生产顺序计划之中。在制造阶段，均衡化通过专用设备通用化和制定标准作业来实现。所谓专用设备通用化，是指通过在专用设备上增加一些工夹具的方法使之能够加工多种不同的产品。标准作业是指将作业节拍内一个作业人员所应担当的一系列作业内容标准化。

与传统的大生产方式不同，准时化生产中将一周或一日的生产量按分秒时间进行平均，所有生产流程都按此来组织生产，这样流水线上每个作业环节上单位时间必须完成多少、何种作业就有了标准定额,所在环节都按标准定额组织生产,因此要按此生产定额均衡地组织物品的供应、安排物品的流动。均衡化生产使产品稳定地平均流动,避免在作业过程中产生不均衡的状态。均衡化生产既是实现准时化的前提条件,也是实现看板管理的基础。

3. 看板管理

(1)看板和看板管理。看板一词起源于日语,是传递信号、控制生产的工具,通过看板组织生产、传递工件,就构成了看板控制系统。看板系统是实现准时生产的一种工具。看板管理是精益生产方式中最独特的部分。

> **基本概念**　**看板管理**
>
> 看板管理是协调管理企业的一个生产信息系统,就是利用看板在各工序、各车间、各工厂以及协作厂之间传送作业命令,使各工序都按照看板所传递的信息执行,以此保证在必需时间制造必需数量的必需产品,最终达到准时化生产的目的。

(2)看板的功能。看板按照用途可以划分为:生产指示看板、领取看板、特殊用途看板。看板具有指示的功能、目视管理的功能和现场改进的功能。

第一,指示功能。指示功能是指按照看板指示的数量进行生产与搬运,这是看板的最基本功能。在精益生产方式中,生产的月度计划是集中制定的,同时传达到各个工厂以及协作企业。而与此相对应的日生产指令只下达到最后一道工序或总装配线,对其他工序的生产指令均通过看板来实现,也就是以逆向"拉动式"方式控制着整个生产过程:从生产终点的总装配线开始,依次由后道工序向前道工序"在必要的时刻领取必要数量的必要零部件",而前道工序则"在必要的时刻生产必要数量的必要零部件",以补充被后道工序领取走的零部件。这样,看板就在生产过程中的各工序间周转着,从而将与取料和生产的时间、数量、品种等有关的信息从生产过程的下游传递到了上游,并将相对独立的工序个体联结为一个有机的整体。由于生产是不可能100%完全按照计划进行的,日生产量的不均衡以及日生产计划的修改都通过看板来进行微调。看板就相当于工序之间、部门之间以及物流之间的"神经系统"而发挥着作用。

第二,目视管理功能。目视管理是利用形象直观、色彩适宜的各种视觉感知信息来组织现场精益生产活动,达到提高劳动生产率这一目的的一种管理方式。看板是进行目视管理的工具。按照看板运用的规则:"看板必须附在实物上存放""前工序按照看板取下的顺序进行生产",作业现场的管理人员对生产的优先顺序能够一目了然,很容易管理。只要通过看板所表示的信息,就可知道后工序的作业进展情况、本工序的生产能力利用情况、库存情况以及人员的配备情况等。

第三,现场改进功能。看板也是改善的工具。在准时生产中,通过不断减少看板数量来减少在制品的中间储存。在一般情况下,如果在制品库存较高,即使设备出现故障、不良品数目增加也不会影响到后道工序的生产,所以容易把这些问题掩盖起来,而且即使有人员过剩,也不易察觉。而看板管理由于不能把不良品送往后工序,后工序所需得不到满足,就会造成全线停工,由此可立即使问题暴露,从而采取改善措施来解决问题。这样通过改善活动不仅使问题得到了解决,也使生产线的"体质"不断增强,带来了生产率的提高。

(3)实施看板管理规则。实施看板管理,目的是实现生产信息的快速传达和各生产单元的信息共享。因此在使用看板时必须遵守以下5条规则:

第一,后工序在必需的时候,按必需的数量,向前工序领取必需的物品。简单地说就是"由后工序领取"。将传统的"供给"转换为"领取",就可以有效地消除各种浪费,实现准时生产。为了做到这一规则,须做到不见看板不能领取;领料不得超过看板数目;看板必须跟着零件走。

第二,前工序仅按被后工序领取的物品和数量进行生产。为此,必须使生产的零件数目不超过看板上的数目。当前工序生产多种物品时,必须按照看板送来的先后顺序安排生产,以免耽误后工序中其他工序工时出现混乱,保持各工序之间的平衡。

第三,绝对不能将不合格品送到后工序。因为将不合格产品交给下道工序,不仅会造成更多的浪费,还会影响整个生产过程,只有禁止前道工序将不合格产品交给下道工序,才能使生产不合格品的工序及时去发现不合格品,并采取改进措施,否则可能会导致后道工序的停产。

第四,必须把看板数量减少到最小程度。因为看板的数量表示着某种零部件的最大库存量,所以有必要把它控制到最小程度。通过有计划地主动减少看板,可及时发现问题,并找出原因。当需要找出某工序生产存在的问题时,则减少发出的工序内看板;当需要找出搬运方面或后工序工作点存在的问题时,则减少发出的工序间领取看板数。通过不断地减少看板数量,使得现场的改善活动不断进行。

第五,通过看板对生产进行微调。看板控制应该能够适应突发性的小幅度需求变动或紧急情况。由于市场上的需求和生产上的紧急事态都是不确定的,计划部门不会把生产计划的变更通知到所有工序,而关键是控制最终装配线工序,当最终装配线接到一日生产顺序计划,依照看板取下数目就可进行生产,而无需通知所有制造过程变更生产计划,这种微调只适于小幅度的需求变动,一般应控制在整个计划的10%之内。

(三) 充分发挥员工的智慧和创造力

精益生产的中心是员工,企业把员工的智慧和创造力视为宝贵财富和未来发展的原动力。通过发挥员工及其团队的创造力,达到持续改善、消除一切浪费的目的。

1. 以人为本

企业把每一位员工放在平等的地位,并将员工看作企业的合伙人,而不是可以随意替换的零件;鼓励员工参加管理和决策,并尊重员工的建议和意见。员工在这样的企业中能充分发挥自己的智慧和能力,并能以主人翁的态度完成和改善工作。

2. 重视培训

企业的经营能力依赖于组织的活力,而这种活力来自员工的努力。只有不断提高员工的素质,并为他们提供良好的工作环境和富于挑战性的工作,才能充分发挥他们各自的能力。精益生产的成功同样依赖于高素质的技术人才和管理人才。它要求员工不仅掌握操作技能,而且具备分析问题和解决问题的能力,从而使生产过程中的问题得到及时的发现和解决。因此,精益生产重视对员工的培训,以挖掘他们的潜力。

3. 团队工作

精益生产认为要在企业生产经营活动所有环节中彻底杜绝浪费,仅仅依靠少数的管理人员和技术人员是不可能的,关键还要依靠全体人员的努力。因此,它特别重视团队工作法。精益生产之所以能够做到尽善尽美,关键在于最大限度地把权力与责任下放到组织的基层,并通过基层不断改善来解决企业中存在的各种问题。

实践运用

XJ集团公司的精益生产与持续改善

XJ集团公司是中国电气组件和系统制造行业的领头羊,该公司有多个工厂,员工12 000多名。公司高层管理者希望进一步缩短提前期以提高生产力,为此他们任命了一个精益团队来实施改善。然而两年过去了,这个精益团队几乎没有任何进展。这时公司管理者意识到错误,"必须要靠员工参与才能实现精益生产。没有员工参与什么事都成功不了,更别说持续改善了"。2011年,XJ集团聘请了全球改善的中国团队,让他们帮助更加全方位地推行改善。

首先明确高层管理者作为精益生产支持者和第一负责人的角色,对高层管理者进行精益培训。培训的内容涵盖了从可视化管理的组织方法,到运用拉动系统减少库存的方法等方面。高层管理者的支持已经到位了,培训的重心转向中层管理者。刚开始人们还不太愿意接受,但是随着理解了XJ集团可以从中获得的益处后,大家开始逐渐改观。很快,集团就组成了好几个团队,队员们都是热情的员工,愿意在各自的领域领导精益改善。接下来就是实施这些精益流程。由于XJ集团是一个大公司,高层管理者深知,改变必须循序渐进。XJ集团从四个子公司开始,这些公司把它们的资源集中在有限的几个精益改善项目上。所有这些项目都围绕着集团高层管理者确定的两个主要改善目标,即提前期和生产效率。精益团队从基本的工作开始做起。他们运用5S来创造一个可视化工作环境,在这个环境中,各个工作单元可以轻松交流,他们还改变了机器的布局,以尽量减少车间员工需要走动的距离。这样,一个更有组织、可视化和舒适的工作环境也形成了。逐渐地,员工们开始完全理解"流"的意义。

XJ集团的一家子公司,在改善团队引入5S后,改进了不同工作单元之间的交流,还设置了一个库存超市来帮助生产单元对客户需求做出快速响应。通过这些方法,公司已经不再大批量制造产品,而是只在客户下订单时才做出反应。除了显著地消除库存外,提前期也从6.7天骤降到了1个多小时,降幅高达97%。此外,员工们的生产率也上升了30%。XJ集团的另一家子公司则成功地改变了它的装配流程。由于原先是一个操作者独自完成一个产品从开始到最后的每一道工序,这样就会有很多冗余的动作、搬运和运输,运用精益思想,员工们将生产过程分解成5个不同的阶段,并指派一名员工负责某个阶段的所有步骤。每个人将完成自己的工作,并将产品传递到下一个阶段,这样就创造了一个顺畅的"流",效率因此提高了45%。如果没有XJ集团员工的热情投入,这样的改善成果就不可能出现。XJ集团高层管理者意识到人是精益思想背后的推动力。为此在取得了喜人的成绩后,集团开始回馈员工,员工们的工资提高了,工作条件和环境也变得更人性化、更舒适了。

分析提示:
☞ 为什么公司最初的精益团队几乎没有任何进展?
☞ 请查阅文献理解什么是提前期?公司为什么将精益改善的目标设定为缩短提前期?
☞ 公司是如何推进精益生产的?
☞ 公司推进精益生产的实效如何?

第二节 业 务 外 包

企业面临环境的不确定性越来越强,客户对企业产品或服务的要求越来越苛刻,这就要求企业有较强的柔性去快速响应客户的需求。但是企业所拥有的资源是有限的,因此企业必须善于利用外部资源。业务外包就是企业利用外部资源解决内部资源不足的有效手段。

一、业务外包的含义和特征

(一)业务外包的内涵

"外包"这种管理模式是由工业经济时代的社会分工与协作组织在当今知识

经济形势下的发展与演变。从 20 世纪 80 年代后期开始,一股由美国刮起的"外包"之风,逐渐成为全球企业界的一股潮流。1990 年,美国学者普拉哈拉德(C. K. Prahalad)和哈默尔(Gary Hamel)在《企业核心能力》中正式提出业务外包概念。他们认为,业务外包是指企业基于契约,将一些非核心的、辅助性的功能或业务外包给外部的专业化服务机构,利用他们的专长和优势来提高企业的整体效率和竞争力。业务外包推崇的理念是,如果企业价值链和供应链上某一环节不是最擅长的部分,那么就外包给具有这方面竞争优势的企业去做,这样强强联手的效果就愈发的卓越,企业可以创造更多的价值。这样的资源配置过程是一个增值的决策过程,如果企业能以更低的成本获得比自制更高价值的资源,那么则应该选择业务外包。目前,外包在世界范围内已成为一种现代企业经营管理的趋势。

> **基本概念　业务外包**
>
> 业务外包是一种由内部驱动而产生的资源优化配置过程,它通过将某业务交由那些能比自己更有效率、更有效果完成该任务的外部企业或组织执行,甚至与其形成资源互补的战略伙伴,从而集中精力培育和提升企业的核心能力,实现自身的持续性发展。

作为企业通过合同关系将自己的一部分业务委托给外部企业的一种经济行为,外包涉及两个过程:一是将企业内部有限的资源用于能为企业创造较大价值的业务环节;二是吸收引进外部资源以弥补自身资源的不足,创造更大的价值。

(二) 业务外包的特征

从广义上讲,外包是企业在以知识为基础的竞争环境中采取的一种组织形式上的调整,是一种非一体化的典型做法。具体而言,就是缩小经营范围,重新配置企业资源,将企业边界回撤。因此,业务外包有这样几个特征:

1. 内部活动外部化

企业外包行为最显著的一点就是投入品,包括原材料、半成品等有形产品或者服务以及知识产权等无形产品由内部生产转向由外部供应商供应。企业内部生产活动的重组,意味着企业边界重置。

2. 较长的合同期限

实施外包战略的企业一般情况下会同外部供应商建立起相对较长的契约关系，而非依赖现货市场交易。外包方与供应商之间会以合同的形式约定相互间的责任关系。

3. 以服务提供为核心

企业与外部供应商之间外包关系的实质内容在于，供应商提供的不仅是有形产品，有时候还可以是一种服务。如果只是有形商品，则企业与供应商之间的关系便是传统意义上的商品买卖行为。

4. 控制权转移

企业在将业务外包的同时，也将该业务的控制权移交给了供应商或外包商。企业进行业务外包最主要的目的是为了利用供应商的优势或规模经济。因此，企业只需向供应商明确表明期望得到什么结果，而具体如何操作则由供应商自己决定。这是外包相对于其他利用外部资源的方式而言最为显著的特征。

5. 全面再造过程

外包模式在将某些非核心业务从企业中分离出去的同时，还强调对核心业务的培育和投入。因此，首要的也是最关键的步骤就是对企业的核心能力进行分析和定位，并在此基础上对企业进行全面改造，从而建立起企业突出、鲜明和持久的核心竞争优势。

（三）业务外包的作用

业务外包这种新的经营管理模式是知识经济时代对企业的要求，它为企业通过外部提高效率提供了一种新途径。

1. 提高企业核心竞争力

核心竞争力是企业独具的并可以支撑企业获得持续性竞争优势的能力。业务外包能使企业把资源和智慧集中在保持和发展企业的核心竞争力上，而将其他的业务外包给专业公司。也就是说通过业务外包，在关键环节上用更多的精力保持与发展自己的核心竞争力；在非关键环节上借用其他专业公司的核心竞争力提升企业的竞争优势。可见，业务外包有利于企业保持并发展其核心竞争力，进而提升核心竞争力。这是实行业务外包的最大益处，也是最根本的益处。

"木桶原理"告诉我们，木桶的最大盛水量是由组成木桶的最短的那根木板决定的，要增加木桶的蓄水量，必须将短木板加长。企业的竞争优势的大小也是由企业所有资源中最薄弱的环节决定的,企业欲将每个薄弱环节都做得最好是不大可能的,而经由外包管理模式,就可以达到最好的功效。因此,采用外包方式,就是将企业那些短木板通过借用外部的长木板来替代,这样,企业的竞争力就会由弱变强。

小资料:木桶原理

木桶原理又称短板理论、短板管理理论。其核心内容是一只木桶盛水的多少,并不取决于桶壁上最高的那块木块,而恰恰取决于桶壁上最短的那块。木桶原理说明一个企业的能力和水平并非由最好的部分决定的,而是由劣势部分决定的。如果有一块木板很短,那么木桶的盛水量就被这块短板限制,这块短板就成了木桶盛水的限制性因素。根据这一核心内容,"木桶原理"有三个推论:其一,只有桶壁上的所有木板都足够高,那木桶才能盛满水;其二,只要这个木桶里有一块不够高,木桶里的水就不可能是满的;其三,一只木桶能够装多少水,不仅取决于每一块木板的高度,还取决于木板间结合的紧密度,如果木板间存在缝隙或者缝隙过大,那么同样无法装满水,甚至一滴水都没有。

2. 降低经营成本

外部资源提供者拥有比企业更有效、更便宜地完成业务的技术和知识,因而他们可以实现规模经济效应,并且他们愿意通过这种方式获利。企业可以通过外向配置资源避免在设备、技术、研究开发上的巨额投资,从而节省资金。同时,企业实施业务外包可以优化企业原有的业务流程,去掉一些不合理的业务流程,仅保留必需的、增值的业务流程,从而进一步减少不合理的支出,节省企业的资本。

3. 分散企业的经营风险

今天的企业所面对的是一个急剧变化、不确定性越来越强的经营环境,如果所有的业务都由自己来完成的话,企业不可避免地要增加厂房、专用设备等的投入,企业的柔性化将削弱,经营的风险将大大增加。而通过业务外包,将非核心或不擅长的业务外包给其他专业企业去做,就可以将风险与其他企业共同承担,从而增强企业的抗风险能力和柔性。

4. 提高资源的利用率

通过业务外包,企业将集中资源到核心业务上,有利于企业充分利用自己的资源培养与提高核心能力,避免了因重复投资或由于承担不擅长的业务而使资源利用率降低的问题,同时也加速了企业对外部环境的反应能力,强化了组织的柔性和敏捷性,使整个社会资源得到优化配置,提高了社会的专业化协作程度,从而提高整个社会资源的利用率。

5. 提高企业运作的柔性

企业通过业务外包,可以更好地控制其经营活动,并在自身的经营活动和外包业务活动中找到一种平衡,保持两者之间的连续性,提高其柔性。由于大量的业务都由合作伙伴来完成,企业可以精简机构,中层经理传统上的监督和协调功能被计算机网络所取代,金字塔状的总公司、子公司的组织结构,让位于更加灵活的对信息流有高度应变性的扁平式结构,这种组织结构将随着知识经济的发展而越来越具有生命力。

二、业务外包的主要类型

业务外包从业务职能上可分为生产外包、营销外包、人力资源外包、物流外包、信息技术(IT)外包、网络定制外包、应收账款外包等。

1. 生产外包

生产外包是最早的外包形式,也是最普遍、最成熟的外包模式之一。生产外包一般是企业将生产环节安排到劳动力成本较低的国家、地区,以提高生产环节的效率。因此,生产外包企业本身不直接生产产品,而是集中本企业的资源,专攻技术附加值最高的业务,生产则委托成本较低的承包企业代为加工生产。这些企业或拥有设计、或拥有品牌、或在销售上具有独特竞争优势,所以他们将生产过程业务外包给其他厂商,从而获得更大的利润。

小资料:波音与通用的生产外包

波音作为世界上最大的飞机制造公司,自己只生产座舱和翼尖,波音747飞机的450多万个零部件,大都是由世界上几十个国家的有关企业提供;通用汽车公司居世界500强之首,仍坚持自己"做整车"的定位,把年营业额高达200亿美元的生产汽车零配件的 Delphi 公司分离出去。这都是企业为保持其在国际市场上的核心竞争优势而采取的生产流程业务外包，优化产业链的结果。

2. 营销外包

营销外包即企业将自己的营销业务外包给承包公司去经营。市场由企业确定，其余事宜均由承包公司负责。在美国，已经出现了专门从事这项服务的企业——项目资源公司，该公司目前在世界各国有 12 个市场资源中心，它通过这些中心向客户提供营销服务，不论是现场销售、电视销售还是两者结合，市场由客户确定，销售由项目资源公司承包，这样使得业务外包的企业得以利用机会，增加收入，扩大市场份额，减少成本，同时也加快了走向市场的速度和灵活性。

小资料：耐克的营销外包

耐克作为世界上最大的运动鞋制造商，却没有生产过一双完整的鞋，他们的员工专门负责设计和销售，所有产品的生产制造由分散在世界各地的 40 多家合同制造商来完成。公司在运动鞋供应基地的选择上采取了 9 层供应制。首先是成熟的合作者——一级供应商，负责提供最时髦和工艺过程要求最复杂的鞋；其次是大批量生产者——负责某型号产品的大批量生产，一般比成熟的合作者具有更少的生产灵活性；最后是发展中的制造资源基地——吸引耐克公司注意新的生产工厂，这种工厂具有更低的劳动成本，可以通过耐克公司和有经营权的耐克供应商的精心安排进入耐克供应商行列。

3. 人力资源外包

人力资源外包是指企业根据需要将某一项或几项人力资源管理工作或职能外包出去，交由其他企业或组织进行管理，以降低人力成本，实现效率最大化。人力资源外包将渗透到企业内部的所有人事业务，包括人力资源规划、制度设计与创新、流程整合、员工满意度调查、薪资调查及方案设计、培训工作、劳动仲裁、员工关系、企业文化设计等方方面面。英、法等国出现的快速人员服务公司，就是专为企业人力资源外包服务的。他们花费大量的时间去寻找、保留和培训自己的、特许经营者和合作伙伴的人力。"猎头"公司、人力服务中心，也属于为企业提供人力资源管理业务外包服务的公司。人力资源管理外包,适应了信息时代企业人力资源管理的弹性需要。

实践运用

会元公司的 HR 外包

会元公司成立于 1995 年 2 月,是中国较早成立的专业人才公司。经过十年的时间,会元成为拥有四家人才市场,为数百万人提供人才服务的"中国最大的民营人才市场"。同时会元利用其专业的人才服务网站,为企业和求职者个人提供网上网下相结合的求职、招聘、培训、猎头、资讯等 HR 解决方案。随着公司业务与规模的不断扩大,公司人力资源管理面临的挑战与压力也越来越大。各业务部门总是抱怨人手不够,同时部分员工抱怨工作饱和度不够,薪资偏低,年终奖金分配不合理,随意性太大,公司经营者没有办法了解到人均产值,也很难考察到每个人是否尽力工作了。各业务部门经常大规模招聘,但是看不到业绩的大幅上升。公司管理层经过认真分析,认为这种现象源于长期以来公司没有一套合理的绩效考核体系,薪资不能很好地与绩效挂钩,最终导致了这种现象的出现。而设计绩效考核体系不是自己的优势,于是决定实行外包。

在明确人力资源外包项目后,会元公司首先收集了若干家 HR 外包服务商的信息,包括公司历史、成功实践、长期合作伙伴等。结合自己要外包的 HR 项目,终于圈定了 3 家外包服务商。之后通过各种渠道对有意向的外包商的资信状况与服务能力进行详实的调查。综合考虑各种因素后,会元决定把此项目外包给 A 公司。

A 公司工作人员进驻会元,针对各类岗位有代表性地进行信息的收集。一个月后,通过实地观察、访谈等手段,A 公司制定出了会元各岗位的职位说明书,并在此基础上设计了会元公司的绩效考核体系。按照会元公司管理的计划,新的考核体系的出台,将意味着员工的薪资、奖励以及年终奖等将与考核结果挂钩。结果,A 公司设计的绩效考核体系遭到了会元公司许多员工的反对,尤其是老员工的极大不满。不满主要来自两个方面:一是他们不认可 A 公司收集到信息的真实性、准确性和全面性；二是新的考核体系是对公司许多原有制度的破坏与否定，他们难以接受。之后，A公司对会元公司进行了第二轮的信息收集与职位描述，在此过程中，重点加强了与不满员工的沟通，了解他们的心声，从老员工的利益出发向他们解释新的考核体系的出发点、依据、优势等，让他们了解到绩效考核不是减工资，而是拿出更合适的工资，薪资计算方法透明化，尤其在业务部门，大家可以算到自己这个月拿多少钱，别人比自己多多少，少多少，为什么会出现这种差异。通过沟通，使老员工认识到新的考核体系不是对他们原有利益的损害，因为外包服务商作为企业管理层与员工之外的第三方，他们的话更能使员工信服。新的绩效考核体系制定完成了，由于在绩效考核的过程，涉及企业内部的许多商业信息与个人业绩的数据，所以绩效考核的具体实施经会元公司研究决定仍由自己来做。新的绩效体系运作以来，公司人浮于事的现象极大地减少了，制度的约束与激励作用是明显的，公司的办事效率较过去有了很大程度的提高，特别是老员工为适应新的业务要求，开始了积极主动的学习。同时也有一小部分不能适应的员工选择了离开公司，一定程度上，正好为公司实现了减员计划。经历了新的变革后，会元公司继续稳步前进。

分析提示：

☞ 会元公司为什么要实施HR外包？HR外包为会元公司带来了哪些好处？

☞ 从会元公司实施的实践中，您认为企业实施HR外包应该注意哪些问题？

4. 物流外包

物流外包是指企业将其物流业务，包括运输、仓储、产品配送、包装、财务等物流业务以合同的、契约的方式委托给专业的物流公司(第三方物流)运作，从而达到集中主业、减少库存、节约费用的目的。随着全球经济一体化进程的加快，全球物流业务外包平均每年增长17%。日本约70%的货主企业将本企业的物流业务委托外部专业公司承办，其中近30%的企业表示今后将进一步扩大物流相关业务外包的比重。从业务类别看，将运输业务外包的比重约占90%；商品保管、装卸业务外包的比重约占60%；捆扎、包装的比重约占40%。其他相关业务和委托处理废弃物外包的比重也较高。其中,将部分物流业务委托外部企业承办的比重约为30%,全部委托承办的约为40%。今后拟委托外部企业构筑物流系统的货主企业也逐渐增多。由此可见,专业物流公司就是通过优化物流供应链管理,来降低企业的物流成本。因此物流外包是一种长期的、战略的、相互渗透的、互利互惠的业务委托和合约执行方式。第三方物流业的兴起,也证明物流外包已得到越来越多企业的认同,成为一种趋势和必然。

小资料：NSC 的物流外包

进行电脑芯片生产的美国国家半导体公司(NSC)确认自己的核心业务和竞争优势是半导体开发,而供应链中的物流环节(从芯片出厂到交货给客户)却麻烦不断,如飞机、火车、卡车运输时间表和各大区域市场独特的语言、文化、规则和组织结构带来的报关障碍。而平均为60天的过长的供货周期则是公司发展的主要障碍。因此,公司决定将原料供应、仓储、货物包装、分拨和运输业务外包给联邦快递公司。由于联邦快递公司的货运和报关效率为世界之最,所以,NSC 的供货周期缩短为2天,其效益显著提高。

5. 信息技术(IT)外包

信息技术(IT)外包是指企业将全部或部分信息技术(IT)业务外包给专业性公司完成的一种服务模式。信息技术(IT)外包也是客户整合利用其外部具有优势的信息技术专业化资源,从而达到降低成本、提高效率、充分发挥自身核心能力和提高企业对外部环境应变能力的一种管理模式。例如,肯德基在中国有上千家门店,由于门店分散、地域范围广,从业人员信息技术知识贫乏,肯德基依靠自身力量,必然增加运营成本和费用。因此,为适应集团发展,使信息技术与业务的发展同步,肯德基所属的百胜集团与 IBM 签约,选择 IBM 作为信息技术运营服务外包战略合作伙伴。

常见的信息技术(IT)外包涉及信息技术设备维护、通信网络管理、信息系统运作和管理、信息技术应用开发和维护、备份和灾难恢复、信息技术培训等。

小资料：杜邦公司的信息系统外包

1996年，杜邦公司为提高其信息部门的效率，将其庞大的信息系统外包给计算机科学公司（CSC）和一家咨询公司。这笔为期10年的外包，价值超过40亿美元。杜邦公司在全世界有6.5万台计算机在运行，在美国拥有两个中央处理机，在德国有一个中央处理机，它还拥有广域网和局域网，以连接全球各地的企业。通过信息网络技术应用服务的外包，杜邦公司在过去4年里将该服务的成本减少了45%。

6. 网络定制外包

今天越来越多的企业借助于电子商务开展经营活动。但由于这项业务专业性强、技术要求高，所以进行起来不但很难达到先进、合理的要求，而且成本也高。为此不少企业将网络定制业务外包。目前一些发达国家便出现了专门为企业建立一体化全球数字网络的服务公司，它们的核心业务是帮助企业联网和制定专门的营销战略，对难题和机会作理性分析以及设计、实施和管理以网络为基础的解决方案。这种创意从根本上改变了众多企业建立网络的途径，通过把整个网络定制外包给服务公司去做，企业经理们就可以把精力集中在如何更好地利用和创造市场增值机会上，而让他们的伙伴去管理技术方面的事。

7. 应收账款外包

应收账款管理是让不少企业头痛的业务，将这类业务进行外包，可使企业集中精力开展其他业务，取得更好的商业绩效。例如，美国电信巨头斯普林顿公司为更好地向近1 100万客户提供服务，它与邓百氏公司应收账款管理服务部合作，从收费业务开始，到处理用户询问账单问题，直至处理信贷申请及催收欠款等，都由邓百氏公司管理，这样使斯普林顿公司能够更方便地开展业务，进行业务推广。

三、影响企业业务外包的因素

一般来说，企业在对业务外包进行决策时，会从财务、技术和战略等方面综合考虑业务外包给企业带来的影响。

(一) 财务方面

财务方面的考虑是选择业务外包的主要原因。这主要从规模经济和管理水平两方面对外包商进行分析，判断外包商是否具有成本优势。如果外包可以削减开支，增强成本控制，同时外包商的专业化程度高，能够达到规模经济，那么，此项业务就可以外包。

(二) 技术方面

技术因素主要考虑两个方面，即技术成熟度和技术集成度。技术成熟度决定了企业能否精确地提出他们的需求。技术集成度决定了企业的业务是否比较容易独立出来外包给外包商。如果企业技术成熟且业务的集成度低，那么这类业务最适合外包；但如果集成度较高的话，理论上也应该外包，但应当比较谨慎，最好与外包商加强战略合作。如果企业的技术不成熟，外包面临风险较大，此类业务不适合外包。

(三) 战略方面

企业的业务外包必须与其总体战略相匹配，由于总体战略是企业制定业务外包的基础，因此业务外包是在总体战略安排下的具体举措。企业的总体战略不仅决定了企业的自制/外包决策，而且还影响外包对象、外包模式以及供应商的选择。一般说来，业务外包时，实施成本领先战略的企业可能更注重外包商的成本节约优势，而实施差异化战略的企业更看重供应商资源与企业资源的匹配程度和整合的难易。显而易见，企业的总体战略不同，外包决策也相应会有所区别。

四、实施业务外包需要注意的问题

(一) 识别需要外包的业务

进行业务外包首先必须明确哪些业务必须由企业自己来做，哪些业务可以通过外包来完成。解决这个问题的关键是必须明确企业的核心能力。因为业务外包就是要求企业经营者将资源集中在那些使自己真正区别于竞争对手的技能和知识，即核心能力上。因此，仔细分析并确认企业的核心能力便成为首先要解决的问题。企业可以通过三个标准来判断核心能力,一是看是否具备用户可感知的价值;二是看是否具备专用性。核心能力是企业差异化的有效来源,具有竞争对手难以模仿的独特性。如果它是复杂的单个技术和生产技能协同作用的产物,模仿将更加困难。三是看是否具有潜在的扩展性,核心能力应当能够覆盖多个部门或产品,可以提供潜在的进入或退出市场的多种方法和途径。企业一旦确认核心能力,就应该尽量避免将核心能力项目及相关的项目外包出去,以免核心能力流失。

(二) 严格选择外包商

业务外包存在一定的风险,它除了需要一个有效的环境外,对外包商的选择非常关键。企业在选择合作伙伴时,一般是选择企业文化与企业价值观相同或相近的,对企业的战略理念双方能够互相理解的,并拥有各自的核心竞争力的外包商,这样才能提高整条价值链的运作效率,从而实现企业最大利益的获取。除此之外,在选择外包商时,还应考虑这样一些因素:

1. 资历和持续发展能力

资历包括外包商的工作经历、工作年限。外包商一旦选择后,企业要和外包商结成战略伙伴关系,经常和外包商进行沟通,彼此建立起信任关系,结成一种稳固的、有弹性的关系。

2. 经济实力

经济实力包括货币资金、固定资产净值和债务。经济实力是评价外包商综合实力的重要指标,也是外包商顺利完成外包业务的经济保障。

3. 技术管理水平

外包商拥有先进的技术管理方法,就可以为若干家公司提供服务,具有规模效益,因此,继续保持技术领先的成本就低。选择这样的外包商,会产生双赢的结果,有利于合作关系的稳固与持久。

4. 社会信誉

外包的直接目的在于选择理想的合作伙伴,以形成巨大实力和具有同心力的企业群体,而理想的合作伙伴的重要一点就是外包商自身要有良好的社会信誉,使之能在保持自身利益的同时,同心协力地满足客户的需求。

5. 价格

价格因素是一种最直接、最敏感的因素,有些企业主要根据价格来决定自己的外包行为,或者在其他因素差不多的情况下,优先比较价格。

6. 质量

主要考察外包商过往提供的产品和服务质量是否如其所宣称的,是否出现恶意诋毁、信息外泄或机会主义等问题。调查质量的同时也是对于外包商口碑的考察。

由于业务外包是企业一项重要的战略决策,因此,在外包之前应成立专门的小组,对外包商进行全面调查,拟定对外包商的评价标准进行审核。经过考察,从多家外包商中选择整体水平较高的外包商,避免由于外包商缺乏相关经验而造成企业的损失。

(三) 更新管理人员的观念

作为战略成本管理的手段之一的业务外包,管理人员要纠正这样一种错误看法,即外包业务就是意味着这项工作不重要。而应当把业务外包视作延揽人才和利用资源的重要手段。企业善于利用外面的特殊人才和能力,这是最能产生价值的因素。因此,必须从战略的角度看待业务外包问题,其目标不在于获得最有利的交易,而在于获得最佳合作伙伴,然后再围绕着这种伙伴关系建立一种健全的管理体系,并借此加强运作、策略和战略的组织联系。

(四) 构建业务外包有效运作的保障机制

有效实行业务外包的一个重要的前提就是要对企业现有的业务流程进行重新组合,调整经营的关系结构、管理结构。这不但包括与外包商及通过外包商与广大客户的关系调整,也包括对内的业务外包专门管理和对外的业务外包专项管理的调整,特别应处理好内部流程与外部流程的协同问题,使两者有效配合,相互支持。同时,进行重组时,还应强调企业的生产流程的柔性与弹性,即提高企业的韧性,以响应市场的变化。

(五) 构筑业务外包有效运作的文化保障

由于业务外包涉及不同企业,乃至不同国家的企业之间的资源整合,因此企业在这种经由外包而形成的竞合关系中,不可避免地会面临由于文化差异而造成的冲突与摩擦,所以实施业务外包的企业必须增强文化协同管理意识,加强文化协同管理。具体而言,应注意以下几个方面:一是建构明确性、连续性与一致性强的企业文化,树立共同的经营观,增强员工对于异域文化的认同,特别应注重目标一致的团队文化的培育,有效地防范与解决业务外包而造成的本位主义的产生。二是着力营造相互信任与合作的文化氛围。相互间的坦诚与信任有利于信息的有效沟通,增进相互间的理解与支持,从而有利于相互间的协作,最有效地实现内外部资源的整合。三是充分利用科技进步所提供的各种信息沟通工具与网络,尽量消除交流沟通障碍,充分了解合作企业的各种信息,促进企业信息化与知识化。

第三节 电子商务

20世纪90年代以来,随着计算机网络、通讯技术的迅速发展,特别是互联网的普及应用,人们的行为方式和观念受到巨大的冲击和影响。电子商务是互联网发展的最新市场,它既代表着21世纪网络应用的发展方向,也作为一种崭新的商务运作方式,正带来一次新的产业革命。

一、电子商务概述

(一)电子商务的基本概念

一般认为,电子商务是随着互联网技术和服务的发展而发展起来的,在全球的发展则是20世纪90年代以后的事情。作为一个新生事物,国内外一些国际组织、政府部门、协会都从不同角度对电子商务做了不同的定义,但至今仍无一个较为全面、具有权威性的、能够为大多数人所接受的定义。

国际商会于1997年在巴黎的世界电子商务会议上制定的定义是:电子商务是指实现整个贸易活动的电子化。交易各方以电子交易方式而不是通过当面交换或直接面谈方式进行的任何形式的商业交易,电子商务是一种多技术的集合体,包括交换数据(如电子数据交换EDI、电子邮件E-mail)、获得数据(如共享数据、电子公告牌BBS)以及自动捕获数据(如条形码)等。联合国经济合作与发展组织在有关电子商务的报告中对电子商务的定义是:电子商务是发生在开放网络上的包含企业之间、企业和消费者之间的商业贸易。美国政府在其"全球电子商务纲要"中指出：电子商务是通过互联网进行的各项商务活动，包括广告、交易、支付、服务等活动，全球电子商务涉及世界各国。

电子商务是运用现代电子技术、通信技术及信息技术，利用计算机网络从事各种商务活动。

从上述定义中可以发现电子商务主要包括相互联系的两个方面：一是通讯和计算机网络技术；二是商业和贸易活动。而且，从本质上来看，电子商务并没有改变传统商务活动的基本内容——商流、物流、信息流和资金流。通讯和计算机网络技术只不过是电子商务的工具而已。

具体而言，电子商务有广义和狭义之分。狭义的电子商务是利用互联网进行商品交易活动，较低层次的电子商务只能完成电子交易的部分环节，如电子商情发布、网上订货等。较高层次的电子商务是利用网络完成全部的交易过程，包括信息流、商流、资金流，从寻找客户、商务洽谈、签订合同到付款结算都在网上进行。而广义的电子商务不但包括电子交易，还包括企业内部利用电子手段进行的管理活动，如建立企业管理信息系统、市场调查分析、计划安排、资源调配等。我们这里采用的是广义的电子商务概念。

（二）电子商务的主要功能

电子商务的主要功能可划分为内容管理、协同处理与交易服务三类。

1. 内容管理

内容管理是指管理网上需要发布的各种信息，通过充分利用信息来增加品牌价值，扩大企业影响和服务。具体包括：企业范围的信息传播，如在企业内部网上发布相关政策、招聘及通知等；提供有关品牌宣传及相关的信息，如有关产品供货、服务和策略等信息；提供保护及管理关键数据的能力，如企业的财务数据、客户数据、产品信息等；提供存储和利用复杂的多媒体信息的能力，如照片、录音、录像等。

2. 协同处理

协同处理是指能支持群体人员的协同工作，它提供自动处理业务流程，这样可以减少成本和开发周期。协同处理包括：邮件和信息共享、写作与发行、人事和内部工作管理与流程、销售自动化。

3. 交易服务

电子商务可以提供网上交易和管理等全过程的服务,具体包括:

(1) 广告宣传。电子商务使企业可以通过自己的 Web 服务器、网络主页和电子邮件在全球范围内做广告宣传,在互联网上宣传企业形象和发布各种商品信息。客户利用网络浏览器就可以迅速找到所需的商品信息。与其他各种广告形式相比,在网上的广告成本最为低廉,而提供给顾客的信息量却最为丰富。

(2) 咨询洽谈。电子商务使企业可以借助非实时的电子邮件、新闻组和实时的讨论组来了解市场和商品信息、洽谈交易事务;如有进一步的需求,还可以用网上的白板会议、电子公告板来交流即时的信息。在网上的咨询和洽谈能超越人们面对面洽谈的限制,提供多种方便的异地交谈形式。

(3) 网上订购。企业的网上订购系统通常都是在商品介绍的页面上提供十分友好的订购提示信息和订购交互表格,当客户填完订购单后,系统回复确认信息单表示订购信息已收悉。电子商务的客户订购信息采用加密的方式使客户和商家的商业信息不会被泄密。

(4) 网上支付。网上支付是电子商务交易过程中的重要环节。客户和商家之间可采用信用卡、电子钱包、电子支票和电子现金等多种电子支付方式进行网上支付,采用在网上电子支付的方式可节省交易的开销。对于网上支付的安全问题现在已有实用的技术来保证信息传输的安全性。

(5) 电子账户。网上支付必须要有电子金融来支持,即银行或信用卡公司及保险公司等金融单位要提供网上操作的金融服务,而电子账户管理是其基本的组成部分。信用卡号或银行账号都是电子账户的一种标志,而其可信度须配以必要的技术措施来保证,如客户认证、数字签名、数据加密等技术措施的应用保证了电子账户操作的安全性。

(6) 服务传递。电子商务通过服务传递系统将商品尽快地传递到已订货并付款的客户手中。对于有形的商品,服务传递系统可以通过网络对在本地或异地的仓库或配送中心进行物流的调配,并通过物流服务部门完成商品的传送;而无形的信息产品,如软件、电子读物、信息服务等,则立即从电子仓库中将商品通过网上直接传递给用户。

(7) 意见征询。企业的电子商务系统可以十分方便地采用网页上的"选择""填空"等格式文件及时收集客户对商品和销售服务的反馈意见,这些反馈意见能提高网上、网下交易的售后服务水平,使企业获得改进产品、发现新市场的商业机会,使企业的市场运作形成一个良性的封闭回路。

(8) 交易管理。电子商务的交易管理系统可以借助网络快速、准确地收集大量的数据信息,利用计算机系统强大的处理能力,针对与网上交易活动相关的人、财、物、客户和本企业内部事务等各方面进行及时、科学、合理的协调和管理。

(三) 电子商务的特点

电子商务与传统商务活动方式相比,具有以下几个特点:

1. 交易过程的数字化

电子商务将商务流程电子化、数字化,买卖双方从交易的洽谈、签约到货款的支付、交货通知等整个交易过程都在网络上进行。通畅、快捷的信息传输可以保证各种信息之间互相核对,防止虚假信息的流通。因此,电子商务一方面以数据流代替了实物流,可以在网络中进行高效沟通,另一方面可以实现"无纸贸易",减少90%的文件处理费用,大大降低了交易成本。

2. 交易市场虚拟化

通过 internet 进行的贸易活动,使贸易双方的整个交易活动都无需当面进行,通过计算机互联网络实现交易的完全虚拟化。对卖方来说,可以到网络管理机构申请域名,制作自己的主页,组织产品信息上网。而虚拟现实、网上聊天等新技术的发展使买方能够根据自己的需求选择广告,并将信息反馈给卖方。通过信息的互动,签订电子合同,完成交易并进行电子支付,整个交易都在网络这个虚拟的环境中进行。

3. 交易对象特定化

电子商务交易的双方必须是互联网的客户。所以电子商务的交易对象,是限定在具有上网能力的客户群体。同时,网上的客户又是广泛的,比任何一个有形市场要大得多,因为互联网的客户遍布全球,所以,客户既有本地区、本国的,也有其他国家和地区的。

4. 交易完成高效化

由于互联网将贸易中的商业报文标准化,使商业报文能在世界各地瞬间完成传递与计算机自动处理,原料采购、产品生产、需求与销售、银行汇兑、保险、货物托运及申报等过程无需人员干预便可在最短的时间内完成。传统贸易方式中,用信件、电话和传真传递信息必须有人的参与,且每个环节都要花不少时间,有时由于人员合作和工作时间的问题，会延误传输时间，失去最佳商机。电子商务克服了传统贸易方式费用高、易出错、处理速度慢等缺点，极大地缩短了交易时间，使整个交易过程变得快捷与方便。

二、电子商务的交易流程

电子商务的交易流程大致可以分为以下 4 个阶段。

（一）交易前的准备

这一阶段主要是指买卖双方和参加交易各方在签约前的准备活动。买方根据自己要买的商品准备购货款、制定购货计划，进行货源市场调查和市场分析，了解各个卖方的情况，反复修改购货计划和进货计划，然后确定和审批购货计划；再按计划确定购买商品的种类、数量、规格、价格、购货地点和交易方式等。尤其要利用互联网和各种电子商务网络寻找自己满意的商品和商家。

卖方根据自己所销售的商品召开商品发布会，制作广告进行宣传，全面进行市场调查和市场分析，制定各种销售策略和销售方式以了解各个买方的情况，利用互联网和各种电子商务网络发布商品广告，寻找贸易伙伴和贸易机会、扩大贸易方位和商品所占市场的份额。其他参与各方，如中介方、银行金融机构、信用卡公司、海关系统、商检系统、保险公司、税务系统、运输公司，也都为进行电子商务交易做好准备。

（二）交易谈判和签订合同

这一阶段主要是指买卖双方对所有交易细节进行谈判，将双方磋商的结果以文件的形式确定下来，即以书面文件形式或电子文件形式签订贸易合同。电子商务的特点是可以签订电子商务贸易合同，交易双方可以利用现代电子通信设备和通信方法，经过认真谈判和磋商后，将双方在交易中的权利、所承担的义务以及对所购买的商品的种类、数量、价格、交货地点、交货期、交易方式、运输方式、违约和索赔等合同条款，全部以电子交易合同形式做出全面详细的规定。

（三）办理交易进行前的手续

这一阶段主要是指买卖双方在签订合同后，到开始履行合同之前办理各种手续的过程,这也是双方贸易前的交易准备过程。交易中可能要涉及中介方、银行金融机构、信用卡公司、海关系统、商检系统、保险公司、税务系统、运输公司等,买卖双方要利用 EDI 与有关各方进行各种电子票据和电子单证的交换。

(四)交易合同的履行和索赔

这一阶段从买卖双方办完各种手续之后开始,卖方要备货、组货,同时进行报关、保险、取证等,然后将商品交付给运输公司包装、起运、发货。买卖双方可以通过电子商务服务器跟踪发出的货物,银行和金融机构也按照合同处理双方的收付款,进行结算,出具相应的银行单据等,直到买方收到自己所购商品,就完成了整个交易过程。如果买卖双方在交易过程中出现了违约,需要进行违约处理的工作,受损方要向违约方索赔。

不同类型的电子商务交易,虽然都包括上述 4 个阶段,但其流转程式略有不同。

三、电子商务的主要应用模式

按交易对象分类,电子商务可分为以下 4 大类模式。

(一)企业与企业之间的电子商务(B2B)

1. B2B 的概念

 **B2B**

B2B 是指采购商与供应商在互联网上完成大部分商务交易活动,涉及谈判、订货、签约、接受发票和付款以及索赔处理、商品发送管理和运输跟踪等。

企业与企业之间的电子商务,在整个电子商务体系中处于主导地位,是当前电子商务模式中份额最大、最具操作性、最容易成功的模式。

小资料

据统计,全球 B2B 的年增长率保持在 45% 左右,2010 年中国电子商务市场交易额达到6.8万亿元,同比增长33%。其中,B2B电子商务交易额达到4.9万亿元,同比增长2.9%,电子商务整体保持稳定的发展态势。2011年中国B2B电子商务服务企业达10 500家,同比增长21.3%。

B2B的主要商务活动集中在:原材料的采购、产品的买卖、运输三方面。实践表明,B2B加快了企业采购业务的速度,提高了效率,通过重组采购流程降低了采购货物和服务的成本,通过订单处理及跟踪等业务过程的合理化,确保采购人员与经审核的供应商按照已约定的价格进行采购,使得整个过程及其每一个步骤都透明化、数字化,缩短了"订货→运输→付款"周期。B2B是企业面对激烈的市场竞争,改善竞争条件、建立竞争优势的重要方式。

> **实践运用**
>
> **最受欢迎的 B2B 网站**
>
> 阿里巴巴是全球企业间电子商务的著名品牌,被商人们评为"最受欢迎的 B2B 网站"。商家在阿里巴巴申请账号,如果你是卖家,即可在上面注册你的公司信息,然后发布商业信息。如果你是一个买家,你也可以不用注册阿里巴巴的账户直接在上面搜索你想要购买的商品。其运营模式是:第一,专做信息流,汇集大量的市场供求信息。其提供的信息服务栏目包括:商业机会;产品展示,即按产品分类陈列展示阿里巴巴会员的各类图文并茂的产品信息库;公司全库;行业资讯,即按各类行业分类发布最新动态信息,会员还可以分类订阅最新信息,直接通过电子邮件接受;价格行情,即按行业提供企业最新报价和市场价格动态信息;以商会友,即商人俱乐部;商业服务,即航运、外部转换、信用调查、保险、税务、贸易代理等咨询和服务。这些栏目为用户提供了充满现代商业气息、丰富实用的信息,构成了网上交易市场的主体。第二,阿里巴巴采用本土化的网站建设方式,针对不同国家采用不同的语言,这种便利性和亲和力将各国市场有机地融为一体。阿里巴巴已经建成并开始运作4个相互关联的网站,包括英文国际网站、简体中文中国网站、繁体中文网站、韩国网站。并在起步阶段,网站放低会员准入门槛,以免费会员制吸引企业登录平台注册用

户,从而汇集商流,活跃市场,会员在浏览信息的同时也为网站带来源源不断的信息流并创造无限商机。第三,阿里巴巴通过增值服务为会员提供优越的市场服务,增值服务一方面加强了这个网上交易市场的服务项目功能,另一方面又使网站能有多种方式实现直接盈利。

分析提示:

☞ 除了阿里巴巴 B2B 网站之外,你还知道哪些 B2B 网站?

☞ 请查看两个 B2B,比较它们在各自的特点及其运作方式方面有何不同。

2. B2B 的主要模式

(1) 在线商店模式。在线商店模式主要是企业在网上开设虚拟商店,以此宣传和展示所经营的产品和服务,进而提供网上交易的便利。这种模式与网上在线零售市场类似,只不过更具有专业性。

(2) 内联网模式。内联网模式是指企业将内联网络有限度地对商业伙伴开放,允许已有的或潜在的商业伙伴有条件地通过互联网访问其内部网络。企业允许商业伙伴进入自己的内联网对企业的业务运作有很多好处。特别是一些需要客户录入相关交易信息的场合,内联网模式是比较理想的模式。因为,企业可以将需要客户填写的表格放到网络的服务器上,客户可以在线填制这些表格,减少了企业业务人员的重复录入。

(3) 中介模式。中介模式是指企业利用第三方提供的电子商务平台实现与客户或者供应商的交易。企业的采购代表从中介机构的网站上就可查询销售商及其销售的产品。多数的中介机构通过向客户提供会员资格来收取费用,也有的中介机构向销售商收取月租费或按每笔交易的成交金额收取一定比例的费用。

(4) 专业服务模式。专业服务模式是指网上服务机构通过标准化的网上服务为企业经营管理提供专业化的解决方案,使企业能够减少不必要的开支,降低运营成本,提高客户对企业的信任度和忠诚度。在国际互联网上,近年来一些公司业务网站利用与客户之间进行相辅相成的协作业务,专门为企业提供管理解决方案,它们以标准化的网上服务为企业解决某一个层面的管理问题。

3. B2B 的盈利模式

(1) 会员费。企业通过第三方电子商务平台参与电子商务交易，必须注册为 B2B 网站的会员，每年要缴纳一定的会员费，才能享受网站提供的各种服务，会员费是中国 B2B 网站最主要的收入来源。

小资料

阿里巴巴网站收取中国供应商、诚信通两种会员费，中国供应商会员费分为每年 4 万元和 6 万元两种，诚信通的会员费为每年 2 300 元；中国化工网每个会员第一年的费用为 12 000 元，以后每年综合服务费用为 6 000 元；五金商中国的金视通会员费为 1 580 元/年，百万网的百万通为 600 元/年。

(2) 广告费。网络广告是门户网站主要的盈利来源，同时也是 B2B 电子商务网站的主要收入来源。如阿里巴巴网站的广告根据其在首页位置及广告类型来收费。中国化工网有弹出广告、漂浮广告、BANNER 广告、文字广告等多种表现形式可供用户选择。

(3) 竞价排名。竞价排名的基本特点是按点击付费，推广信息出现在搜索结果中，如果没有被用户点击，则不收取推广费。企业为了促进产品的销售，都希望在 B2B 网站的信息搜索中将自己的排名靠前，而网站在确保信息准确的基础上，根据会员缴费的不同对排名顺序作相应的调整。

(4) 增值服务。B2B 网站通常除了为企业提供贸易供求信息外，还会提供一些独特的增值服务，包括企业认证、独立域名、提供行业数据分析报告、搜索引擎优化等。

(二) 企业与消费者之间的电子商务(B2C)

1. B2C 的概念

基本概念   **B2C**

B2C 是指企业以互联网为主要服务手段，实现公众消费和提供服务，并保证与其相关的付款方式的电子化的电子商务运营模式。

企业与消费者之间的电子商务是人们最熟悉的一种商务类型,是电子商务的发展方向。目前 B2C 最常见的形式是建立购物网站,便于消费者查询与订购,实现网络零售。网上商店为消费者提供售前售后服务,包括提供产品和服务的详细说明、产品的使用技术指南,回答顾客意见和要求;销售,包括询价、下订单;使用各种电子支付工具完成网上支付等。网上商店提供的商品几乎涵盖了人们日常生活中所需的各类商品,包括鲜花、食品、服装、化妆品、书籍、计算机软件、音像制品、家具、汽车等各种消费品。

> **实践运用**
>
> ### 京东商城的 B2C
>
> 京东商城自 2004 年初正式涉足电子商务领域以来,一直保持高速成长,2011 年销售 212 亿元,增长 120%。京东商城以纯电子商务模式运营,缩短中间环节,为消费者在第一时间提供优质的产品及满意的服务。京东商城在线销售商品包括家用电器、手机数码、电脑商品及日用百货四大类共计超过 10 万种商品。日订单处理量突破 35 000 单。
>
> 京东商城提供灵活多样的商品展示空间,消费者查询、购物都将不受时间和地域的限制。依托多年打造的庞大的物流体系,消费者充分享受了"足不出户,坐享其成"的便捷。目前,分布在华北、华东、华南的三大物流中心覆盖了全国各大城市。在天津、苏州、南京、厦门等 30 余座重点城市建立了城市配送站。从而使得物流配送速度、服务质量得以全面提升。另外,京东商城在为消费者提供正品行货、机打发票、售后服务的同时,还推出了"价格保护""延保服务"等举措,最大限度地解决消费者的后顾之忧,保护了消费者的利益。
>
> **分析提示:**
> ☞ 您有没有网上购物的经历?您经常选择的网上商店是哪些?
> ☞ 您选择这些网上商店的理由是什么?

2. B2C 的主要模式

由于 B2C 的模式节省了客户和企业双方的时间、空间,大大提高了交易效率,节省了各类不必要的开支,因而,这类模式得到了人们的认同,获得了迅速的发展。但是，网上销售无形商品和销售有形商品有着很大的不同。

（1）无形商品的 B2C 电子商务模式。由于互联网既有信息传递的功能，又有信息处理的功能，因此，无形商品和服务就可以通过互联网直接向消费者提供。无形商品的 B2C 模式主要有：

第一，网上订阅模式。网上订阅模式主要指在线服务商通过网站直接面向消费者提供网上订阅服务，是消费者可以直接浏览多媒体信息的电子商务模式。网上订阅模式常被用于销售电子报刊、有线电视节目等。网上订阅模式具体有三种方式：一是在线服务，这是指在线服务商通过每月向消费者收取固定的费用而提供各种形式的在线信息服务。二是在线出版，这是指出版商通过互联网向消费者提供除传统纸质出版物之外的电子出版物，消费者可以通过订阅来下载刊物的内容，以便随时阅读。三是在线娱乐，这是指一些网站向消费者提供在线游戏、在线电影等服务，并收取一定的订阅费。

第二，付费浏览模式。付费浏览模式是在线服务商通过网站向消费者提供计次性网上信息浏览和信息下载的电子商务模式。付费浏览模式让消费者根据自己的需要，在网站上有选择地购买一篇文章、书的章节乃至数据库里查询的内容。付费浏览模式是目前电子商务中发展较快的模式之一。

第三，广告支持模式。这是指在线服务商免费向消费者或用户提供在线信息服务，而全部营业活动依靠网站上的广告收入来支持。这种模式虽然不直接向消费者收费，却是目前最成功的电子商务模式之一。Yahoo 和 Lycos 等在线搜索服务网站就是依靠广告收入来维持经营活动的。这种模式的在线服务商能否成功的关键是其网页能否吸引大量的广告，而能否吸引网络广告又主要依靠网站的知名度。在知名度高的网站，特别是针对性特别强的网站，如行业网站、搜索网站等发布广告，效果较为明显。

第四，网上赠与模式。这是一种非传统的商业运作模式，是指企业借助与互联网用户遍及全球的天然优势，向互联网上的用户赠送无形商品，以扩大知名度和市场份额的电子商务模式。这种模式的实质就是"先试用，后购买"。用户可以从互联网站上免费下载喜欢的软件，在真正购买前对该软件进行全面的评测，在试用后再决定是否购买。适宜采用网上赠与模式的企业主要有两类，即软件公司和出版商。

（2）有形商品销售。有形商品的 B2C 模式又称网上商店，或者网上商城。该模式以销售有形产品和服务为主，产品和服务的成交是在互联网上进行的。

目前有形商品销售主要有两种：一种是在网上设立独立的虚拟店铺；一种是参与并成为网上在线购物中心的一部分。

（3）综合模式。实际上，多数企业在销售有形商品的同时，也销售无形商品，因而对于他们开展的 B2C 电子商务的情况，被称为综合模式。例如，Golf Web 是一家高尔夫专业网站，该网站的收入来源于多种途径，40% 的收入来自对高尔夫信息的订阅和服务费，35% 的收入来自高尔夫厂商的在线广告，还有 25% 的收入来自高尔夫相关产品的零售。又如一家旅行社的网页向客户提供旅游在线预订业务，同时也接受度假村、航空公司、饭店和旅游的促销广告，还向客户提供一定的折扣或优惠，以吸引更多的客户。

3. B2C 的盈利模式

（1）产品销售营业收入。以产品交易作为收入主要来源是多数 B2C 网站采用的模式。这种 B2C 网站又可细分为两种：销售平台式网站和自主销售式网站。销售平台网站不直接销售产品，而是为商家提供 B2C 的平台服务，通过收取虚拟店铺出租费、交易手续费、加盟费等来实现盈利。而自主销售式网站是需要网站直接销售产品的。需要自行开拓产品供应渠道，并构建一个完整的仓储和物流配送体系或者发展第三方物流加盟商，将物流服务外包。

（2）网络广告收益。网站通过免费向顾客提供产品或服务吸引足够的注意力，从而吸引广告主投入广告，通过广告盈利。

（3）会员费。网站对会员提供便捷的在线加盟注册程序、实时的用户购买行为跟踪记录、准确的在线销售统计资料查询及完善的信息保障等。收费会员主体是网络的主体会员，会员数量在一定程度上决定了网站通过会员最终获得的收益。而网站收益量的大小主要取决于自身推广努力。

（4）网站间接收益。除了能够将自身创造的价值变为现实的利润，企业还可以通过价值链的其他环节实现盈利。例如，网上支付收益模式。当 B2C 网上支付拥有足够多的用户，就可以考虑通过其他方式来获取收入。如支付宝，网站不仅可以通过支付宝收取一定的交易服务费用，而且可以充分利用用户存款和支付时间差产生的巨额资金进行其他投资盈利。又如，网站物流收益模式。当 B2C 电子商务的交易规模达到一定程度时，由此产生的物流市场也很大，因此，可以将物流纳入自身的服务、网站的服务，这样，不仅能够占有物流的利润，还使得用户创造的价值得到增值。

(三) 消费者与消费者之间的电子商务(C2C)

1. C2C 的概念

基本概念　C2C

消费者与消费者之间的电子商务是指买卖双方都是消费者,他们通过第三方提供的在线交易平台达成购买协议,并完成商品交易过程的电子商务。

C2C 模式的思想来源于传统的跳蚤市场。在跳蚤市场中,买卖双方可以进行一对一的讨价还价,只要双方同意,立刻就可以完成交易。而 C2C 通过在线交易平台,使卖方可以主动提供商品上网拍卖,而买方可以自行选择商品进行竞价。经过相互砍价、公开、公平、公正地进行竞价,使众多的消费者都可以参与这一交易活动,因此,C2C 让每个人都有参与电子商务的机会。

2. C2C 的主要模式

C2C 模式可以分为两种:

(1) 以卖方为主的 C2C 电子商务模式。这是一种由出售商品的个人在网上发布消息,有多个买者竞价,或与买者讨价还价,最终成交的模式。这种模式的代表有易趣、淘宝网等拍卖网站。网站本身并不参与买卖,免除烦琐的采购、销售和物流业务,只利用网络提供信息传递服务,并向卖方收取中介费用。

小资料:淘宝网

淘宝网是 2003 年由阿里巴巴投资 4.5 亿美元创办的国内领先的个人交易网上平台。淘宝网,顾名思义,没有淘不到的宝贝,没有卖不出的宝贝。淘宝网成立以来以诚信为本的准则,从零做起,迅速发展。截至 2010 年年底,淘宝网注册会员超过 3.7 亿,2011 年交易额为 6100.8 亿元,占据了中国网络购物市场 80% 左右的份额,2012 年 11 月 11 日,淘宝单日交易额达到 191 亿元。创造了互联网企业发展的奇迹。

(2) 以买方为主的 C2C 电子商务模式。这是一种由想购买商品的个人，在网上发布求购信息，有多个卖者竞卖，或与买者讨价还价，最终达成交易的电子商务模式。在这类网站中，求购二手商品的人，与欲出售相同二手商品的人进行洽谈、交易。

3. C2C 的盈利模式

(1) 会员费。C2C 网站通过为会员提供网上店铺出租、公司认证、产品信息推荐等多种服务组合并收取合理的费用。

(2) 交易提成。交易提成是 C2C 网站的主要利润来源。因为，C2C 网站为买卖双方交易提供了机会，因此，交易提成也是市场本性的体现。

(3) 广告费。企业将网站上有价值的位置用于放置各类型的广告，根据网站流量和网站人群精度标定广告位价格，然后再通过各种形式向客户出售。

(4) 搜索排名竞价。C2C 网站商品的丰富性决定了购买者搜索行为的频繁性。用户可以为某关键字提出自己认为合适的价格，最终由出价最高者竞得，在有效时间内该用户的商品可获得竞得的排名。

(5) 交易方式收费。网上支付是电子商务在交易方式上的一大特点，也是 C2C 网站的盈利手段。以淘宝网为例，2003 年淘宝网推出了支付宝服务，94% 的淘宝网用户在交易时选择了网上支付，其中的 95% 的用户又是通过支付宝来完成支付的。而用户支付的货款需要暂存在支付宝账户里，等收到货物后再提交确定，由支付宝支付货款给卖家，从而完成交易。这样，支付宝成为淘宝网实现盈利的杀手锏。

(四) 其他电子商务应用模式

1. 线上与线下相结合的电子商务(O2O)

线上与线下相结合的电子商务，是一种线上购买和线下体验消费的交易平台，O2O 通过网购导购机，把互联网与地面店完美对接，实现互联网落地。消费者可以通过线上来筛选需求，在线预订、结算，甚至可以灵活地进行线上预订，线下交易和消费。

O2O 的关键在于平台通过在线的方式吸引消费者，真正消费的服务或产品必须由消费者去线下体验。因此，这一模式使得消费者在网上预订、支付等信息成为商家了解消费者购物信息的渠道，方便商家对消费者购买数据的搜集，进而达成精准营销的目的，更好地维护并拓展区域性客户。此外，O2O 模式在一定程度上降低了商家对店铺地理位置的依赖,减少了租金方面的支出。对消费者而言,O2O提供了丰富、全面、及时的商家的产品与服务信息,让消费者在享受线上优惠价格的同时,能够快捷筛选并订购适宜的商品或服务,且可享受线下贴心的服务。

小资料:携程旅行网

携程旅行网创建于1990年,总部设在上海,下有4个分公司,并在全国20多个大中城市设有分支机构,是国内最大的旅游电子商务网站、最大的商务及独家旅行服务公司。网站立足于中国的实际情况,以旅行者为中心,将内容、社区和服务三者有机融合,网站拥有全国各地2 000多个自然人文景观的综合旅游信息,涉及吃、住、行、游、购、娱乐等多个方面,为旅行者提供多方面的预订服务,机票、酒店甚至旅行团,都可以以优惠的价格预订。例如,旅游者通过执行简单的网上查询就可以获得3 000多家酒店的咨询情况,并可以以3—7折的优惠价格预订全国1 800多家酒店和宾馆。此外,还有覆盖191个城市的7 600多条国内外航线信息可供查询和预订。

2. 企业与政府之间的电子商务(B2G)

企业与政府之间的电子商务是企业与政府机构在网上完成原有各种业务,包括政府采购、税收、商检、管理条例发布,以及法规政策颁布等。例如,企业与政府之间进行的各种手续的报批,政府通过互联网发布采购清单、企业以电子化方式完成对政府采购的响应,政府在网上以电子交换方式来完成对企业和电子交易的征税等。这样,既有利于提高政府的采购效率,又便于政府对企业宏观调控、指导规范、监督管理的职能通过网络以电子商务方式充分、及时地发挥。同时借助于网络及其他信息技术,政府职能部门能更及时全面地获取所需信息,做出正确决策,做到快速反应,能迅速、直接地将政策法规及调控信息传达于企业,起到管理与服务的作用。

3. 政府机构对公众的电子商务(G2C)

政府机构对公众的电子商务是政府通过各级政府网站,向民众提供市民办事、便民公告、政策答疑、民意调查、福利费发放、个人缴税等服务内容,引导公民方便地获得政务、办事、旅游、生活等方面的信息咨询及服务。

四、电子商务模式的选择原则

任何企业开展电子商务都需要选择适合企业自身的电子商务模式。这涉及企业自身因素、市场竞争环境因素和宏观环境因素。在对这些因素进行综合分析评估的基础上才能最终选择适合企业的电子商务模式。

(一)发挥优势

企业在选择电子商务模式时为了争取在竞争中处于优势地位,要注意发挥企业的核心竞争优势,将电子商务模式的选择与企业的产品策略、价格策略、促销策略结合起来,增强企业竞争的整体优势。

(二)吸引客户

理解客户的需要和目标才能确保电子商务模式富有成效。所选择的电子商务模式要适应目标客户群在不同生命阶段的兴趣、偏好和行为等。可以根据企业所掌握的统计数据和跟踪报告进行评估,以帮助了解客户的兴趣、活动及所需要的信息。设计、选择出与之相适应的电子商务模式。

(三)提供便利

电子商务可以提供信息便利、时间便利、价格便利、品种便利等。信息便利是使消费者能够充分利用信息购买所需要的商品,促进买卖之间方便快捷的沟通。时间便利是消费者能够在合适的时间购买所需商品。价格便利是指消费者能够以较为便宜的价格购买所需商品。品种便利是指消费者能够以比较低的费用买到理想的商品组合。商家能够以最为合理、最为有效的商品组合形式提供给消费者,使消费者以最为经济的价格和最为便利方式买到所需商品。

(四)增加盈利

电子商务的根本出发点是要赚钱,这才是电子商务的本质。按照目前的状况来看,电子商务或许因为其经营方式及盈利方式与传统商务不同,短期内不能直接盈利,但归根结底还是要盈利的。

（五）充分适应

企业所选择的电子商务模式要充分适应中国目前水平下的客户需求。为此，必须结合具体客户需求和技术手段两个方面，积极引进与借鉴发达国家的做法、经验，并进行中国化的改造和适应，为我所用，选择出符合实际的电子商务模式。

（六）探索创新

电子商务模式具有动态性的特点，有一个探索与创新的问题。企业应着眼于未来发展的需求，着眼于进一步提高企业的市场竞争力，大胆进行创新，积极探索符合企业自身实际的电子商务模式，以适应全球化的激烈竞争。

【创新视频】

互联网企业几乎都在整合产业，做自己的生态。

——刘弘

观看光盘视频《乐视的生态系统》，思考与讨论：乐视生态系统的构建中，涉及哪些经营模式创新？

第六章 市场营销创新

如果想领导这个数字时代,就必须充分了解互联网,这样才能准确预测网络生活方式对你的产业意味着什么。

——比尔·盖茨

在制定加强客户关系、提高客户忠诚度的战略时,每个企业都必须找到其独特的途径。

——芭芭拉·卡恩

在信息时代,信息传播的速度与广度使得企业的营销环境发生了巨大变化,企业在以往经验上积累的营销理念和营销技术都将受到巨大挑战,因此,营销创新是提高企业市场竞争力最根本、最有效的途径。通过营销创新,使企业在营销理念、营销方式、营销策略和营销手段上进行相应的变革和创新,以适应信息时代的要求,获得持续的生存和发展机会。本章将主要从营销方式创新角度展开。

第一节 关系营销

在20世纪80年代以前,对市场营销的研究工作是围绕着一系列不断变化的营销领域展开的。50年代人们关注消费者营销;60年代市场营销的核心是产业市场营销;70年代营销学者投入巨大的精力研究非盈利性或社会福利性的产品营销战略;80年代人们把注意力转向了服务营销;90年代,随着市场竞争的日趋激烈,如何维系顾客关系成为企业营销的焦点问题。关系营销受到更多的关注。

一、关系营销概述

(一)关系营销的定义

关系营销是由美国市场营销学家杰克逊在20世纪80年代中期提出的。关系营销把营销活动看成一个企业与消费者、供应商、分销商、竞争者、政府机构及其他公众发生互动作用的过程,其核心是建立和发展与这些公众的良好关系。要做到这一点,企业通常需要向这些个人和组织承诺和提供优惠的产品、良好的服务以及适当的价格,从而与这些个人和组织建立和保持一种长期的经济和社会的关系。

> **基本概念** **关系营销**
>
> 关系营销是企业与用户及其相关者之间建立的、长期的、广泛的联系,并利用这种关系进行营销活动的过程。

关系营销的核心是建立和发展与其发生联系的各类利益主体的良好关系的过程,为企业长期、持续高效发展奠定坚实的基础。因此,在关系营销中,各主体都应主动与其他关系方接触和联系,相互沟通信息,建立和谐、稳定、融洽的关系,把关系看成企业营销活动成败的关键,把营销本质由交易转向关系,并通过企业的努力,以成熟的交易及履行承诺的方式,使活动涉及各方的目标在关系营销中显现。

顾客一直是企业营销活动的中心,关系营销更加注重同客户的关系。科特勒认为:关系营销的目的,就在于同顾客结成长期的、相互依存的关系,发展顾客与企业及其产品之间的连续性的交往,以提高品牌忠诚度和巩固市场,促进产品持续销售。

(二)关系营销与交易营销的区别

关系营销与传统的交易营销在营销的理念上存在很大的不同,表现在以下4个方面:

第一,关系营销更注重发展与顾客长期的、稳定的关系,以维护和巩固已有的顾客关系作为营销目标,交易营销关注一次性交易,以争取顾客、创造交易为营销目标。

第二,关系营销将交易双方利益视为互利、互补的,双方是合作伙伴关系(双赢)。企业在为顾客创造价值最大化的同时提高自己的效益。交易营销则将双方利益视为冲突的、对立的,一方所得必为另一方所失。

第三,关系营销是创造价值的过程,因为保持顾客可节约成本,提高利润。交易营销则是分配或实现生产部门或企业已创造的价值。

第四,关系营销以保持顾客、实现顾客价值最大化为特征。交易营销以吸引新顾客,提高市场占有率及实现利润最大化为特征。

关系营销与交易营销的比较,如表 6-1 所示。

表 6-1 交易营销与关系营销的比较

交 易 营 销	关 系 营 销
关注吸引顾客	关注提高顾客忠诚度
关注一次性交易,注重短期利益	关注保持顾客,注重长期关系利益
双方缺乏沟通	互动式沟通
利润最大化	双方合作,实现互赢
有限的顾客服务和承诺	高度的顾客服务和承诺
产品质量是生产部门的事,与营销无关	所有部门都应关心质量问题

(三)关系营销的原则

关系营销的实质是在营销中与各关系方建立长期稳定的、相互往来的营销关系,以求持续协调发展,因而实施关系营销应坚持这样 4 个原则:

1. 主动沟通原则

在关系营销中,沟通应该是双向而非单向的。交易双方都应该积极主动沟通信息,加强交流,并形成制度或以合同形式定期或不定期交流,培育感情,增强了解,建立伙伴合作关系。

2. 承诺信任原则

在关系营销中,交易双方都要履行诺言,才能取得对方的信任。承诺的实质是守信,履行承诺是将誓言变为行动,是维护、尊重关系方利益的表现,也是获得关系方信任的关键,是建立企业与关系方融洽伙伴关系的基础。

3. 互惠互利原则

关系营销是一种双赢战略,即交易的双方作为独立的经济主体,在交易中的地位是平等的,依据市场原则,在公开、公平、公正的条件下等价交换,使关系双方都获得应该获取的利益,这样关系才能持久,否则关系难以维持。

4. 控制反馈原则

关系营销要求建立专门的部门,用以跟踪顾客、分销商、供应商及营销系统中其他参与者的态度,由此了解关系的动态变化,及时采取措施,消除关系中的不稳定因素和不利于关系各方利益共同增长的因素。此外,通过有效的信息反馈,也有利于企业及时改进产品和服务,更好地满足市场的需求。

二、关系营销的基本模式

关系营销的实质就在于同最有利的顾客结成长期的、相互依存的关系,发展顾客与企业之间的连续性的交往,从而使企业更深入地了解顾客的需求和期望,并向其提供优质的产品和高价值的服务,从而提高顾客忠诚度。

(一)关系营销的市场

20 世纪 90 年代英国的阿德里安·佩恩、马丁·克里斯托夫等人将所有影响企业与顾客关系的因素归入顾客市场、内部市场、推荐市场、影响市场、雇员市场、供应商市场。企业在与顾客打交道时，要注意其他市场的作用，必须保证6个市场高度协调统一，因为这6个市场是成功的顾客关系的舞台(如图6-1所示)。

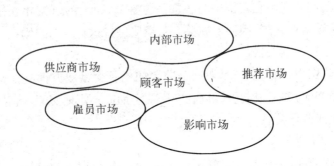

图6-1　关系营销6大市场模式

1. 顾客市场

顾客市场是6大市场的中心。顾客市场包括最终使用者、顾客或中介购买者。企业为他们提供有别于竞争者的服务才能建立长期的顾客关系。

2. 供应商市场

供应商为企业提供原材料、产品和服务。企业与供应商在营销渠道上建立广泛的合作伙伴关系，才能保证企业顺利地推出产品和服务。

3. 推荐市场或参照市场

推荐市场由具有专业性的专家组成，诸如医生、银行家、管理者及会计师等。企业同这些人建立长期的良好关系，使他们从不同角度推荐企业，有利于企业在顾客心目中树立良好的形象，从而促进企业与顾客的长期关系。

4. 影响市场

影响市场主要包括政府、公众、金融市场、记者等。他们直接影响企业的营销活动，必须处理好同他们的关系。

5. 内部市场

内部市场指企业内部个人与团体关系、上下级关系、职能部门之间的关系。通过他们的关系和行为，进而通过企业文化，尤其是共同价值影响企业的精神和气质，从而影响企业同顾客的关系。

6. 雇员市场或交互市场

企业通过一线雇员同顾客建立直接的关系，他们成为关系营销的焦点，只有良好的员工关系，才能保证企业同顾客建立良好的长期关系。

(二)关系营销的层次

企业提供给顾客的价值是建立和维系顾客关系的基础。这种价值可以用顾客让渡价值来衡量。产品、服务质量以及良好的顾客满意度和口碑都是增加顾客价值、吸引新顾客的重要手段,同时也是增进老顾客关系的有效方法。那么,如何最大限度地建立和增加顾客价值?贝瑞和帕拉苏拉曼归纳了三种建立顾客价值的方法。

1. 一级关系营销

一级关系营销常被称为频繁市场营销或频率营销,这是最低层次的关系营销。

基本概念　一级关系营销

一级关系营销是企业利用价格刺激,增加目标市场顾客的财务利益来维护顾客关系。

一级关系营销容易被竞争对手所模仿,很难将企业与竞争者区别开来。一旦营销方式被仿效,其所产生顾客忠诚的作用将会消失。因此,一级关系营销可以购买顾客忠诚度,但无法真正创造忠诚顾客。

实践运用

航空里程累计奖励与银行卡消费积分奖励的有机结合

2001年2月,中国国际航空公司与中国工商银行"关于国航常旅客奖励计划和工行牡丹国际信用卡持卡人消费奖励计划合作项目的签字仪式"在京举行,此项合作的开展在国内第一次实现航空里程累计奖励与银行卡消费积分奖励的有机结合。合作的主要内容是:国航知音会员使用中国工商银行发行的牡丹国际信用卡,每消费2元人民币或者港币可获得1点消费积分,每消费1美元可获得4点消费积分,每5 000点消费积分可以兑换500公里国航知音里程。达到规定的累计里程时,可获得中国国际航空公司提供的免费机票、免费升舱及其他方面的奖励和服务,合作为双方客户提供了更全面、更优质的服务,也有利于实现合作双方客户资源的优势互补,为双方开展全方位、深层次合作打下了坚实的基础。

分析提示:
☞ 对于国航与工行来说,此项合作所涉及的利益相关者分别是哪些?
☞ 此项合作对于各利益相关者带来的好处是什么?

2. 二级关系营销

基本概念　二级关系营销

二级关系营销是通过了解单个顾客的需要和愿望,提供并使服务个性化和人格化,来增加企业与顾客的社会联系。

二级关系营销把人与人之间的营销和企业与人之间的营销结合起来。在建立关系方面优于价格刺激,这种方法既增加了顾客的社会利益,同时也增加了财务利益。

二级营销的主要表现形式是建立顾客组织,包括顾客档案、正式的或者非正式的俱乐部以及顾客协会等。通过这些组织,企业可以给予长期顾客优惠和奖励,提供产品的最新信息,定期举办联谊活动,加深顾客的情感信任,使企业与顾客保持更为紧密的联系,实现对顾客的有效控制。

3. 三级关系营销

基本概念　三级关系营销

三级关系营销是企业向交易伙伴提供财务利益和社会利益的同时,与交易伙伴结成结构纽带稳定联系。

结构性联系要求企业为交易伙伴提供有价值的服务,但交易伙伴不能通过其他来源得到这种服务。这种服务的提供依赖于企业通过自身竞争优势建立起的核心竞争力。对一个企业而言，核心竞争能力既不能复制，也不能模仿，它应该是独一无二的，具体表现为开发别具一格的产品、发展独具特色的技术等。良好的结构性关系可以提高顾客转向竞争者的机会成本，同时也将增加顾客脱离竞争者而转向本企业的收益。

三种与客户建立关系营销的手段，在实际操作过程中应根据企业情况加以运用。如果企业规模较小，在企业与顾客建立关系的过程中，可以只采取一级关系营销，也可以将一级关系营销和二级关系营销这两种手段并用；如果企业的规模较大，就可以将上面的三种关系营销手段综合运用。通过三种关系营销手段的运用，使客户成为企业长期合作的伙伴，从而让企业在激烈的市场竞争中立于不败之地。

（三）关系营销中的关键过程

1. 关系营销中的交互过程

成功的营销需要为顾客提供解决问题的答案。在关系营销中，这个答案包括关系本身及其运作的方式和顾客需求满足的过程。关系包括实体产品或服务产出的交换或转移，同时也包括一系列的服务要素，没有这些服务，实体产品服务产出可能只有有限的价值或对顾客根本没有价值。例如，送货延误、不及时的服务、抱怨处理不当、缺少信息或员工态度不友好等都有可能破坏质量优良的产品价值。

关系一旦建立便会在交互过程中延续。供应商或服务企业与顾客间发生不同类型的接触，这些接触可能是很不相同的，主要取决于具体的营销情形。有些接触是人与人之间的，有些是顾客与机器或系统之间的。要想实现关系营销的目标，企业必须在交互过程中，设计出有利于价值转移的服务及与其配套的运作方式，从而为顾客创造持续的价值。

2. 关系营销的对话过程

在营销过程中，实体产品、服务过程、管理程序和支付手段等实际上都向顾客传递企业的某种信息。然而，关系营销理论认为，企业与顾客沟通的特点是双向的，有时甚至是多维的。所有的沟通努力都应该能够维护和促进双方关系的发展。企业为维持顾客关系的种种努力，如销售洽谈会议、直接联系信函等都应该整合进一个有计划的过程中。因此，这种对关系营销的沟通支持叫对话过程。这个过程包括一系列的因素，如销售活动、大众沟通活动、直接沟通和公共关系。

大众沟通包括传统的广告、宣传手册、销售信件等不寻求直接回应的活动;直接沟通包括含有特殊提供物、信息和确认已经发生交互的个人化信件等。这里,要寻求从以往交互中得到某种形式的反馈,要求有更多的信息、有关顾客的数据和社会各界的反应。

3. 关系营销中的价值过程

在关系营销中,因为企业必须让顾客感知和欣赏双方持续关系中创造的价值,所以企业要付出比交易营销更多的努力。由于企业与顾客的关系的建立是一个长期的过程,因此顾客价值会在一个较长的时间内体现,营销专家称之为价值过程。

在这一过程中,企业除了为顾客提供核心产品外,还必须提供相应的附加价值,如送货、顾客培训、产品维护、零部件供应及有关的使用信息和文件等。在今天,由于核心产品的提供已不成问题,因此,附加价值就显得尤为重要。而顾客所付出的代价,包括价格和企业维持关系而发生的额外成本。在关系范畴中,这些额外的成本可以称为关系成本。这些成本是在决定与某个供应商或服务企业建立关系后发生的。例如,由于供应商的送货不及时,顾客不得不保持大量的库存;由于不及时的维修和保养服务导致实际成本超出预期成本等。显然,关系成本越低,企业与顾客保持已有关系的可能性越大。

总之,交互、对话、价值构成了关系营销的关键过程。如果顾客价值过程没有得到仔细分析,在交互过程中就很容易出现错误和不当的行动。如果对话过程与交互过程冲突,价值过程就很容易产生消极的结果,因为顾客可能得到冲突的信号和不能兑现的承诺。因此,关系营销的实施效果取决于交互、对话、价值三个过程的有机融合。

三、实施关系营销的策略

关系营销是与关键顾客建立长期的、令人满意的业务关系的活动,应用关系营销最重要的是掌握与顾客建立长期良好关系的种种策略。

(一)建立顾客关系管理机构

建立专门从事顾客关系管理的机构,选派业务能力强的人任该部门总经理,下设若干关系经理。总经理负责确定关系经理的职责、工作内容、行为规范、评价标准和绩效考核工作。关系经理负责一个或若干个主要客户,是客户所有信息的集中点,是协调公司各部门做好顾客服务的沟通者。关系经理要经过专业训练,具有专业水准,对客户负责,其职责是制定长期和年度的客户关系营销计划,制定沟通策略,定期提交报告,落实公司向客户提供的各项利益,处理可能发生的问题,维持同客户的良好关系。建立高效的管理机构是关系营销取得成效的组织保证。

(二) 接触计划

接触计划即通过营销人员与顾客的密切交流增进友情,强化关系。比如,有的市场营销经理经常邀请客户的主管经理参加各种娱乐活动,如滑冰、野炊、打保龄球、观赏歌舞等,双方关系逐步密切,如果每次接触都很愉快,企业可以很快发掘出顾客的潜在需求,从而促进销售。在实施接触计划时要注意:第一,要倾听客户的意见;第二,要及时处理客户的投诉。但是,通过接触计划开展关系营销的缺陷是:易于造成企业过分依赖长期接触顾客的营销人员,增加管理的难度。

(三) 频繁营销规划

频繁营销规划也称老主顾营销规划,主要是向经常购买或大量购买的顾客给予财务奖励的营销计划。也就是"老客户优惠","买得越多越便宜"。奖励的形式有折扣、赠送商品、奖品等。

小资料:美国航空公司的免费里程规划

美国航空公司是首批实施频繁营销规划的公司之一,20世纪80年代初它推出了提供免费里程的规划,一位顾客可以不付任何费用参加公司的AA项目,乘飞机达到一定里程后换取一张头等舱位票或享受免费航行和其他好处。由于越来越多的顾客转向美国航空公司,其他航空公司也相继推出了相同的规划。

频繁营销计划通过长期的、相互影响的、增加价值的关系来确定、保持和增加来自最佳顾客的产出。频繁营销规划具有一定的缺陷:第一,竞争者容易模

仿。频繁营销规划只具有先动优势,尤其是竞争者反应迟钝时,如果多数竞争者加以仿效,就会成为所有实施者的负担。第二,顾客忠诚度低。由于只是单纯价格折扣的吸引,顾客易于受到竞争者类似促销方式的影响而转移购买。第三,可能降低服务水平。频繁营销规划主要依靠单纯价格竞争吸引客户,容易忽视顾客的其他需求。

(四)俱乐部营销规划

俱乐部营销规划指建立顾客俱乐部,吸收购买一定数量产品或支付会费的顾客成为会员。俱乐部营销规划不但可以使企业赢得市场占有率和顾客忠诚度,还可提高企业的美誉度。

小资料:哈雷的所有者团体

哈雷·戴维森公司建立了哈雷所有者团体,拥有30万会员,向会员提供一本杂志(介绍摩托车知识,报道国际国内的骑乘赛事)、一本旅游手册、紧急修理服务、特别设计的保险项目、价格优惠的旅馆,经常举办骑乘培训班和周末骑车大赛,向度假会员廉价出租哈雷·戴维森摩托车。第一次购买哈雷·戴维森摩托车的顾客可以免费获得一年期的会员资格,在一年内享受35美元的零件更新。目前,该公司占领了美国重型摩托车市场48%的份额,顾客保留率达95%。

(五)定制营销

定制营销是根据每个顾客的不同需求制造产品并开展相应的营销活动。其优越性是通过提供特色产品、优异质量和超值服务满足顾客需求,提高顾客忠诚度。

企业依托现代最新科学技术建立的柔性生产系统,可以大规模、高效率地生产非标准化或非完全标准化的定制产品,且成本增加不多。这样,企业能够同时接受大批顾客的不同订单,并分别提供不同的产品和服务,在更高的层次上实现"产销见面"和"以销定产"。

(六)数据库营销

数据库营销是建立、维持和使用顾客数据库以进行交流和交易的过程。数据库营销具有极强的针对性,是一种借助先进技术实现的"一对一"营销,可看作定制营销的特殊形式。数据库维护是数据库营销的关键要素,企业必须经常检查数据的有效性并及时更新。美国通用电器公司建有资料详尽的数据库,可以清楚地知道哪些用户应该更换电器,并时常赠送一些礼品以吸引他们继续购买公司的产品。

第二节 网络营销

20世纪后期人类最伟大的发明就是互联网。它的出现深刻地影响了人类的生活,企业的市场营销也不可避免地受到了互联网的巨大冲击。互联网络的开通和不断完善及用户的迅速增加,为企业营销带来了新的契机,同时也向传统的营销提出了新的挑战。

一、网络营销概述

(一)网络营销的定义

20世纪90年代初,飞速发展的互联网促使网络技术的应用指数化增长。全球范围内掀起应用互联网热,网络营销就是互联网热在市场营销领域的体现。它对企业的营销方式的影响是全方位的、革命性的。

市场营销是个人或组织通过创造并同他人或组织交换产品和价值以获得其所需所欲之物的一种社会活动过程。在网络时代,互联网与营销的所有方面相联系。

> **基本概念** 网络营销
>
> 网络营销是企业营销实践与现代信息技术、计算机网络技术相结合的产物,是企业以电子信息技术为基础,以计算机网络为媒介和手段而进行的各种营销活动的总称。

网络营销是20世纪末出现的市场营销新领域。它贯穿于企业网上经营的全过程,从网络营销的信息发布、网络营销信息收集,一直到网上产品销售、货款支付与物流配送,以及交易完成后的售后服务、信息反馈等活动都是网络营销的重要内容。

虽然网络营销离不开互联网,但是其实质仍然是市场营销,是一种营销活动,因此,网络营销的本质还是商品交换。只是在网络营销活动中,买卖双方的互动性大大加强,有利于更好地促进销售。

(二)网络营销的特点

企业要成功实现商品交换,其前提是买卖双方充分的信息沟通与交流。互联网的本质就是一种信息传播与沟通的媒介,以互联网为技术手段的网络营销与传统营销相比较,具有以下特点。

1. 市场全球化

互联网在全球范围内的迅速崛起给企业带来新的商机,使企业商业活动向着区域化、全国化、国际化、全球化发展,使企业面临着一个更广阔、更具有选择性的全球市场。在欧美国家,90%以上的企业都建立了自己的网站,通过网络寻找自己的客户、寻找需要的产品,已经成为习惯。在中国,网络营销起步虽较晚,发展却极为迅速。

小资料:我国网民规模

根据《第 29 次中国互联网络发展状况统计报告》,截至 2011 年 12 月,我国的网民规模达到 5.13 亿人,互联网普及率为 38.3%。中国手机网民规模达到 3.56 亿人。

---

2. 产品个性化

传统的营销产品都是通过规模生产来满足顾客的一般需求,顾客的个别需求却往往得不到满足。作为一种新型媒体,互联网恰恰能做到这一点。互联网使企业与其目标顾客采用直接互动性的市场接触,对顾客的个别需求做出一对一的反应,生产出富有个性的产品以满足顾客的个别需求。

3. 价格公开化

顾客通过网络能对提供有关意向产品的企业进行查询,以了解产品价格等信息。如果某种产品的价格标准不统一或经常改变,顾客会通过互联网认识这种价格差异,并可能因此导致对销售者的不满。这样传统的由于市场空间障碍而导致的价格差异现象将得到改变。顾客可通过网络对所需的商品进行全球性的比较和选择,从而大大提高了价格的透明度,使价格竞争更加剧烈。

4. 渠道直接化

通过互联网,厂商可直接与最终顾客进行联系,商品可直接从厂商到顾客手中,大大缩短了商品流通过程,使销售渠道更加直接化,加速了商品流、资金流、信息流,这也因此大大降低了中间商的作用。

5. 交易虚拟化

与传统营销有很大区别的是网络营销具有虚拟的一面。对于销售方来说,只是在互联网上建立一个网页,上面列出自己的产品名称、性能指标、商品价格或者给出商品的图像资料,供客户选择。所以,在网上,企业是虚拟的,商场是虚拟的,商品是虚拟的。交易双方不直接见面,通过网络形式进行交流,完成交易活动。

二、网络营销的分类

网络营销的方式多种多样。按照不同的分类标准,可以分为不同的类型。如果我们根据网上市场的类型不同,可将网络营销划分为以下三种类型。

(一) 网上零售

网上零售是面向个人消费者或最终消费者的销售活动。这种方式是把商店开到了网上,在网上设立商店或柜台,一般称为网上电子商店或网上商城。网上商店是企业与消费者之间的电子商务的一种典型交易形式。

网上商店是以虚拟形式设立在互联网上。零售商在网上开设商店,列出可供销售的商品,消费者登录网上商店后,即可挑选所需的商品,按一定的方式支付货款后,便可通过相应的物流渠道收到所购商品。网上商店与传统商店相比可节省商店的租金和设备费用;降低商店的营运成本;经营规模不受地域和场地限制;可以更好地为消费者提供服务;并有规定的消费者群体和限定的商品种类等特点。

(二) 网上贸易

网上贸易是电子商务中企业与企业间的交易形式,是利用互联网或专用网络,向客户批量销售商品的贸易活动。网上贸易的客户一般不是直接消费者,而是企业用户和再销售者,他们购买商品的目的是作为生产资料加工产品,或者通过再销售赚取利润。网上贸易每次交易的数量大、价值高,但交易次数相对较少,有稳定的交易关系和固定的客户。网上贸易的范围广泛,可以是本地区、国内及国外,交易的商品既可以是通用商品,也可以是为客户定制的专用设备。与传统的贸易形式相比,网上贸易具有交易范围广泛、交易效率高、交易成本低、贸易全球化和网上网下相结合等特点。

(三) 网上交易市场

网上交易市场是在互联网上建立的交易市场,是买卖双方在网上交易的场所。同传统的交易市场一样,既有买方也有卖方。卖方可以在网上交易市场中展示自己的商品,买方根据自己的需要挑选商品,最后达成交易。网上交易市场一般由网络服务商建立,如要在网上交易市场中销售商品,可向其提交注册申请,并缴纳一定费用。客户如要在网上采购商品,需先登录网站注册,然后才能挑选商品,完成交易。网上交易市场上交易的商品种类繁多,交易对象广泛,便于客户采购与销售商品。

三、网络营销组合策略

市场营销的核心是营销策略组合,与传统营销一样,网络营销的策略主要是在整合传统 4P[产品(Product)、价格(Price)、地点(Place)、促销(Promotion)]基础上的 4C 策略,即消费者的需求与欲望(Consumer)、消费者愿意支付的成本(Cost)、消费者购买的便利性(Convenience)和与消费者的沟通(Communication)。但从本质上看,新的网络营销策略与传统营销策略的营销目标是一致的,只是面对的目标市场和消费者群体有所不同,所以我们论述网络营销组合策略时虽仍以 4P 作为主线,但将会注意贯彻 4C 的思想。

(一) 网络营销产品策略

网络营销是在传统营销的基础上发展起来的。与传统营销一样,网络营销的目标是为顾客提供满意的产品和服务,同时实现企业的利润。产品作为连接企业利益与消费者利益的载体,通过有形物体、服务、人员、地点、组织和构思来满足两者的需求。在网络营销中,产品仍然发挥着同样作用,它能引起人们注意、获取、使用或消费,从而满足某种欲望。

1. 适合网络销售的产品特性

由于网络销售是在虚拟市场上进行,购买者往往不接触产品的实体,这对网上产品提出了特定的要求,不是所有的产品都适合在互联网上销售的。一般而言,适合互联网络上销售的产品通常具有以下几个方面的特性:

(1) 产品性质。网上销售的产品最好是与高技术或与电脑、网络有关,这些产品容易引起网上用户的认同和关注。由于数字化技术和信息技术的发展,网络可以对许多数字化的产品直接进行配送,因此,知识产权及一些信息类产品,如图书、音乐等也比较适合于网上销售。另外,一些无形服务也可以借助网络实现远程服务,如远程医疗等。

(2) 产品质量。网络的虚拟形式,使得网络购买者在购买前无法尝试或只能通过网络来尝试产品。因此,顾客对产品质量尤为重视,许多购买者只愿意购买那些质量可以在网上测定的产品,如图书、软件等产品。

(3) 产品式样。网上市场的全球性,使得产品在网上销售面对的是全球性市场。因此网上销售的产品既要符合全球性的特点,又要注意产品的本地化。同时,由于网上消费者的个性化需求,网络营销产品的式样还必须满足购买者的个性化需求。

(4) 产品品牌。由于网上购买无法进行购物体验,同时网上购买者又可面对很多选择,因此,购买者对品牌比较关注,品牌也就成了一种无形的保证。在网络营销中无论是生产商还是经营商都必须拥有明确、醒目的品牌,以获得浏览者的注意。

(5) 产品包装。作为通过互联网络经营的产品,其包装必须适合网络营销的要求。例如,通过网络传送的软件、游戏、信息等无形产品就可以没有任何包装;而其他的实体性的产品,就应采用适合专业递送的包装。

(6) 产品的目标市场。通过网络进行营销的商品所面临的市场是以网络用户为主要目标的市场,换言之,可以覆盖广大的地理范围的产品更适合于利用网络进行营销。

(7) 产品价格。互联网作为信息传递工具,在发展初期是采用共享和免费策略发展而来的,网上用户比较认同网上产品价格低廉的特性;另外,由于通过互联网络进行销售的成本低于其他渠道,在网上销售产品一般采用低价位定价。

2. 网络营销产品的文案策划

消费者在选定一件产品后,仔细查看说明是必不可少的一个步骤。即使是一本书,购买者也会看一下内容提要、作者简介、目录之类的介绍。如果是一件价值较高的产品,则更希望了解详细的资料。但目前不少网站除了产品图片说明外,就是公司介绍,忽略了产品的描述。而顾客不是看了产品特性就有购买欲望的,而是在了解了产品的价值后才有购买欲望,因此,好的产品描述能够把自己的产品与其他卖家的产品进行有效的区分,同时能够增加买家对卖家的信任。

产品描述的原则是简单、大方、美观,同时也不失描述的真实性。产品描述的内容除了必备的产品规格参数和图片以外,还必须对产品的售后服务做详细的描述。因为网络营销是建立在买家对卖家的信任基础上的。此外,对售后服务条款的详细描述也能够增加买家对卖家的信任感。

3. 网络营销产品的信息策略

为用户提供完善的信息服务,是进行网络营销的一个重要组成部分,也是网络营销的主要功能和优势所在。为用户提供产品信息服务时,可采取的策略有:

(1) 建立"虚拟展厅"。用立体逼真的图像,辅助以方案、声音等展示自己的产品,使消费者如亲临其境,感受到产品的存在,对产品的各个方面有一个较为全面的了解。同时通过在"展厅"中设立不同产品的显示器,建立相应的导航系统,使消费者能够迅速、快捷地寻找到自己所需要的产品信息。

(2) 设立"虚拟组装室"。在"虚拟展厅"中,对于一些需要消费者购买后进行组装的产品,可专门开辟一些空间,使消费者能根据自己的需求,对同一产品或不同产品进行组合,更好地满足消费者的个性化需求。

4. 网络营销产品的服务策略

利用网络提供产品时,除了将产品的性能、特点、品质以及为顾客服务的内容充分显示外,更重要的是以人性化为导向,针对个别需求提供一对一的营销服务,利用网络优势,提高消费者参与的程度。具体可以采取以下措施:

(1) 利用电子布告栏或电子邮件提供线上售后服务或与消费者做横向沟通。

(2) 提供消费者、消费者与公司在互联网络上的讨论区,了解消费需求、市场趋势等,作为公司改进产品、开发产品的参考。

(3) 提供网上互动服务系统,依据客户需求,自动、适时地利用网络提供有关产品的服务信息。

(4) 在网络上提供与产品相关的专业知识,增加产品价值的同时也提升企业形象。

(5) 开发电子书籍、电子杂志、电子资料库等信息产品,并利用网络提供物美价廉的服务。

> **实践运用**
>
> **美国贺轩卡片网站的提醒服务**
>
> 美国贺轩卡片网站有一个突破传统的、非常受欢迎的服务——提醒服务。只要顾客将重要的日子,如父母、爱人的生日等填写好,并选好需要网站在这个重大日子的前几天提醒他,则网站就会提供这项服务。例如,一位顾客某天可能会接到贺轩商店的信息,告诉他爱人的生日要到了,并提醒他去年送的是巧克力,今年要不要考虑送只泰迪熊再加上一束玫瑰花,对这样的服务顾客当然是会有所钟情的。
>
> **分析提示:**
>
> ☞ 提醒服务体现了网络营销的何种特点?
>
> ☞ 您是否有网上购物的经验,请结合自身网上购物的经验,分析比较不同企业网络营销策略的不同特点。

5. 建立网络域名品牌

品牌存在的价值在于它所具有的清晰意义,起到识别和沟通的作用。企业在互联网上进行商业活动,同样存在被识别和选择的问题。由于域名是企业站点的联系地址,是企业被识别和选择的对象,因此提高域名的知名度,也就是提高企业站点的知名度,也就是提高企业的被识别和选择的概率。域名在互联网上可以说是企业形象的化身,是在虚拟网上市场环境中商业活动的标识,这个标识通常是企业名称中最显著、最独特、最具识别性的部分,有时就是企业的商标。因此域名对于企业来说是一种宝贵的资源,能给其带来利益。要保证域名使用和访问频率高,企业必须注意:域名应简洁,便于输入和记忆;域名应该有意义,以强化记忆;域名与企业整体形象应保持一致,便于识别;站点有丰富的内容和服务,体现域名的真正内涵。

(二)网络营销定价策略

在营销组合变量中只有价格直接产生企业的收益,因此,定价在网络营销中是十分重要的课题。然而,在网络环境中,定价策略在很多方面有别于传统策略,成为管理者面临的一个新的挑战。

1. 网络营销定价特点

(1)全球化和本地化。网络营销市场面对的是开放的和全球化的市场,用户可以在世界各地直接通过网站进行购买,而不用考虑网站是属于哪一个国家或者地区的。这样企业就不受地理位置的限制,目标市场从局部的市场,一下拓展到全球性市场,这也使得网络营销产品在定价时必须考虑目标市场范围的变化给定价带来的影响。如 Amazon 的网上商店的产品来自美国,购买者也来自美国,那么产品可按原定价方法进行折扣定价。如果购买者是中国或者其他国家的消费者,那么采用针对美国本土的定价方法就很难适应全球化的市场,从而影响网上销售。因此,为解决这些问题,可采用本地化方法,在不同国家的市场建立地区性网站,以适应地区市场消费者的需求变化。如 Dell 公司专门在中国地区建立满足中国市场需要的中文网站,按照美国网站模式设计和服务,但产品的定价是按照中国国情实行的。

(2)低价位。借助互联网进行销售,比使用传统销售渠道的费用低廉,从而可以帮助企业降低成本费用,有更大的降价空间来满足顾客的需求。因此网上销售价格一般来说比流行的市场价格要低。而对于网上消费者来说,由于互联网是从科学研究应用发展而来的,因此消费者对使用互联网上的信息和产品产生了低廉的心理期望。根据调查,60%的网上消费者是因为网上产品便宜才上网购买的。因此在现阶段,对于那些网上定价过高或者降价空间有限的产品,最好不要在网上市场上销售。

(3)定价差异。与传统市场相似,在网上商品市场上,同一商品在同一时间有不同的价格。例如,网上的书籍和 CD 的价差最多可达 50%,书籍和 CD 的平均价差分别为 33% 和 25%。导致网上价格差异的原因很多,包括市场不够成熟、商品的知名度不同、商品的附加利益不同等。例如,有些网站由于能提供便利的购物环境和良好的售后服务,在消费者心目中具有较高的知名度和信任度,因此这些网站可以索要更高的价格。据调查,Amazon 的定价要比同类小网站高 7%—12%。

2. 网络营销定价策略

由于网络的及时性和互动性等特点，网络营销会节省一定的经营成本，这必然对价格产生一定的影响。因此，企业在对网络营销决策时，必须对各种因素进行综合考虑，从而采用相应的定价策略。很多传统营销的定价策略在网络营销中得到应用，同时也有一定创新。根据影响营销价格因素的不同，网络营销定价策略可以分为：

（1）低价定价策略。低价定价策略有两种：一是直接低价定价策略，就是在定价时大多采用成本加一定利润，有的甚至是零利润来定价。这种定价法一般是由制造业企业在网上进行直销时采用的定价方式。另一种低价定价策略是折扣策略，它是以在原价基础上进行折扣来定价的。这类价格策略主要为一些网上商店采用，它把购买来的产品按照市面上的流行价格进行折扣定价。

（2）定制定价策略。由于消费者是根据自己的需要配置自己最满意的产品的，在选择产品的同时实际上也相应地选择了自己认为合适的价格，因此消费者对产品价格有比较明确的认识，从而可以增加企业在消费者面前的信用。

基本概念　定制定价策略

定制定价策略是在企业能实行定制生产的基础上，利用网络技术和辅助设计软件，帮助消费者选择配置或者自行设计能满足自己需求的个性化产品，同时承担自己愿意付出的价格成本。

（3）使用定价策略。随着经济的发展，人们对产品的需求越来越多，产品的使用周期也越来越短，许多产品购买后使用几次就不再使用，因此通过在网上采用类似租赁的、按使用次数定价的方式就能解决顾客对这些产品的需求。

基本概念　使用定价策略

使用定价策略，就是顾客通过互联网注册后可以直接使用某公司产品，顾客只需要根据使用次数进行付费，而不需要将产品完全购买。

使用定价一方面减少了企业为完全出售产品而进行的不必要的大量生产和包装浪费，同时还可以吸引过去那些有顾虑的顾客使用产品，扩大市场份额。顾客每次只是根据使用次数付款，节省了购买产品、安装产品、处置产品的麻烦，还可以节省不必要的开销。

按使用次数定价，一般要求产品适合通过互联网传输，可以实现远程调用。目前，比较适合的产品有软件、音乐、电影等产品。

（4）拍卖竞价策略。市场要形成最合理的价格，拍卖竞价是最合理的方式。

> **基本概念　　拍卖竞价策略**
>
> 拍卖竞价策略是指消费者通过互联网轮流公开竞价，在规定时间内价高者赢得拍品。

目前，国外比较著名的拍卖站点是 eBay.com。拍卖方只需要将拍品的相关信息交给 eBay 公司，经过审查合格后即可上网拍卖，竞买者只需要在网上登记即可。国内也有多家网上拍卖站点提供此类服务，如雅宝、网猎、易趣等。根据供需关系，网上拍卖竞价方式有几种：竞价拍卖、竞价拍买和集体议价。

（5）免费定价策略。免费定价策略在网络营销中是一种有效的产品和服务定价策略，许多新兴公司凭借免费价格策略一举获得成功。

> **基本概念　　免费定价策略**
>
> 免费定价策略就是将企业的产品和服务以零价格形式提供给顾客使用，满足顾客的需求。

免费定价的形式有这样几类：一类是产品和服务完全免费，即产品（服务）从购买、使用到售后服务所有环节都实行免费服务；第二类是对产品和服务实行限制免费，即产品（服务）可以被有限次使用，超过一定期限或者次数后，取消这种免费服务；第三类是对产品和服务实行部分免费；第四类是对产品和服务实行捆绑式免费，即购买某产品或者服务时赠送其他产品和服务。企业在网络营销中采用免费策略，其目的有两个：一是让用户免费使用习惯后，再开始收费，所以这种免费策略主要是一种促销策略；二是想发掘后续商业价值，免费策略的主要目的是先占领市场,然后再在市场获取收益。如 Yahoo 通过建设免费使用的门户站点,经过 4 年亏损经营后,通过广告收入等间接收益扭亏为盈。而且在 4 年中,由于股票市场对公司的认可和支持,使公司得到飞速增长,因此,Yahoo 的免费策略就是占领未来市场。企业实行免费策略不是对任何产品都适合的。只有那些符合互联网的特性——快速实现全球信息交换的产品才适合采用。一般说来,免费产品具有这样一些特性:易于数字化、无形化、零制造成本、成长性和间接收益。

(三) 网络营销渠道策略

在当代市场中,大量生产和大量消费使得中介成为介入买卖双方的中间环节。这些中介或者是取得从生产者向消费者流动的商品或服务的所有权,或者是利用他们在这一领域的一种或多种专业功能使这种流动更加顺畅。这些中介一般被称作渠道。营销渠道决策是企业营销决策中非常关键的一个环节,因为它直接影响企业所有其他的营销决策和总体战略决策。

在网络营销中,互联网起到了分销商的作用,可以担当在全球范围内的分销,而且比传统渠道成本低,从而大大降低了中间商的价值。同时网上营销改变了传统渠道的性质:从销售导向改变为服务导向。可以说,网络营销最大的革命还是在渠道上面。

1. 网络营销对渠道的影响

网络营销将对渠道产生以下三方面的影响:

(1) 距离消亡。互联网的发展和商业应用,使得传统营销中间商凭借地缘原因获取的优势被互联网的虚拟性所取代,许多产品的分销可以被数字化,例如图像、声音、照片和单词,对于服务也是如此。例如,杜邦润滑油公司向世界上许多地方的消费者出售各种具有特殊用途的润滑油,它的产品目录总是因新产品、原有产品的新用途、规格的变化以及价格的变化而改变。现在公司借助于它们的网站用虚拟技术取代以前对产品目录的重新印制工作,而且虚拟目录是同时传递的。无论在哪种情况下用户都能利用最新的产品目录为某一具体工作搜索到最好的润滑油。

(2) 时间均匀。在实体市场上,时间和季节支配交易,但虚拟市场不受时间限制,一个 Web 网站总是开放的。卖主不必醒来为买主服务,同样,买主也没有必要不睡觉,甚至不必在现场就能接受卖方的服务。这样,时间被均匀化了。

(3) 无关位置。在传统市场上，顾客为了购买产品必须到商店去，在这类市场中，位置很重要，商店必须便于消费者前往。但是，任何以屏幕为基础的活动都可以在地球的任何地方进行。网上书店亚马逊就是一例，它可以通过任何一个地方的供应商向任何一个地方的消费者提供书籍。亚马逊书店的位置既与书的购买者无关，也与出版商无关。位置不再是大多数商务决策的关键问题。

小资料：戴尔的互联网定制

戴尔计算机公司利用互联网进行贸易，消费者利用戴尔网站通过选择就能够定制一台个人电脑。它可以不断向消费者提供他们的选择所花费的成本的最新情况，使他们能够相应调整预算。一旦对特定某个组件满意，消费者就可以订货并且在线付款。这时戴尔公司才开始生产，一星期后这台机器就可以交给消费者。戴尔公司的位置对于消费者是不相关的，公司就在消费者需要的任何地方。

2. 网络营销渠道的建设

企业要实行网络营销，需要建立这样几个系统：

(1) 订货系统。它为消费者提供产品信息，同时方便厂家获取消费者的需求信息以求达到供求平衡。一个完善的订货系统，可以最大限度地减低库存，减少销售费用，同时减少顾客订货时的麻烦，提高订货的易操作性。因此，企业在设计订货系统时，要尽可能地减少顾客的劳动，尽可能简单明了，易于操作。不要让消费者填写太多的信息，最好采用现在流行的"购物车"方式，让消费者一边浏览商品信息，一边比较选择，一边进行选购。在购物结束后，一次性进行结算。另外，订货系统还应该提供商品搜索和分类查找功能，以便消费者能在最短的时间内找到所需要的商品，同时还应对消费者提供想了解的有关产品信息，如性能、外形、品牌等重要信息。此外，订货系统还应对收货时间、销售服务、质量保证、产品价格等做出明确的承诺，并严格履行承诺。当顾客通过订货系统购买货物后，一般希望随时能够得到订单的处理程度与结果反馈。因此，订货系统要设计面向顾客的订单查询功能。

(2) 配送系统。消费者只有看到购买的商品到家后,才真正感到踏实,因此建设快速、有效的配送服务系统是非常重要的。如果企业提供的是无形产品,如软件、音乐等,企业可以直接在网上进行销售,而需要很少或不需要分销商。如果企业提供的是有形产品,企业就需要分销商或者是第三方物流公司来进行配送。第三方物流企业是独立于网络交易主体之外的独立核算的企业,它较企业内部自身的物流部门具有高效率、低成本、专业化、能综合利用物流资源等优势。例如,从事网上直销的戴尔公司将美国国内的配送业务都交给美国联邦快递公司完成。

(3) 结算系统。网上支付系统是一项系统工程。企业应尽量提供多种方式方便消费者选择,同时还要考虑网上结算的安全性。网上结算的方式可以分为两类:一类是通过传统的支付方式进行支付,如现金、汇款、账户结转等,这种付款方式虽很不方便,但是比较安全。另一类是利用网络支付与结算系统进行电子支付。电子支付工具又可以分为三大类:第一类是电子货币,如电子现金、电子钱包等;第二类是电子信用卡类,包括智能卡、借记卡等;第三类是电子支票类,如电子支票、电子汇款、电子划款等。为了解决网络营销中的信任与结算问题,现在许多网站都采用第三方支付的结算工具。第三方电子支付是基于互联网,提供线上和线下支付渠道,完成从用户到商户的在线货币支付、资金清算、查询统计等系列过程的一种支付交易方式。在第三方支付模式中,买方选购商品后,使用第三方平台提供的账户进行货款支付,并由第三方通知卖家货款到账、要求发货;买方收到货物并检验商品进行确认后,就可以通知第三方付款给卖家,第三方再将款项转至卖家账户上。比较典型的第三方支付工具如阿里巴巴的"支付宝"、腾讯的"财付通"等。

(四) 网络营销促销策略

网络促销是指利用现代化的网络技术向虚拟市场传递有关产品和服务的信息,以引发需求,引起消费者购买欲望和购买行为的各种活动。

传统营销中的促销活动,如打折、优惠、推行会员制等都可以用于网络促销。但网上促销不再像传统促销那样以提供说服和激励为手段,而是以内容和服务为根本。网上促销的流行做法是,围绕产品或服务提供一系列深度的知识和信息服务,提供相关内容网站的链接服务,吸引用户注册成为网站虚拟社区的一员,分享其中的资源。

网络促销活动的形式常见的有四种:网络广告、销售促进、站点推广和关系营销。其中网络广告和站点推广是主要的网络营销促销形式。网络广告已经形成了一个很有影响力的产业市场,因此企业考虑的首选促销形式就是网络广告。

1. 网络广告

网络广告是以互联网为媒介的一种广告形式,是以互动方式传递信息,以影响消费者的消费观念或消费行为。网络广告"互动式"的运作方式使其完全有别于报纸、杂志、电视这三类传统的广告媒体,它使传播者与接受者之间的关系发生了根本的转变,使原来压迫式的单向诉求变为双向互动的信息交流。正是这个转变,使网络广告与传统广告媒体相比,具有广泛性、互动性、易控性、灵活性和低成本等特性。

网络广告有很多形式,而且还处在不断的发展过程中。我们从网络广告代理和国际通行的角度介绍一些网络广告的常见形式:

(1)旗帜广告。网络媒体在自己网站的页面中分割出一定大小的一个画面发布广告,因其像一面旗帜,故称为旗帜广告。旗帜广告是较有效的广告形式。旗帜广告允许客户用简练的语言、典型的图片介绍企业的产品或宣传企业形象。这类广告重在树立企业形象,扩大企业的知名度。旗帜广告分为静态、动态以及交互式三种。旗帜广告如图6-2所示。

图6-2 旗帜广告

(2)按钮广告。这是网络广告最早的和常见的形式,通常是一个链接着公司的主页或站点的公司标志,供网络浏览者点选,所以有时也被称为图标广告。按钮广告的不足在于其被动性和有限性,要求浏览者主动点选后,才能了解到有关企业或产品的更为详尽的信息。按钮广告如图6-3所示。

图 6-3 按钮广告

（3）弹出式广告。这是用户访问网页时自动弹出的，常分为 Pop-up 和 Pop-under 两种类型。Pop-up 广告窗口出现在请求网页上，Pop-under 广告窗口出现在请求网页的下面，并不直接影响用户浏览网页，当用户关闭浏览的网页后，广告窗口才出现。

（4）关键字广告。关键字广告与搜索引擎的使用紧密联系，它是指用户在搜索引擎键入特定的关键字后，除了搜索结果之外，在上方的广告版位中即会出现预设的旗帜广告。这种广告形式充分利用了网络的互动特质，因此也被称为关联式广告。例如，用户在搜索引擎键入"旅游"的关键字后，即会跳出预设的有关航空公司或旅行社的广告。关键字广告的最大优点是有助于网站寻找目标群体，因此，往往收费也高。

除此以外，网络广告形式还有文字广告、邮件列表广告、墙纸式广告等。

2. 站点推广

网络营销站点作为企业在网上市场进行营销活动的阵地，站点能够吸引大量流量是企业开展网络营销成功的关键，所有的网络管理者总是希望有更多的人来光顾自己的站点，但这需要掌握站点宣传的技术和技巧。站点的推广主要有两种方式：在线宣传和离线宣传。

（1）在线宣传。在互联网上推广宣传企业网站的方法很多，主要有以下 6 种：

一是利用搜索引擎。搜索引擎是对搜索引擎和搜索目录的统称，调查显示，网民寻找新网站主要是通过搜索引擎来进行的，因此，利用搜索引擎是站点推广的重要途径。搜索引擎的使用方法有两种：一是分类目录式查找，另一种是按关键字检索查找。对于第一种方法，就是在网站注册时争取将网站排名在最前面，一般来说在页首的网站访问率比后面的要高；对于第二种方法，一般来说就是提供足够多的关键字，以便于访问者在访问时能检索到网站。

二是运用电子邮件。电子邮件是一种公认的高效廉价的网络促销手段。在利用电子邮件宣传站点时,可以利用批量发送邮件的方式。为了防止发送造成订户对推销信息的反感,可利用站点的反馈功能纪录愿意接受电子邮件的用户的电子邮件地址。同时,可以提供一些免费的产品或服务,来吸引接受者进行信息反馈。另外也可以利用合作伙伴或第三方提供的邮件列表服务。

三是借助新闻组。网络新闻组是一些有着共同爱好的互联网用户为了相互交换信息而组成的用户交流网。这些信息实际上就是网络用户针对某一主题向新闻服务器张贴的邮件。这些邮件又按照不同的专题分类,每一类为一个专题组,通常被称为新闻组。网站推广可以选择与自己网站信息相关的新闻组,在上面开展与你网站有关的问题讨论。例如,在相关的新闻组中发布自己的网站信息,并邀请人们访问,然后提出意见;也可张贴一些能为观看者提供有价值信息的文章,或者张贴消息或回复别人张贴的消息。

四是广告交换登录。广告交换是目前普遍采用的一种推广站点的方法,比较廉价的做法是加入广告交换组织。广告交换组织通过不同站点的加盟后,在不同站点交换显示广告,起相互促进的作用。另一种方式是在适当的站点上购买广告栏,发布网络广告。

五是友情链接登录。互联网的一个特点就是通过链接将所有的网页链接在一起。这样缩短了网页间距离,提高了站点的被访问概率。建立链接可以有几种方式:在行业站点上申请链接、申请交互链接、在商务链接站点申请链接等。

六是提供免费服务。提供免费服务在时间和精力上的代价都是昂贵的,但在增加站点流量上的功效可以得到回报。但在提供免费服务时要注意与所售产品具有密切的相关性,这样吸引来的访问者同时也就可以成为良好的业务对象。

(2)离线宣传。离线宣传就是利用传统媒体进行站点推广,就目前来讲,传统媒体仍然是人们接触最多的信息传播媒介,传统媒体的宣传能够扩大网站的知名度,增加网站在未上网人口中的曝光率,尤其是对塑造网站品牌的形象具有明显的帮助。选择的媒体主要是有着广泛受众基础的传统广告媒介,如报纸和电视。另外,户外媒体由于其在信息传递上具有的强迫性和广泛性,大大提高了普及网络意识的效率,因而被广泛使用。公共汽车车身、地铁站几乎成了网站广告的天下。此外,商务名片、企业介绍、办公文具等都可以印上企业的网址,进行宣传。

第三节 体验营销

经济发展的演进已从农业经济、工业经济、服务经济走向体验经济,随着"体验"变成可以销售的经济商品,越来越多的顾客渴望得到体验,越来越多的企业精心设计,促销体验。体验将成为未来竞争的战场。

一、体验营销产生的背景

体验是指个体对某些刺激产生回应的个体化感受,是一种以个体化方式参与实践获得的,并在满足过程中不断被深化的一种精神需求。因此,体验是在顾客与体验提供物质间相互作用的基础上形成的。顾客受到体验提供物的刺激或参与到提供体验的事件中去,与整个事件互动。顾客与这些事件互动的结果会在顾客的脑海中形成印象,那些深刻的印象聚集并与脑海中固有的各种联系相互作用,形成新的联系,使得印象升华,最终形成难以忘怀的深刻记忆,体验因而形成。

在市场全球化的今天,体验也在改造经济,体验经济逐渐显现。体验经济是指企业以服务为重心,以商品为素材,为顾客创造出值得回忆的感受。因此,与传统经济不同,体验经济是从生活与情景出发,塑造感官体验及思维认同,以此抓住顾客的注意力,改变消费行为,并为产品找到新的生存价值和空间。随着体验经济的到来,生产及消费行为发生了如下变化:第一,以体验为基础,开发新产品、新活动。第二,强调与消费者的沟通,并触动其内在的情感和情绪。第三,以创造体验吸引顾客,并增加产品的附加价值。第四,以建立品牌、商标、标语及整体意象塑造等方式,取得顾客的认同感。

二、体验营销的特点

在商品经济中,商品是主要的经济提供物,在服务经济中,服务代替商品变成了社会上主要经济提供物。而体验经济实际上是商品经济和服务经济相结合的产物,是两种经济形态的有机融合。因此随着经济提供物的改变,营销模式也发生了根本性的变化,体验营销登上历史的舞台。

何谓体验营销？伯德·施密特博士在他所写的《体验式营销》一书中,第一次系统论述了适应体验经济时代的营销模式——体验营销,认为所谓的体验式营销就是"为体验所驱动的营销和管理模式",是站在顾客的感官、情感、思考、行动、关联五个方面,重新定义、设计营销的思考方式。此种思考方式突破传统上"理性消费者"的假设,认为顾客消费时是理性与感性兼具的,既涉及感官、情感、情绪等感性因素,也会包括知识、智力、思考等理性因素。

> **基本概念　体验营销**
>
> 体验营销是指企业以满足顾客的体验需求为主线,以服务为舞台,以产品为道具,通过亲身体验企业提供的产品和服务,创造出值得顾客回忆的活动。

体验营销的出现,说明了商家不仅要重视商品本身的使用价值,更要重视商品所延伸的内涵,只有这样才能更好地增加顾客价值,促进产品的销售。当网络时代使得物质极大丰富的时候,人们对价格已经变得不再敏感了,产品或服务所带来的心理上效益将占据越来越重要的位置。这说明了精神需求将逐步超越物质需求而成为人们主导性需求,因此,从体验营销的内涵中我们可以看出它与传统营销有明显区别,如表6-2所示。

表6-2　体验营销与传统营销的区别

	传 统 营 销	体 验 营 销
关注的焦点不同	注重产品的特色和消费者利益	关注顾客体验
理论基础不同	把消费者看成是理性决策者	消费者是理性和感性相结合的决策者
营销重点不同	关注产品分类、确定产品的功能以及营销定位	侧重于为顾客确定体验的主题,以顾客获得有价值的体验进行营销

体验营销具有自身明显特征,主要表现在以下 6 个方面。

(一) 注重顾客的体验

体验是一种商品,像服务、货物一样是实实在在的产品,而不是虚无缥缈的感觉。这其中商品是有形的,服务是无形的,而所创造出的体验是令人难忘的。因此,体验与商品、服务不同,商品和服务对顾客来说都是外在的,但是体验是内在的,存在于个人心中,是个人的心境与事件的互动。所以,企业要彻底发挥体验的优势,就必须站在顾客体验的角度,去审视自己的产品和服务,用心设计,让顾客愿意为体验付费。

(二) 以体验为导向设计、制作和销售企业的产品和服务

体验是由某些刺激而产生的内在反应,它产生于直接消费的有形产品或无形产品,无论是真实的还是虚拟的,重要的是满足人们的某种体验需要。从体验营销的定义中也能看出,体验营销需要创造顾客体验,为顾客留下值得回忆的事件。因此,在企业设计、制作和销售产品或服务时,必须坚持以顾客体验为导向,做到任何一项产品的生产过程或售前、售中和售后的各项活动都给顾客留下一种难忘的印象。

(三) 考虑消费情况

体验营销不再孤立地去思考一个产品(质量、包装、功能等),而通过各种手段和途径(娱乐、店面、人员等)来创造一种综合的效应以增加消费体验;不仅如此,而且还要跟随社会文化消费向量,思考消费所表达的内在的价值观念、消费文化和生活的意义,并根据社会文化消费向量寻找更多产品对顾客的意义,使得在营销的方式上,更多地通过综合考虑各个方面来扩展产品的外延,并在较广泛的社会文化背景中提升其内涵。顾客购前、购中和购后的体验已成为增加顾客满意度和品牌忠诚度的关键决定因素。

(四) 顾客既是理性的又是感性的

顾客同时受感情和理性的支配,在消费时经常会进行理性的选择,但也会有对狂想、感情、欢乐的追求。也就是说,顾客因理智和一时冲动而作出选择的机率是同等的。因此,不要把顾客当作理智的决策者来对待,因为,

顾客需要幻想、感觉和乐趣的消费体验，需要娱乐、刺激、被感动和有新意的挑战。

（五）体验有明确的主题

从体验的产生过程来看，主题是体验的基础。任何体验活动都是围绕一个体验主题展开的。因此，体验营销者首先要设定一个"主题"，也可以说体验营销应从一个主题出发并且所有服务都围绕这一主题，或者至少应设有一"主题道具"（例如一些主题博物馆、主题公园、游乐区等）。并且这些体验"主题"并非随意出现，而是体验营销人员所精心设计出来的。换句话说体验营销是有严格的计划、实施和控制等一系列管理过程。

（六）方法和工具有多种来源

体验通常不是自发的而是诱发的，这要求营销人员必须采取体验媒介，包括沟通、视觉、产品、品牌、空间环境、网站及电子媒体和人等。体验又是非常复杂的，没有两种体验是完全相同的，人们只能通过一些标准，来将体验分成不同的体验形式。体验也是五花八门的，因此，体验营销的方法和工具也是种类繁多，企业要善于寻找和开发适合自己的营销方法和工具，并且不断地推陈出新。

三、体验式营销的策略

体验是五花八门，多种多样的，可以分成不同的形式，且各有自己独特的结构和过程。这些体验形式是经由特定的体验媒介所创造出来的，能达到有效的营销目的。下面介绍几种不同的体验营销策略：

（一）感官式营销策略

感官式营销是通过视觉、听觉、触觉、味觉与嗅觉等感官的应用，让消费者产生某种感觉，从而刺激其产生购买的欲望。

感官式营销的主要目的是创造知觉体验。营销策划者往往强调产品的功能、优势,而忽略了消费者的感受,忽略了那些能够引起消费者感官刺激的体验点。这些体验点也许不是产品本身原来强调的卖点,但是这种感官体验对使用者而言,却是非常亲密而贴切的。因此营销策划者要充分利用能够刺激顾客感官的体验点,实现良好的营销效果。

小资料:星巴克全方位的感官刺激

星巴克显眼的绿色美人鱼的商标,整幅墙面艳丽的美国时尚画、艺术品、悬挂的灯、摩登又舒适的家具给人以视觉体验;石板地面、进口装饰材料的质地、与众不同的大杯子,造成星巴克的触觉体验;独有的音乐、金属链子与咖啡豆的声音,你会找到亲切的听觉体验;而百分之百的阿拉伯咖啡散发出诱人的香味,以及口中交融的顺爽感,可以领略到星巴克味觉和嗅觉的体验,这就是星巴克迷人的五种感觉渲染。

人原本就是从五觉来构建对世界的感知的。从体验经济的观点来看,企业是一个体验策划者,他不再仅仅提供商品和服务,而且还提供最终的体验,充满了感性的力量,可以给顾客留下难忘的愉悦记忆。

(二)情感式营销策略

  情感式营销

情感式营销是诉求顾客内在的感情与情绪,使消费者在消费中感受到各种情感,如亲情、友情和爱情等。

情感式营销的主要目的是创造情感体验。在情感消费时代,顾客购买商品所看重的已不是商品数量的多少、质量的好坏以及价格的高低,而是为了一种感情上的满足,一种心理上的认同。因此,情感式营销可以从顾客的情感需要出发,唤起顾客的情感需求,诱导顾客心理上的共鸣,寓情感于营销之中。而顾客的情感,可以是一个温和、柔情的正面心情,也可以是欢乐、自豪甚至是激情奔放的激动情绪。感觉的刺激只是初步,最重要的是通过对感官的刺激,激发人们内心的情绪,调动起他们的情感,因此,营销策划者需要真正了解什么刺激可以引起某种情绪,以及能使顾客自然地受到感染,并融入这种情景中来。

小资料：母亲节的"电脑贺卡"

北京一家电脑量贩店在每年母亲节来临之际,开展了"电脑贺卡表心意"的体验营销活动,免费提供电脑、打印机和可将各种文字图案组合的软件,让消费者自己制作贺卡。消费者踊跃参加,尽情发挥创意,绘制出许多饱含深情的贺卡,满足了感激慈母恩的情感需求。从而也使该店电脑的销售量和销售额大幅度提高。

在情感式体验营销的实施中要注意真情实感,要能够真正地与企业和产品、品牌融合,而且要选择合适的表达形式,这样,才能够被顾客认可和接受。同时,对目标市场的特点的研究也很重要,在情感体验营销中,要与顾客的习俗、文化等相适应,否则很容易失败。

（三）思考式营销策略

基本概念　思考式营销

思考式营销是启发人们的智力,创造性地让消费者获得认识和解决问题的体验。

思考式营销的目的在于鼓励顾客进行精密的、富有创造性的思维,从而对企业及其产品重新认识。营销者可以通过一些有的放矢的营销策略和联想式的营销策略来引导顾客进行有效思维。这其中需要了解顾客的知识结构及能引起他们注意的事物。对于高科技产品而言,思考式营销策略被普遍使用。

> **苹果品牌"与众不同的思考"**
>
> 1998年苹果计算机公司推出了六种"风情"的 iMac 计算机,这种光彩夺目的新型家用电脑配备了速度惊人的处理器。上市仅六个星期就销售了27.8万台,以至《商业周刊》把 iMac 评为1998年的最佳产品。文章指出:"和那些办公桌上随处可见的油灰色电脑比起来,它半透明的外壳是一次大胆的创新。"iMac 的设计师伊维也指出:"与众不同是这个公司的宗旨"。iMac 的创新也表现在思考式的营销方案上。该方案是由广告人克罗·李构思的,他将广告主题定为"与众不同的思考",并选用许多在不同领域被视为具有"创意天才"人物的黑白照片,如爱因斯坦、甘地、拳王阿里、理查·布兰森、约翰·列侬等,在各种大型的路牌广告、墙体广告和公交车的车身上随处可见该方案的平面广告。当这个广告刺激消费者去思考苹果计算机的与众不同时,也同时促使人们思考自己的与众不同,以及通过使用苹果电脑,充分展示自己卓越的创造天分。用乔布斯的话说:"与众不同的思考代表着苹果品牌的精神,因为充满热情创意的人们可以让这个世界变得更美好。苹果决定为处处可见的创意人,制造世界上最好的工具。"
>
> **分析提示:**
>
> ☞ 为什么对于高科技产品企业更倾向于使用思考式营销策略?
>
> ☞ 您如何理解苹果的品牌精神?

（四）行动式营销策略

 基本概念　　**行动式营销**

行动式营销是通过偶像、角色(如影视歌星或著名运动明星)来激发顾客,使其生活形态予以改变,从而实现产品的销售。

行动式营销目的是让顾客获得这样的经历：与他们身体有关的体验、长期的行为方式和生活方式的体验，以及与他人接触后获得的体验。通过提高顾客的生理体验、展示做事情的其他方法和另一种生活方式来丰富顾客的生活，并实现产品的销售。由此可见，行动式营销超越了情感、影响及被认知的事物的范畴，顾客可以通过自身的行为表现来表达自己的观念和价值观。

> **实践运用**
>
> ### "Jamba"果汁店的菜单
>
> 风靡美国的果汁吧因为迎合了形形色色的消费者的人生体验及价值观而红遍全美。在加利福尼亚有一家叫"Jamba果汁"的果汁店，它的菜单是这样写的：
>
> 欢迎到Jamba果汁店来！月复一月、日复一日，全球所有种植水果的人和那些果农们精心地培育果实，直到它们成熟，成为甘甜的果品：印度的芒果、哥斯达黎加的香蕉、巴西的红番木瓜，Jamba果汁店的采购员会一一走访这些果园，然后精心挑选那些又大又好的上乘瓜果——于是您才能享受到自己最喜爱的醇美的果肉或是混合果汁。1990年，我们首先在加利福尼亚开了第一家果汁俱乐部。当时满脑子只有一个念头：告诉大家新鲜的果汁和果肉不仅是大饱口福的美好享受，而且还大大有益于健康。1995年，我们通过不断改进、完善，成立了一个名字更甜美的果汁店：Jamba果汁店。Jamba的意思是"庆祝"——其实我们每一次接下您点的单子，一边欢快地跳舞，一边搅拌果汁，一边把快乐也注入杯中的时候，正是这样做的。正是我们在调制果汁时所投入的这种热情使我们成为定制式天然果肉和混合果汁的龙头老大。但是我们并不是埋头苦干、闭门自守。我们之所以有今天这样的成功，当然得益于您对一种更为健康的生活方式的观点和热情。也正是有了您不断的意见和建议，我们才得以进行永恒的追寻，把果汁做得更甜更完美。
>
> **分析提示：**
>
> ☞ 为什么这张菜单不仅谈到了产品的健康价值，而且还提到了产品采自世界各地？
>
> ☞ 行动式营销策略与其它体验营销策略有何不同？

（五）关联式营销策略

基本概念　关联式营销

关联式营销是将顾客个体和某个品牌中所体现的广泛的社会和文化背景联系起来，从而创造出顾客的社会身份，它包含了感官、情感、思考和行动营销等层面。

关联式营销超越了个体感情、人格、个性，与个人对理想自我、他人或文化产生关联。企业通过关联式营销让顾客与一个较广泛的社会系统产生关联，从而建立个人对某种品牌的偏好，同时让使用该品牌的人们进而形成一个稳定的顾客群。

实践运用

Tommy 香水的关联营销

Tommy Hilfiger 是美国休闲服饰的一个品牌，多年来 Tommy Hilfiger 一直运用关联营销策略，比如，Tommy Hilfiger 推出的一款 Tommy 香水自称是"真正的美国香水"。在广告画上，人们看到的是一群来自不同种族、朝气蓬勃的年轻人，个个身穿 Tommy 时装、摆出各种休闲的姿势。广告的整体气氛是朋友之间的那种温暖、友谊和忠诚。另一幅场景：在一幢长方形低矮的海滨别墅前，有一片精心修建过的草坪，这幅画面很容易使人联想起位于 Hyannis 海港的肯尼迪领地。每一张广告画的背景上，都飘扬着红、白、蓝三色的美国国旗——刚好是 Tommy 产品包装的三种标志色。

分析提示：
☞ Tommy 香水与顾客之间的关联点在哪里？
☞ 您能够从所见所闻的品牌广告中，分析关联式营销策略的运用吗？

关联式营销是企业利用顾客希望完善自我、希望被他人认同的心理，把顾客与更广泛的社会体系联系起来，使顾客产生自己独特的体验。关联营销已经在许多不同的产业中使用,范围包括化妆品、日用品、私人交通工具等等。

四、体验营销的实施

企业要让体验营销发挥其最大的功效,在具体实践中需要把握以下几个问题。

(一)以满足顾客精神层次的象征性需求为营销重点

顾客在消费中得到的体验,蕴涵着顾客的消费动机、个性、价值取向、生活观念与方式等理论问题,也蕴涵着如何有效地制定营销策略以满足象征性消费的实践问题。顾客心甘情愿为体验付费是因为顾客亲自体验的某个消费过程会使其心理和情感得到满足。因此,企业在实施体验营销策略时,应重点关注包括顾客身份或阶层的象征、美的感受、时尚、好玩及趣味性、潮流或流行等多种因素。要努力从产品营销向文化营销转变,将企业的文化与精神一同销售出去。

(二)以产品体验化为营销前提

体验营销仅有"表演的道具"——好的产品是不够的,必须把体验附加到产品之中。这就要求企业不仅要注重产品的功能和质量,还应该让产品具备满足使用者视觉、触觉、审美的需求,使顾客在使用过程中增添愉悦、美感、感官享受等成分,从而使产品"体验化"。

(三)以强化服务功能为营销保障

随着技术手段的成熟和信息传递速度的加快,企业提供的核心产品和有形产品之间的差距越来越小,同质化严重,因此,竞争主要体现在无形产品,也就是产品所提供的服务上。良好的服务能给顾客留下深刻的印象,这是体验营销成功的重要保障。所以,企业应强化营销的服务功能,努力提高顾客的让渡价值,用服务来赢得顾客。通过不断创新使顾客满意的服务方式,不断提高顾客服务的差异化能力,从而提升企业核心竞争能力。

总之,在体验经济下,顾客不再限于购买产品所获得的功能和效用,而是更加侧重于在消费过程中所获得的美好体验。因此,体验营销是消费需求的产物,企业如能够正确地运用体验营销策略和方法,就能在对手如林的市场中脱颖而出。

第四节 数据库营销

作为新经济迅速发展的产物,数据库营销是基于信息技术和营销学而形成的一门边缘科学。它以企业目标市场的顾客信息为对象,对其进行采集、处理,挖掘出富有价值的信息,并有的放矢地与顾客进行沟通。随着信息技术的不断发展,数据库营销将会更为广泛地运用于各个领域。

一、数据库营销概述

(一)数据和数据库

1. 数据的含义

何为数据?超市的经营者希望将经常被同时购买的商品放在一起,以增加销售;保险公司想知道购买保险的客户一般具有哪些特征;医学研究人员希望从已有的成千上万份病历中找出患某种疾病的病人的共同特征,从而为治愈这种疾病提供一些帮助,等等,这些都可以称为数据。所以,通常所说的数据可以这样来定义:进行各种统计、计算科学研究或技术设计等所依据的数值。

而本节所要研究的数据是营销学科中的数据,也就是说对于一个企业的营销决策具有重大影响的信息以及数值。所以,并非所有的信息都是数据,只有能够对厂商的营销策略产生影响的才是数据。

2. 数据库及其特点

简单地说,数据库就是一个组织的广泛的数据集合。J. Martin 给数据库下的定义是:数据库是存储在一起的相关数据的集合,这些数据是结构化的,无有害的或不必要的冗余,并为多种应用服务;数据的存储独立于使用它的程序;对数据库插入新数据,修改和检索原有数据均能按一种公用的和可控制的方式进行。当某个系统中存在结构上完全分开的若干个数据库时,则该系统包含一个"数据库集合"。

尽管不同企业会采用不同的方式使用数据库,但数据库都具备一些共同特征。
(1)顾客记录的个别性。营销数据库中每个现实或潜在顾客都被作为一个记录。市场或子市场群体是众多可识别的个体顾客的聚集。

（2）顾客记录的全面性。每个顾客记录不仅包括其识别或联系信息，例如姓名、地址、电话号码等；而且包括其他广泛的营销信息，例如消费者人口统计和心理统计信息，产业顾客的产业类型和决策单位信息。这些信息可以用于识别某种产品的可能购买者，并决定如何接近该顾客。每个顾客记录还包括该顾客展露于该企业历史营销活动的记录、该顾客对该营销活动中各种沟通方式的反应、历史交易记录。

（3）顾客记录的动态性。在与顾客沟通的整个过程中，企业都能够适时获取信息，使其可以据此决定如何对该顾客的需要作出反应。企业还可以根据自己的需要，运用数据库记录顾客反应的情景，例如营销沟通或销售活动等。营销政策制订者也可以利用数据库中的信息，决定哪个目标市场适于何种产品或服务，各种目标市场中何种营销组合适于何种产品。

（4）确保顾客沟通的协调性。对于那些向个体顾客推销许多产品的大企业来说，数据库可以用来确保接近顾客各种通道间的协调一致性。例如，一个企业的某项营销活动，可能同时运用电视、印刷媒介和直邮三种媒介，运用数据库管理顾客记录，可以实现各种沟通媒介与顾客间联系的协调一致性。

（5）数据库是通向营销管理自动化的基础。大型数据库开发利用，带来了顾客信息自动化的发展。营销管理自动化也因此得以发展，可以处理数据库产生的大量信息。通过营销管理自动化，营销机会和威胁可以在一定程度上被自动识别出来，并提出关于抓住机会和化解威胁的建议，这使得高层管理者可以获得高质量的营销活动效果方面的信息，能够更有效地配置营销资源。而且，数据库最终可能会取代某些类型的市场研究，例如使用情况调查等。

（二）数据库营销的内涵

基本概念　　数据库营销

数据库营销就是企业通过搜集和积累消费者的大量信息，经过数据的挖掘、筛选、处理等一系列数据分析后，能够更精确地了解消费者的需求、购买欲望及能力等情况，并利用这些信息给产品以精确定位，有针对性地制作营销信息以达到说服消费者去购买产品的目的。

通过数据库的建立和分析,可以帮助企业准确了解用户信息,确定企业目标消费群,同时使企业促销工作具有针对性,从而提高企业营销效率。数据库营销的基本内涵是:

第一,数据库营销是信息的有效应用,它将每个顾客的交易数据及其他有关信息数据存放到数据库中,通过现代数据挖掘技术分析数据,了解顾客的消费特点和消费需求。

第二,数据库营销是基于对顾客的价值和行为不同进行分类,针对不同类别的顾客采用与其相对应的营销策略和服务策略,使得顾客终身价值持续性提高。

第三,数据库营销可以实现成本最小化,效果最大化。由于运用顾客数据库能够准确找出某种产品的目标消费者,企业可以避免使用昂贵的大众传播媒体,运用更经济的促销方式,从而降低成本,增强企业竞争力。

第四,数据库营销可以实现买卖双方各自利益。任何顾客的投诉或满意度通过这种双向信息交流进入企业顾客数据库,企业根据信息反馈改进产品或继续发扬优势,实现最优化。

实践运用

美国运通公司的促销活动

美国运通公司根据持卡人数据库开展了一项新的促销活动。运通卡的持卡人在运通公司所列的 25 家国内汽车制造商处购车时可以不用现付,运通公司同时向每个持卡人发出了一份有关购车习惯的消费者个人信息问卷,共收回了 10 万份有效问卷,达到了相当高的回馈率。这项活动取得了非常好的市场效果,顾客不仅可在家中就可以了解更多的购车信息,而且可以享受到优惠,并一改现款交易,可以使用信用卡;汽车制造商得到了一个新的顾客数据库,销售量大增;运通公司也因此扩大了信用卡业务,同时也搜集了大量信息。

分析提示:

☞ 此次促销活动能够满足运通公司和顾客的各自需要分别是什么?

☞ 为什么此次问卷调查达到了相当高的回馈率?运通公司的做法对于企业收集顾客信息,开展数据库营销有何启示?

顾客数据库是数据库营销的基础。在顾客数据库中,收集和管理了包括商品、顾客和潜在顾客等表示顾客"基本状态"的信息,帮助企业完成消费者分析,确定目标市场,跟踪市场领导者以及进行销售管理等功能,它是协助规划整体营销计划和管理、控制和衡量营销活动的有力工具。顾客数据库可以把有关的资源通过邮件、电话、销售、第三方以及其他渠道整合在一起进行统一协调调度,也可有针对性地进行直接调度。另外,一个成功的顾客数据库能有效地获得顾客与企业之间相互影响、相互作用所产生的一切信息。此外,顾客数据库还应当是动态的,能根据外部环境的变化得到进一步修正和扩充。

数据库营销成功的关键,在于利用顾客信息推动企业前进。要让企业所有相关部门都能有效使用数据库,这样顾客数据库的作用才会越来越大,并因为众多不同渠道来源所提供的信息而不断得到扩充和提高。

> **实践运用**
>
> ### 美国某汽车保养维修公司的数据库营销
>
> 美国有一个汽车保养维修公司,把所有光顾过公司的顾客资料都输入电脑,建立起一个顾客档案库,包括:顾客姓名、电话、地址、某年某月某日换了轮胎、换了机油、调整了刹车、保养过电池等。公司利用顾客档案库的资料,用电脑自动推算每一名顾客的汽车到什么时候该再次换轮胎,什么时候该再次换刹车皮,电脑会自动地给顾客打印一封信,提醒顾客到时间作相应的汽车保养,并顺带送上一张折扣券。由此,顾客一方面对该公司提供的无微不至的贴心服务感到满意,另一方面也由于公司的提醒,知道又到了保养汽车的时间,再加上有优惠券,自然愿意一次又一次地光顾该公司。
>
> **分析提示:**
>
> ☞ 请您向周围的人进行调查,比较一下他们所光顾的汽车保养维修公司在运用顾客档案库开展数据库营销时与这家公司有什么差距,并从中体会数据库营销的要义。
>
> ☞ 在大数据时代,您是否领受过企业数据库给你提供的无微不至的贴心服务?

（三）数据库营销的特点

1. 可衡量性

传统营销方式的营销效果很难直接测定。而利用数据库能够记录顾客对某项营销活动的反应，这使得企业可以结合最新信息和结果，比较不同营销方法的有效性，从而制定出新的策略，使消费者成为本企业产品长期忠实的用户。

> **实践运用**
>
> ### 某连锁超市的货架调整
>
> 美国加州某连锁超市通过数据库挖掘技术从记录着每天顾客购买信息的数据库中得出一个貌似奇怪的现象：在下班后（特别是在星期五下班后）光顾购买婴儿尿布的顾客多数是男性，他们往往也同时购买啤酒。于是超市经理决定调整货架摆放，将啤酒类商品布置在婴儿尿布货架附近，并在两者之间放上土豆片之类佐酒小食品，同时把男士们需要的日常用品就近布置。结果使这几种商品销售量成倍增长。
>
> **分析提示：**
>
> ☞ 通过数据库技术调整货架摆放从而促进了相关商品的销售，这种做法体现了数据库营销的什么特点？
>
> ☞ 数据库技术对于企业开展市场调查、调整营销策略发挥了哪些作用？

2. 可测试性

运用数据库，企业可以测试产品、沟通媒介、目标市场等方面的有效性。由于测试可以很迅捷地进行，所以企业也可以根据测试结果采取迅捷的行动。此外，企业还可以利用测试结果，准确预测销售状况，更有效地管理产品库存。

3. 可选择性

由于能对顾客的情况了解较多，企业可以为某项营销活动选择精确的目标对象，使该活动更加有的放矢。

小资料：Spiege 的顾客名单

Spiege 是一家规模很大的百货邮购营销公司，它建立顾客名单的数据库，并可以从其中找到以特定条件编列的名单以作为目标市场的名录。Spiege 利用已建立的数据库，追踪顾客的购买趋势，了解此项信息之后，便可印制一份目录以锁定某种特定族群的潜在客户。这一措施使得公司的销售额超过原先公司所预计目标的 50% 以上。

4. 个性化

根据数据库中的个人纪录的特有情况，企业容易与顾客进行个性化沟通，例如，针对不同顾客对象传递不同的细节性信息，这样做通常可以增加反应率。

5. 适应性

通过分析数据库中的实时信息，可以随时根据需要为营销活动选择合适的时机，达到活动的预期目标。

6. 超时空

由于互联网可以跨越时空限制，利用顾客数据库可以全天候与世界各地顾客进行沟通和为他们提供产品或服务。

尽管数据库营销具有上述优势，但在实施过程中需要较大的费用开支，这是数据库营销的最大缺点。为了建立和管理数据库，企业需要采购大量的计算机设备，雇佣受过训练的人员。此外，要保持顾客和准顾客记录的不断更新，其工作量大、难度高，而且很费时。尽管运用数据库有这样一些问题，综合来说，运用数据库营销所带来的好处要大于其费用支出或相关问题。

二、数据库营销管理过程

数据库营销管理过程可以分为：准备阶段、数据库建立、数据库管理与利用三个阶段，每个阶段的主要工作如图 6-4 所示：

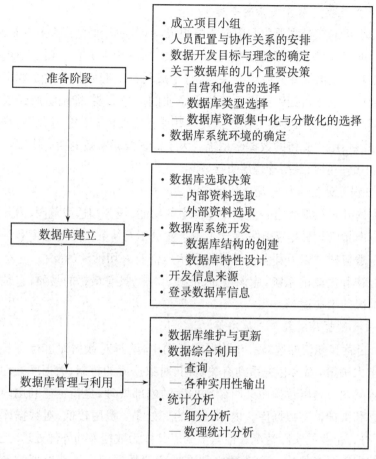

图 6-4 数据库营销管理过程

(一) 准备阶段

准备阶段是开展数据库营销的第一个阶段。其工作内容大致包括：成立项目小组、人员配置与协作关系的安排、数据库开发目标与理念的确定、关于数据库的几个重要决策、数据库系统环境的确定、数据库开发预算和计划。

1. 成立项目小组

成立项目小组的目的在于从组织上保证数据库开发与管理的顺利进行。项目小组的任务在于全面规划、组织和领导营销数据库开发与管理工作。项目小组还可以根据其职能范围设置若干职能小组，并且要做到分工和协作相结合。

2. 人员配置与协作关系的安排

项目小组的成员主要由两部分人员组成，一类是商业性的营销专业人员，另一类是数据库开发与管理的技术人员，一般是 MIS 专业人员。项目小组成员之间的协作对营销数据库开发十分关键，每个成员都应明确其在建立数据库系统中的职责和角色。营销人员应负责识别企业的业务需要，即确定所建数据库的应用范围；而技术人员应努力实现满足这些业务需要的运作条件，从而建立一个实用、高效率、用户支持的数据库系统。为了保证及时有效的横向协调和解决问题，项目小组一般归最高管理层直接领导。

3. 数据库开发目标与理念的确定

数据库开发目标规定企业营销数据库的功能、任务和适用范围，为开发数据库提供方向指南。数据库开发理念是指企业员工对待数据库的态度和认识。营销人员一般应树立以下理念：营销数据库是企业一切活动的支柱；它是一个有着严格纪律和规则的系统；应该全面、准确、详尽，具有最好的品质；它是企业获得顾客情况的唯一途径。

4. 关于数据库的几个重要决策

(1) 自营和他营的选择。在数据库营销中，选择对数据库进行自营或他营是一个重大决策，因为它关系到有关费用、对数据库的控制、数据库处理的速度和效率等问题。自营数据库又叫做数据库的内部处理，是指企业利用内部各种资源建立和维护营销数据库。内部处理的好处是：费用较低、对数据库的控制性强、更符合企业的实际情况。他营数据库又称为数据库的外部处理，是指利用专门的数据库服务机构为企业建立和维护营销数据库。外部处理的最大好处是：专业机构能为企业提供许多数据库方面的经验和便利，使企业有关人员能够迅速进入数据库的建立和维护工作状态。这两种数据库运营方式各有优缺点，企业应根据自身情况做出选择，主要考虑的方面有：企业以前是否有建立营销数据库的经验，企业的主营业务特征，对数据库管理控制性程度的要求，企业经营活动是否有高峰和低谷的周期，营销数据库与企业其他信息系统之间的关系，等等。有时，自营和他营数据库并举也是一种不错的选择。

(2) 数据库类型选择。按数据库的组织结构，可以将营销数据库划分为层次性数据库和关系数据库两种类型。前者是按字段排序而成，它是组织储存内部信息常用的方法；后者是按不同的次序保存多种文件的数据，具有运行速度快、数据容量大、功能强的特点。在两种数据库类型间进行选择时，要综合考虑业务需要、数据来源和费用等各方面因素。大多数营销者选择的都是关系数据库类型。

（3）数据库资源集中化和分散化的选择。数据库资源集中化是指建立一个中央营销数据库系统,企业的每个部门分享该资源。集中化的优点是将来自不同部门的数据集中处理,有利于增强数据的准确性;在企业决策层制定各种目标和政策时,有利于使各分部或单位的目标和政策相互协调起来,并具有更大的运营效率。数据库资源分散化是指企业各业务部门分别建立各自的数据库,且各数据资源不能共享。当企业各业务单位特征差异明显,而对数据库有不同要求、数据库使用和培训差别显著、顾客重叠程度小时,则可以考虑采取数据库资源的分散化。

4. 数据库系统环境的确定

包括硬件环境和软件环境两个方面。硬件是组成计算机的各种有形部件和设备,是计算机运算和处理数据的有形载体。软件是支持计算机运行的各种程序,一般分为操作系统和应用程序两个层次。

5. 数据库开发预算和计划

制定数据库开发预算是管理者进行决策、资金筹措、费用开支监督的依据。数据库开发计划是整个开发过程时间进度的指南和协调的依据。

（二）数据库的建立

该阶段的工作内容包括数据选取决策、数据库建立、开发信息来源和登录数据库信息。

1. 数据选取决策

数据库建立的第一步要决定是自己开发数据库信息来源,还是向外部租用名录。在作内部或外部资料选择决策时,需要综合考虑成本、购买频率、顾客数量、顾客类型、对产品的忠诚度、销售周期等方面情况。

两种方式的优缺点比较也是显而易见的。内部开发具有更大的动态性、目标性和控制性;外部租用名录则正好相反。一般情况下,小企业常常依赖于向外部租用名录;而多数"企对企"营销者采用自己开发的方式。当然,两种数据来源方式也可以兼收并蓄。

2. 系统开发与设计

数据库的建立包括数据库结构的创建和数据库特性设计。

数据库结构设计时，选取恰当的字段变量尤为关键。顾客类型不同，所应选取的字段也应是不同的。针对消费者的字段一般有基本数据：如姓名、性别、年龄、职业、教育等；行为特征与交易数据：如历史购买记录、平均购买情况、购买频率等；互动性行为数据：如投诉、支付方式等。

针对组织顾客的字段一般有基本数据：如企业名称、地址、电话、Web网址等；行为特征与交易数据：如信用等级、设备情况、最近一次接触日期、产品销售量、历史销售配额等；互动性行为数据：如顾客投诉、运送要求、信用历史等。企业应该根据自己的具体情况，决定数据库关键字段的选取。

数据库特性设计是数据库系统开发与设计的另一个重要方面。这些特性要求包括数据处理能力、数据的安全性、避免故障、适当的软硬件配置等几个方面。

3. 开发信息来源

信息来源是数据库的血液。根据数据库信息来源渠道的不同，一般分为一手数据和二手数据两种类型。企业在选取数据信息源时，应从信息的精确性、获取该信息的成本和与本企业业务的相关性等方面综合考虑。

一手数据是企业通过自己调查获得的数据。企业获得一手数据的途径通常有贸易展示、销售访问、各种会议、直邮、直接反应广告、电话营销、以前的顾客、当前顾客等渠道。电话营销尤其适用于改进数据库信息的质量。当企业有现成的、待确定其可用性的名录时，可以结合电话营销来获取与该名录相关的进一步信息。当然，电话营销获取线索的代价也很高，一般不适于对大众消费品顾客的营销。

二手数据来源是指利用那些现存在某处、为某种目的所用的经过编辑或处理的数据。二手数据的来源通常有：政府部门、行业性协会、相关的企业、外部数据库、各种目录和黄页、报刊订阅者名单、商业性杂志订阅者名单、在线数据库、银行用户名单、通信服务用户名单，等等。在国外，外部数据库是企业获得数据库信息的一个重要来源，通常比较经济和有效。

4. 登录数据库信息

登录数据库信息在于将通过各种信息来源所获得的信息转化为数据库信息。这一步的重点是要控制录入信息的质量，主要表现为录入信息的准确性。由于录入到数据库中的信息是企业以后赖以经营的重要资源，准确性的重要性是不言自明的。为了做到准确性，企业可以采取教育和组织两个方面的措施。首先，录入人员必须经过必要的训练，包括录入技术训练和思想认识的教育；其次,采取必要的组织措施,例如数据录入的复核制和抽样检查。对于数据录入质量要实行层层把关,从操作员、小组负责人到部门负责人,都应对数据录入的质量负有连带责任,以促进自觉和他人监督相结合。

(三) 数据库的管理与利用

数据库的管理与利用是企业建立数据库的目的,包括数据库维护与更新、查询与输出、统计分析等活动。

1. 数据库维护与更新

随着企业业务的开展,会产生新的数据需要。同时,在企业的日常经营活动中,又会产生大量新的信息。数据库维护与更新的任务就是要保持数据库的时效性和运行效率,满足企业业务发展的需要。在数据库信息更新方面,企业可能需要决定有多少历史数据应该保留、保留信息的详细程度、保留时间的长短。在作出这些方面决策时,需要综合考虑新老业务间的相关性和扩充数据库的成本等因素。

2. 数据查询与输出

数据查询与输出是数据库的基本职能。企业建立了营销数据库并录入足够的信息时,就可以利用该数据库的信息制定目标顾客计划,例如为直邮或电话推销选择目标对象、打印输出直邮件名录标签、商业履行安排和服务记录等等。

企业应该尽量充分利用现有的名录资源,努力利用该资源开发增值业务。增值业务数量的多少与数据库的使用效率呈正比。在国内,一些拥有良好名录资源的企业,却往往忽视该资源的存在。这些名录资源往往是该企业经营活动中的副产品,例如移动通信企业的顾客登记名录、银行的顾客名录、各种协会的成员名录等等。大部分拥有这种名录资源副产品的机构都没有主动尝试利用该资源为本机构带来更多财富,导致名录资源的闲置和浪费。

3. 统计分析

统计分析包括顾客细分分析和数理统计分析。顾客细分是利用关系数据库强大的运算功能、按照某些标准将库中的顾客划分为特定的群体,以供企业选择某项营销活动的目标顾客。

企业还可以根据数据库中的信息作各种数理统计分析,包括两种因素间的相关性分析、时间序列的回归分析、因变量的灵敏度分析等。利用数理统计分析技术,企业可以识别影响顾客反应和购买的各种因素,对未来销售额进行预测,制定营业目标和费用预算,等等。

三、数据库营销的基本工具

(一) 直邮营销

基本概念 直邮营销

> 直邮营销是企业利用数据库,准确地找到客户,把企业的产品和服务信息通过邮件,传递给目标客户,从而对企业的产品产生直接的销售增长。

直邮营销的最主要表现形式就是直邮广告。

1. 直邮营销的特点

(1) 目标指向的选择。直邮营销可以运用目标市场数据库来选择具有某种共同特点的消费者或企业购买者,这些共同特征可能包括地理位置以及其他人口统计的、社会经济的和购买行为方面的特征。这使企业营销的产品或服务与目标市场实现良好的匹配,避免其他大众媒体的非针对性缺陷。直邮的选择性使企业有可能实现精确的目标指向性。直邮寄发的对象无论居住在哪儿,他们都应该是具有企业所了解的购买习惯或某方面兴趣。这样企业可以集中于那些最有可能作为反映的顾客或准顾客,剔除大量的非准顾客,以避免浪费。另外,通过有针对性地向那些业已对某产品或服务品类展现出兴趣,或是已经从企业购买过产品的人寄发邮件,相对于电视的大众市场商业广告来说,可以在很大程度上降低单位订购成本。尽管提高千人邮件指向精确度所增加的单位成本,要高于电视广告,但是直邮可以带来比电视广告高得多的反应率。

(2) 沟通信息的个性化。直邮沟通信息的个性化也是其他大众媒介所无可比拟的,而且,这种个性化特征在今天已表现得非常普通。实践中,几乎所有寄发给企业准顾客或顾客的直邮件都有目标收件人的姓名和地址,从而增加了收件人的亲切感。

(3) 开展营销活动的灵活性。直邮的选择性和个性化特征使营销活动具有高度的灵活性。直邮可以很方便地根据所要吸引的受众特点和具体情况将传递的信息顾客化。作为一种媒介,直邮不同于电视、广播、杂纸等,要受到受众范围的限制,而是可以由企业自己决定。企业可以根据需要,向数据库或租用名录中任选对象,寄发对企业有意义的邮件。

(4)寄发信息的隐秘性。对于报纸或杂志,受众可以预先无意识地浏览到版面上商业广告,从而决定是否去阅读广告内容。而直邮广告对于直邮的收件人来说,在没有打开邮件之前,他可能根本不知道信封里邮件的性质,为了增加邮件被打开的几率,直邮者会充分利用信函的隐秘性特点,使收件人在不知道直邮推销的情况下,打开一览。

(5)高反应率。由于直邮的个性化、选择性和灵活性,同时由于直邮是向个人或家庭传递惯例性信息,所以使得不同直邮件在收件人间的竞争性减小。

2.直邮的要素

要做好一份直邮工作,必须了解直邮活动的要素:

(1)信函。直邮应包含一封直接沟通的信函,没有信函或其他的书面沟通,直接邮寄能够取得成效值得怀疑。

(2)信封。在一些情况下,需要在信封上动脑筋,以吸引客户打开信封。如何使用信封没有固定的方式,取决于邮寄活动的目的和成本。

(3)回应机制。直邮活动中,回应机制的重要性仅次于信函,在多数情况下,特别是直接邮售产品或服务时,邮件中应包含有关如何进行反馈的描述。而且,回应机制也能够帮助客户与企业对话,使客户能有机会与企业进行联系。

(4)商品目录和小册子。对有些企业而言,直邮的唯一目的是将其销售宣传品寄给潜在客户,所以直邮包里应有相应的商品目录和小册子。

(5)价目表。邮件中也应包括单独的价目表,在企业定期调整价格时更应如此。

(6)促销品。许多企业将直邮作为整体营销传播计划的一部分,与促销技巧联合使用。促销品包括免费样品、优惠券、免费尝试等。

(二)电子邮件营销

 **电子邮件营销**

电子邮件营销是在用户事先许可的前提下,通过电子邮件的方式向目标用户传递有价值信息的一种网络营销手段。

上述定义中强调了三个基本因素：基于用户许可、通过电子邮件传递信息、信息对用户是有价值的。由此可见，电子邮件营销有三大基础，即：技术基础、用户自愿加入邮件列表以及有价值的邮件内容。

因此，企业要开展电子邮件营销，首先要让潜在客户有兴趣并感觉到可以获得某些价值或服务，从而加深印象和注意力，值得按照营销人员的期望，自愿加入到许可的行列中去。其次，当潜在客户投入注意力后，企业应利用客户的注意力，比如，为潜在客户提供一套演示资料，让客户充分了解企业的产品或服务。第三，要继续提供激励，例如给予会员更多的优惠，或者邀请会员参与调查，提供更加个性化的服务等，保证客户维持在许可名单中。第四，经过一段时间后，营销人员可以利用获得的许可改变客户的行为，使许可转化为利润。

（三）电话营销

基本概念　电话营销

电话营销是通过使用电话、传真等通信技术来实现有计划、有组织、高效率地扩大客户群、提高客户满意度、维护客户等市场行为的方法。

电话营销要获得成功，对企业而言，首先要准确定义目标客户，因为如果目标客户定义不准，会使得很多的市场活动没有取得应有的效果，致使电话呼入数量少，这样即使电话销售人员再专业，销售业绩也不会好。其次，要有准确的营销数据库，从而保证电话销售的高效率。第三，要有良好的系统支持和各种媒介支持。第四，要明确多方参与的电话销售流程，从而明确各方的职责。第五，企业要建立高效专业的电话销售队伍，这是电话营销成功与否的一个关键因素之一。

（四）手机短信营销

手机作为现代化的一种通讯工具，已离不开我们的生活，而手机短信作为一种全新的营销形式也已闪亮登场。如果我们从技术上看，短信是以存储转发技术为基础实现的；从使用效果上看，短信是一种非实时的通信方式；从对环境的要求来看，短信对终端的状态以及终端的功能没有严格的要求，任何用户终端均可使用，用户渗透率较高；从网络系统的角度看，短信业务是在现有移动通信网络基础上推出的一种附加业务,只要在系统中建有短信中心,即可开通短信业务。作为一种新型的数据库营销工具,手机短信以使用方便、价格便宜、信息可长期存储、互动性强、时尚性强、付费方式先进等优势,为企业创造了一种新的营销机会。

【创新视频】

把双十一变成中国的消费日。

——马云

观看光盘视频《淘宝"双十一"的营销创新》,思考与讨论:孤独寂寞冷的光棍节何以变成购物狂欢节?此中的营销创新之处何在?马云常说的一句话是"不改革是要死人的",您认为马云的企业面临的变革压力是什么?

第二版后记

  管理活动伴随人类社会的产生而出现,又随着社会的向前发展而不断进步。在这个过程中,管理理论、方法、手段不断推陈出新,可以说,管理本身就是创新的产物。特别是20世纪八九十年代以来,企业组织内外环境发生了许多深刻的变化,面临了许多前所未有的新情况、新问题,管理创新"相对于其他任何创新而言,是帮助组织寻求突破、获得最优绩效,并将企业发展提升至新阶段的真正动力"(加里·哈默尔)。

  上海开放大学从2000年开始,为管理类学生开设了管理创新课程,从发展的角度,为学生介绍和描述管理学最新的研究成果。本书初版是在最初的教学讲义基础上修订而成的。十多年过去了,伴随着管理实践的不断突破,管理理论也在不断发展,这使得我们有必要以更开放的视野对初版进行调整和补充。

  自从熊彼特于1912年提出现代创新理论以后,对创新本身的研究越来越向综合化的方向发展。创新理论的研究成果所涉及的内容之广泛显然不是本书所能涵盖的,也是我们的学识和能力所不及的。本书的修订恪守服务于课程的初衷,力求在综合反映现代管理发展总体趋势的基础上,系统介绍管理理论的新发展和管理实践的新突破。

  在日常教学和本书修订过程中,我们参阅了大量的文献,许多学术论文都无法一一列出,排列于书后的参考书目也难免挂一漏万,在此,谨向所有文献作者表示衷心感谢。我们还通过不同形式听取了开大系统面授教师和历届学生对教材以及课程资源的意见,在此也一并向他们表示感谢!

我们还要特别感谢上海财经大学王玉教授，本书的初版和再版都得到了王玉教授无私的宝贵支持！感谢复旦大学出版社宋朝阳先生，他为本书再版提出了许多创新性的建议，书后光盘的一个个创新视频，凝聚了宋先生的专业性劳动。我们将在此基础上，不断丰富学习光盘的内容，及时补充新的学习资源以及最新的管理动态，以便于读者系统地学习和了解管理学最新的研究成果和发展趋势。

编　者

2015 年 1 月 22 日于上海，学习广场

主要参考文献

[1] 芮明杰,管理创新,上海译文出版社,1997
[2] 芮明杰,管理学——现代的观点,上海人民出版社,1999
[3] 薛求知,无国界经营,上海译文出版社,1997
[4] 芮明杰、杜锦根,人本管理,浙江人民出版社,1997
[5] 查尔斯·萨维奇,第五代管理,谢强华等译,珠海出版社,1998
[6] 朗加明,创新的奥秘,中国青年出版社,1993
[7] 张海峰、杨涛、卓超,知识经济与企业创新发展,华南理工大学出版社,1999
[8] 钱平凡,组织转型,浙江人民出版社,1999
[9] 谢康等,超越国界:全球华中的跨国公司,高等教育出版社、上海社会科学院出版社,1999
[10] 李仕模,第五代管理,中国物价出版社,2000
[11] 周三多,战略管理新思维,南京大学出版社,2002
[12] 约瑟夫·派恩,大规模定制,操云甫等译,中国人民大学出版社,2000
[13] 伯恩德·H·施密特,体验式营销,张愉、徐海虹、李书田译,中国三峡出版社,2001
[14] 郁以鸿,知识管理与组织创,复旦大学出版社,2001
[15] 周运锦、黄桂江,营销法眼:顾客关系管理,广东经济出版社,2001
[16] 董金祥、陈刚,客户关系管理,浙江大学出版社,2002
[17] 张文贤,市场营销创新,复旦大学出版社,2002
[18] 杰姆·G·巴诺斯,客户关系管理成功奥秘——感知客户,刘祥亚译,机械工业出版社,2002
[19] 季建华,运营管理,上海交通大学出版社,2004

[20] 盛亚,企业创新管理,浙江大学出版社,2005

[21] 王方华、陈洁,数据库营销,上海交通大学出版社,2006

[22] 许志玲、赵莉,数据库营销——分众营销时代的营销利器,企业管理出版社,2007

[23] 王今舜、庄菁,组织文化,湖南师范大学出版社,2007

[24] 王天梅、涂艳、孙宝文,电子商务,经济科学出版社,2008

[25] 彼德·圣吉,第五项修炼——学习型组织的艺术与实践,张成林译,中信出版社,2009

[26] 王少华,网络营销,西安电子科技大学出版社,2010

[27] 王永莲、孙菲,网络营销,北京理工大学出版社,2010

[28] 石伟,组织文化(第2版),复旦大学出版社,2010

[29] 段杨、张莉,电子商务,西南财经大学出版社,2010

[30] 吴寿仁,创新知识基础,上海社会科学院出版社,2011

[31] 杨自辉、谢勇,电子商务概论,复旦大学出版社,2011

[32] 海因茨·韦里克等,管理学:全球化与创业视角,马春光译,经济科学出版社,2011

[33] 斯蒂芬·P·罗宾斯等,管理学,李原等译,中国人民大学出版社,2012

[34] 约瑟夫·派恩、詹姆斯·H·吉尔摩,体验经济,毕崇毅译,机械工业出版社,2012

[35] 乔·蒂德、约翰·贝赞特,创新管理:技术变革、市场变革和组织变革的整合(第4版),陈劲译,中国人民大学出版社,2012

[36] 仝新顺,运营管理,清华大学出版社,2013

[37] 陈荣秋、周水银,生产运作管理,首都经济贸易大学出版社,2013

[38] 刘树华、鲁建厦、王家尧,精益生产,机械工业出版社,2013

[39] 张卫东,网络营销理论与实践(第四版),电子工业出版社,2013

[40] 郭国庆,市场营销学通论(第五版),中国人民大学出版社,2013

[41] 任志宏、杨菊兰,企业文化——管理思维与行为,清华大学出版社,2013

[42] 陈春花、曹洲涛、李洁芳等,企业文化(第2版),机械工业出版社,2013

[43] 杨台宁、周小虎,新工业革命与管理创新,经济管理出版社,2013

[44] 齐二石、刘亮,管理创新成功之路——面向中国企业的全过程精益管理创新,清华大学出版社,2013

图书在版编目(CIP)数据

管理创新/杨加陆,方青云,张颖华编著. —2 版. —上海:复旦大学出版社,
2015.2(2021.1 重印)
ISBN 978-7-309-11243-6

Ⅰ.管… Ⅱ.①杨…②方…③张… Ⅲ.企业管理-创新管理 Ⅳ.F270

中国版本图书馆 CIP 数据核字(2015)第 025888 号

管理创新(第二版)
杨加陆 方青云 张颖华 编著
责任编辑/宋朝阳

复旦大学出版社有限公司出版发行
上海市国权路 579 号 邮编:200433
网址: fupnet@fudanpress.com   http://www.fudanpress.com
门市零售:86-21-65102580   团体订购:86-21-65104505
外埠邮购:86-21-65642846   出版部电话:86-21-65642845
浙江临安曙光印务有限公司

开本 787×960 1/16 印张 18.5 字数 296 千
2015 年 2 月第 2 版 2021 年 1 月第 4 次印刷
印数 11 301—14 400

ISBN 978-7-309-11243-6/F・2119
定价:36.50 元

如有印装质量问题,请向复旦大学出版社有限公司出版部调换。
版权所有 侵权必究